WIR SIND RB LEIPZIG

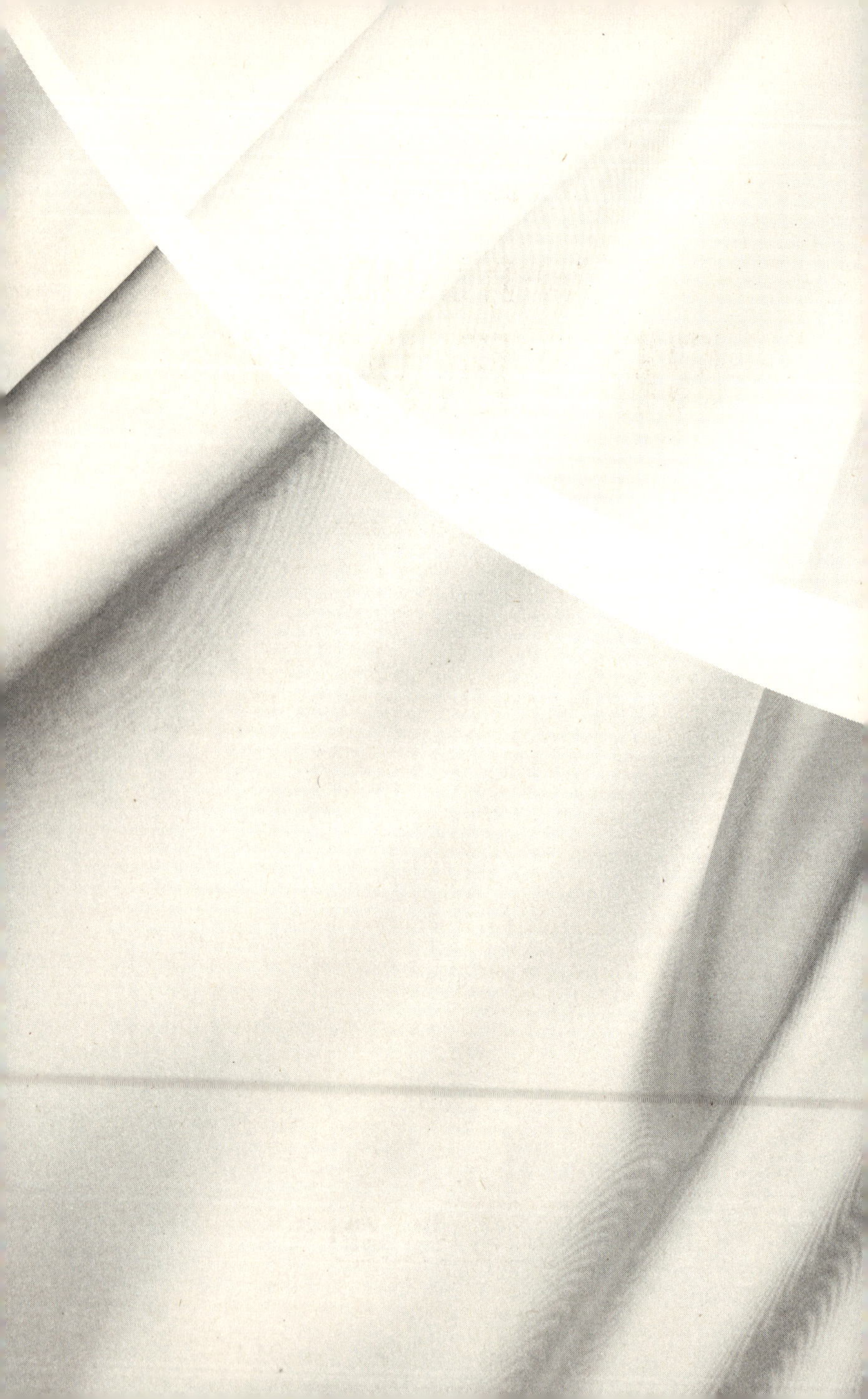

Guido Schäfer

WIR SIND RB LEIPZIG

111 Gründe, ein Roter Bulle zu sein

WIR SIND DER ZWÖLFTE MANN,
FUSSBALL IST UNSERE LIEBE!

INHALT

ICH HABE EINEN URKNALL

Das Angebot mit den 111 Gründen kommt Mitte April 2017. Ich hänge im Krankenhaus im Fränkischen in den Seilen. Neue Hüfte, vier Tage kein Auge zugetan, Schmerzen. Erlaube der betagten Nachtkrankenschwester trotzdem nicht, mir ein Zäpfchen zu verpassen. Frage mich, wie es das »chen« auf die Zapfenverpackung geschafft hat. Bin zweifelsohne dehydriert, habe hohes Fieber, rieche wie ein nasser Fuchs, kämpfe meinen letzten Kampf. 111 Gründe, RB Leipzig gut zu finden, wird als mein Vermächtnis in die Weltliteratur einreiten. Warum eigentlich nur 111?

Und warum reißt der Zivi morgens um halb sechs die Tür auf und blökt »Stuuuuhl gehaaabt??« Woooovooon dennnn??, Brotscheiben und Schnittkäse sind duuurchsichtiig!! Die 111 Gründe halten mich aufrecht, sind Hilfe zur Selbsthilfe. Die jüngeren Krankenschwestern finden meine Idee mit dem Pizzadienst und Lambrusco gut. Der Physiotherapeut findet es gut, dass ich auf die Lymphdrainage verzichte und ihn alternativ nach einem von 111 Gründen frage. Er: »Weil die so guat spuin.« Ich schicke ihn alternativ zum Bierholen. Auch das findet der fränkische Wortakrobat gut.

Während Timo Werner auf Schalke das 1:0 für RB köpft, juckt mir in meinem Einzelzimmer der Pelz. Vier Tage Rückenlage fordern Tribut. Ich rolle eine *Sport Bild*-Ausgabe zu einem Kratzwerkzeug, da steht der betagte Zapfen im Zimmer. »Noch Schmerzen? Ich hätte da was für Sie.« Mir fallen mehr als 111 Gründe ein, eine Krankenschwester um die Ecke zu bringen.

Schalke macht das 1:1, und der Fernseher reißt vor der Schlussphase die Hufe hoch. Alles ganz wunderbar. Das TV-Abo ist abgelaufen, es juckt, das Abendbrot biegt sich im Abendrot. Und ich muss mal. Die Bettflasche ist randvoll, der Lambrusco leer. Ich erfahre am eigenen Leib, was ein Flaschenhals ist. Also raus aus der Bettengruft und auf Krücken Richtung Toilette. An mir baumeln zwei Fläschlein für den Wundabfluss. The Walking Dead kehrt nach 25 Minuten zurück ins Bett und zündet sich einen Zigarillo an. Montecristo, die guten. Nach dem zweiten Kringel, den ich Richtung Decke paffe, stürmt die Nachtkrankenschwester (ja, der Todesengel) rein und stößt einen spitzen Schrei aus.

Nach vier Tagen entlasse ich mich aus dem Krankenhaus. MDR-Moderator Tom Scheunemann holt mich ab, wir fahren 500 Meter und kehren bei McDonald's ein. Danach auf 250 Kilometern: »Brainstorming 111 Gründe«. Wir schaffen eineinhalb Halbgare. Wenn man schon Gefangener seines Geistes ist, kann man wenigstens dafür sorgen, dass die Zelle anständig möbliert ist. Sagte Sir Peter Ustinov.

Der Deal mit dem Verleger verlangt je 36,5 Gründe an den Monatsenden Juni, Juli, August. Es wird eng und enger. Ich frage mich, wie all die 111er-Autoren das vor mir hingekriegt haben. Waren die arbeitslos, schneller oder besser möbliert? Der Verleger hat mir gesagt, dass ein Buch lebt. Das unterscheidet mein Buch irgendwann von mir. Ich entscheide, dass ich gleich zwei Bücher schreibe – mein erstes und letztes.

Schränke Kneipenbesuche ein, schreibe im Stehen, Liegen, immer und überall, treffe mich inmitten einer Schreibblockade vorm Konsum-Markt in der Haydnstraße mit dem Leipziger Kabarettisten Meigl Hoffmann. Meigl hat seinen Hund Popeye dabei. Der Boxer legt seinen Kopf auf einem Mäuerchen ab, sabbert und wedelt mit dem Schwanz. Meigl sagt, dass ich das auch so halten soll. Laissez faire. Laufen lassen. Dinge regeln sich selbst.

Zwei Wochen vorm Abgabetermin kommt cinc Mail des Verlegers. Harte und wahre Worte. Bücher haben Deadlines, die habe ich gerissen. Schwanzwedeln hilft jetzt nicht mehr. Stelle jegliche Art der Ablenkung ein, bin bei den Gründen 95 bis 111, würde mir jetzt auch ein sinnerweiterndes Zäpfchen implizieren lassen.

Schreibe auch nachts. Das irritiert meine beiden Katzen. Kater Jimmy wird es auf dem Weichholzschrank im Flur schlecht. Er würgt und bricht aus 2,44 Metern in die Tiefe. Eine Melange aus Katzengras und Sheba. Ein Fanal. Aufstieg und Fall. Wann erfindet Sheba Sheba wisch und weg? 11. September 2017, ich liefere das Manuskript. Mein Dank gilt – ohne Rang und Reihenfolge – mir.

Das vorliegende Werk ist ein auf empirischen Studien, Selbstzweifeln, durchwachten Nächten und Wegebieren fußendes Werk, das erklären und aufklären will. Wer hat auf dem Weg zur RB-Hymne und dem Hoffenheimer *Badnerlied* was geraucht? Was hat es mit der Tanzmöhre von Reinhard Grindel auf sich? Wirkt Philipp Kösters alter Arminia-Stutzenstrumpf sinnerweiternd? Stimmt es, dass Lothar Matthäus bei der Weibchensuche nach der wissenschaftlichen Methode Versuch und Irrtum verfährt und ein berühmter Forscher von Trial & Error Karl Popper hieß? Wie war das im Liverpooler Pub, als der Chef die Tür hinter Ralf Rangnick verriegelte und den Schlüssel plus Schlüsselbund runterschluckte?

Die 111 Gründe wissen auch, dass Rangnick im Sommer mit einer schwarzen Vespa zum Training fährt. In der DDR hieß eine Vespa Schwalbe. Timo Werner spielt in der ehemaligen DDR Fußball. Im DDR-Fußball gab es keine Schwalben, keine Bevorzugung für den BFC Dynamo, keine Arbeitslosen und auch keine dicken Kinder. Willi Orbans Lieblingswitz geht übrigens so: Fußball-Kneipe, Fan zum Wirt: »Ein Bier für meine Freundin.« Wirt: »Klingt nach einem fairen Tausch.« Wünsche das Beste.

Guido Schäfer

»Das Ganze fängt jetzt an, so richtig Spaß zu machen«

Vorwort von Ralf Rangnick

In fünf Jahren von der 4. Liga in die Champions League. Ich wage zu behaupten, dass sich so etwas in den nächsten 50 Jahren nicht wiederholen wird. Man macht nie alles richtig, aber bei der Mehrzahl der wichtigen Entscheidungen lagen wir ganz gut. Für mich war es 2012 ein Sprung ins kalte Wasser. Ich kannte das Geschäft von vielen Seiten, das Terrain als Sportdirektor bei zwei Clubs in zwei verschiedenen Ligen und Ländern war mir allerdings neu. Wir haben in Salzburg und Leipzig viele Entscheidungen treffen müssen – personell, strukturell und auch in Bezug auf die Philosophie. Natürlich gab es auch da auch Widerstände. Aber wenn man von etwas überzeugt ist, gibt es nur ganz oder gar nicht.

Alexander Zorniger war 2012 genau der Richtige, mit ihm sind wir zweimal aufgestiegen. Der erste Aufstieg in Lotte war der schwerste, weil der Meister nicht direkt hochgegangen ist. Auch Ralph Hasenhüttl war die richtige Entscheidung. Wir kennen uns jetzt auch schon länger und liegen nach wie vor meistens auf einer Wellenlänge. Wenn ein Sportdirektor und ein Trainer ihr Knowhow zusammenbringen, sich regelmäßig konstruktiv austauschen sowie Ruhe und Geschlossenheit ausstrahlen, dann hat das fast immer positive Auswirkungen.

Zum Erfolg tragen viele Menschen bei. Und damit meine ich ausdrücklich nicht nur die, die in der Öffentlichkeit stehen. Ein Grashalm wächst nicht schneller, wenn man an ihm zieht. Man muss sich aber um ihn kümmern, und das haben wir in den letzten fünf Jahren immer wieder in vielen Bereichen geschafft.

Leipzig ist meine zweite Heimat geworden, ich fühle mich hier pudelwohl. Das Ganze fängt jetzt an, so richtig Spaß zu machen, und wir ernten gerade in dieser Saison die Früchte unserer Arbeit.

Wir wollen den Fußball, für den wir stehen, weiterhin auf den Platz bringen und verbessern. Auch in der Champions League. Klar ist, dass Spielweise und Erfolg einander bedingen.

Ich habe im Laufe der Jahre gelernt, dass man sich bei allem Realitätssinn, was Visionen und Ziele betrifft, nicht beschränken sollte. Wer hätte im Sommer 2012 gedacht, dass wir im Herbst 2017 in der Gruppenphase der Champions League spielen. Das zeigt, was mit einem klaren Konzept, mit Beharrlichkeit und Nachhaltigkeit und den richtigen Menschen an Bord auch in kurzen Zeitabschnitten möglich ist. Wir wollen auch in den nächsten Jahren unseren Verein weiterentwickeln und versuchen, uns im deutschen und europäischen Fußball als feste Größe zu etablieren.

Zu Guido Schäfers 111 Gründen kommen dann in den nächsten Jahren hoffentlich noch weitere dazu.

Ralf Rangnick,
September 2017

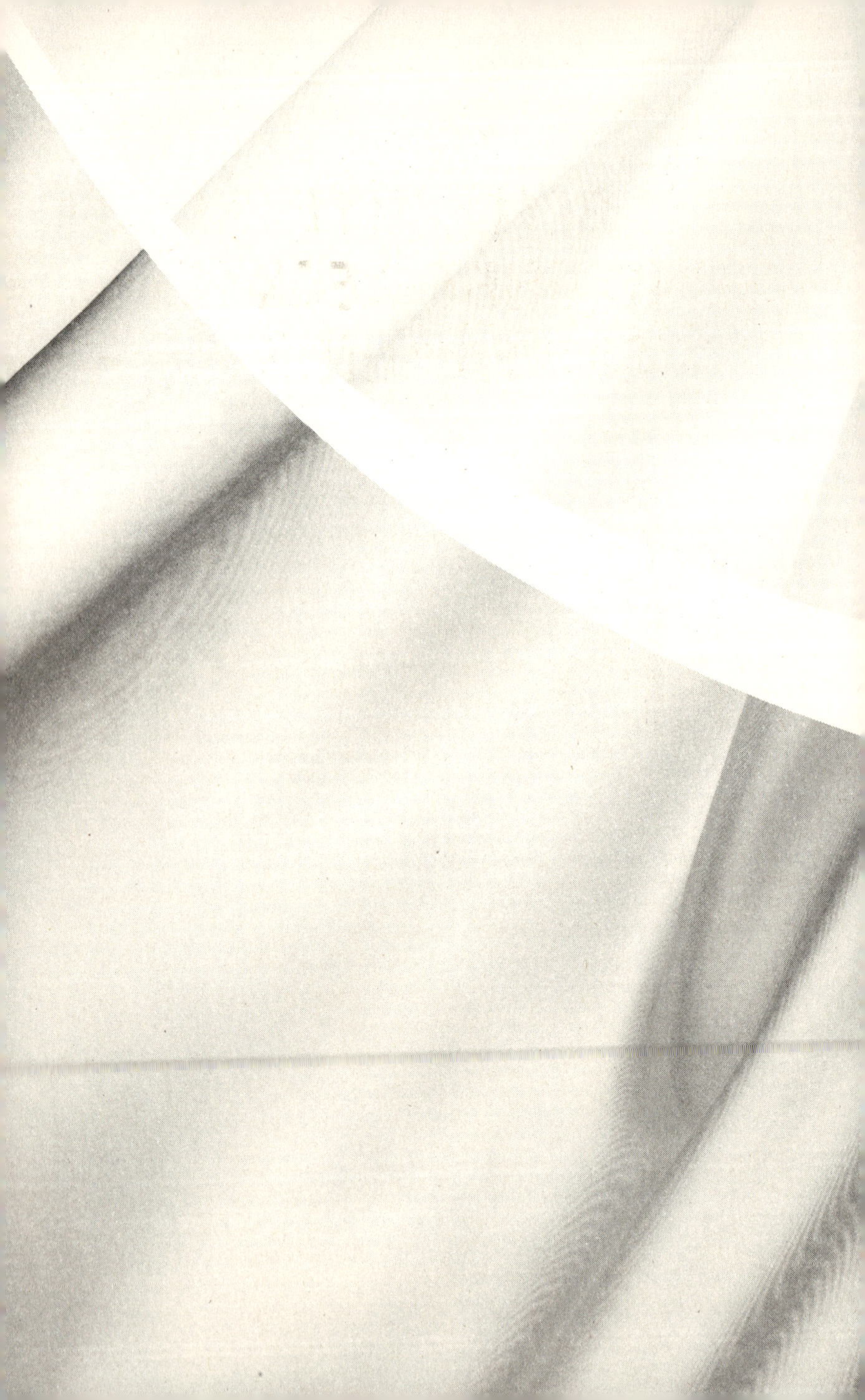

KAPITEL 1

BEFLECKTE UND UNBEFLECKTE EMPFÄNGNIS

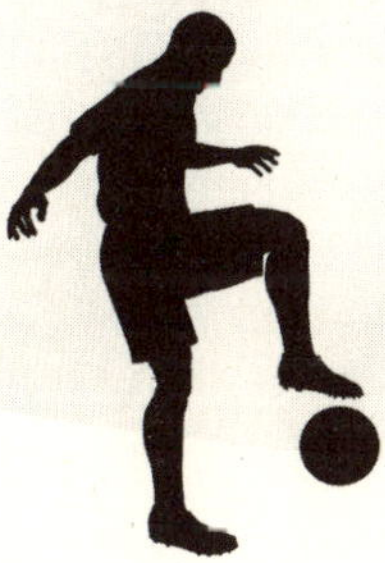

1. GRUND

Weil der 19. Mai 2009 RB, Zausel Zeus und Fräulein Europa vereint

19. Mai 2009, RB Leipzig erblickt das Licht der Welt. Am selben Tag wird in der Grube Messel bei Darmstadt ein 47 Millionen Jahre altes Ur-Affen-Fossil gefunden. »Ida« ist 47 Millionen Jahre älter als RB Leipzig. Und damit höchstwahrscheinlich sogar älter als Borussia Dortmund. Der 19. Mai 2009 ist ein Dienstag und kommt direkt nach dem Montag. Dienstags ist der Krankenstand in Leipzig und auch sonst überall niedriger als montags. Nur in Dortmund wird sieben Tage in der Woche rund um die Uhr geknufft. Sagt Aki Watzke. Dienstag war früher Dallas-Tag. Bei uns daheim gab es an Dallas-Tagen selbst gemachte Pizza und Lambrusco in der Bastflasche. Ich durfte an Dienstagen am Korken lutschen. Manchmal hatte die Flasche nicht mal einen Korken, dann wurde geschraubt. Ein Liter Lambrusco war billiger als ein Liter Milch.

Das Wetter ist am 19. Mai 2009 in Deutschland wolkig, also bedeckt. In Leipzig kommt es am Abend des 19. Mai 2009 zu Blitz und Donner. Religiöse Fanatiker bringen das Unwetter mit der gotteslästerlichen Niederkunft der Rasenballer in Zusammenhang. RB-Jünger halten dagegen, dass Gläubigkeit und Intelligenz nicht immer einhergehen, und führen das Beispiel des Zimmermanns Josef aus Nazareth an. Der glaubte nicht nur ans Christkind.

Die Zugspitze meldet am 19. Mai 2009 Schneeregen. Das tut die Zugspitze öfter. Wer am 19. Mai das Licht der Welt erblickt, ist ein Stier. Astrologen schreiben dem Stier »Durchsetzungsvermögen und Siegeswillen« zu. Das ist eigentlich ein weißer Schimmel, aber im Gesamtzusammenhang egal. Ob Rote Bullen auch astrologisch gesehen Stiere und entsprechend gesegnet sind, ist unbewiesen. Die Mythologie behauptet steifbeinig, dass der alte Zausel Zeus eine wunderschöne Dame namens Europa nach Kreta entführt hat.

Herrn Zeusens List: Er wurde bei Fräulein Europa als Stier mit weißem seidenen Fell vorstellig, ließ sich von der Herzdame streicheln und füttern. Was man halt so macht, wenn man alt wie der Wald und spitz wie Nachbars Lumpi ist. Fräulein Europa bestieg den Stier, man schwamm von dannen. Man nimmt an, dass sie sich auf hoher See an den Hörnern des Stiers festgehalten hat. Andere nehmen anderes an. Das nur der Vollständigkeit halber.

In Kreta angekommen, verwandelte sich der liebliche Stier zurück in den alten Zausel Zeus und sorgte für Unmut bei seiner Herzdame. Dass Fräulein Europa Zeus einen derben Tritt in die Weichteile verpasst hat und so eine Spielart des Ochsen erfand, ist geschichtlich höchst strittig. Zeus sang seit jenen Tagen jedenfalls einige Oktaven höher, war auf Wiedergutmachung aus und benannte einen kompletten Kontinent nach seiner entführten Schönheit. Europa ist demnach auf einer Lüge aufgebaut. Und es wurde unter Martin Schulz und Michel Platini nicht besser. Jetzt mischen RB Leipzig und der laut *FourFourTwo* allerbeste Fußballmanager unter der Sonne, Ralf Rangnick, in Europa mit. In der Gruppenphase geht es gegen AS Monaco, Beşiktaş Istanbul und den FC Porto. Nur mal so: Das Finale steigt am 26. Mai 2018 im »Nazionalnyj sportywnyj komplex Olimpijskyj« – Kiews Nationalstadion. Bis dahin macht vielleicht auch Eurosport mit.

Zurück zu Zeus und den Roten Bullen. Das Sternzeichen Stier steht übrigens für Verlässlichkeit und feste Bindungen. Lothar Matthäus ist Widder.

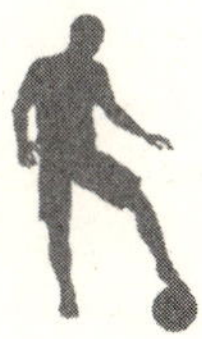

2. GRUND

Weil nur die Red-Bull-Arena eine Zinédine-Zidane-Gedächtnis-Delle hat

Klinsi, Poldi, Schweini, Sommermärchen. Deutschland liegt sich 2006 in den Armen, feiert einen dritten Platz. Warum eigentlich?

Dritte sind wie dritte Zähne, unsexy. Oder wissen Sie noch, wer 1998, 2002, 2010, 2014 Dritter wurde? Kroatien, Türkei, Deutschland, Holland. Drei Monate vor der WM im eigenen Land verliert Deutschland 1:4 in Italien. Nach dem Rückflug von Florenz nach Frankfurt/Main bittet Klinsmann die mitgereisten Journalisten zu einem Treffen in einem Hotel am Flughafen, wirbt um sein gefährdetes Projekt und um faire, lebensbejahende Berichterstattung. Klinsis März-Botschaft: Wir sitzen alle in einem Boot, also alle an die Riemen! Die *Bild*-Zeitung schiebt Norbert Barthle vors Loch. Der CDU-Sportexperte: »Es wäre schön, wenn Herr Klinsmann mal dem Sportausschuss erklären würde, was seine Konzeption ist und wie er Weltmeister werden will. Das Spiel gegen Italien war grausam, und man fragt sich, wie er das bis zum Sommer aufholen will. Der Bund ist der größte Sponsor der WM. Insofern hätte ich gerne ein paar Antworten.« (1). Auch beim DFB hat man die Aussegnungshalle bereits geschmückt, schaut sich nach einem Klinsmann-Nachfolger um. Plan B heißt Matthias Sammer, seines Zeichens DFB-Sportdirektor. Es kommt anders. Märchenhaft anders. Manchmal ist der Weg das Ziel.

Auch Leipzig hat 2006 seine WM und feiert erstklassig. Mit vollen Fans/Kneipen, einer Top-Organisation, ausverkauftem Stadion. Der DFB gibt Note 1. Das freut den Chef des Leipziger Organisationskomitees, Ulrich Wolter. Der ist 33 Jahre jung und wird sechs Jahre später bei RB Leipzig einsteigen. In der Red-Bull-Arena verrichtet seit der WM 2006 eine verbeulte Metalltür ihren Dienst. Stadion-Betreiber Winfried Lonzen, ein jovialer Rheinländer mit listigen blauen Augen, schwört: Das ist der Fußabdruck von Zinédine Yazid Zidane! Frustbewältigung nach Zizous Auswechslung beim französischen 1:1 gegen Südkorea. Zidane sind derartige Eruptionen zuzutrauen. Der Mann erlebte den Abpfiff des WM-Finales 2006 gegen Italien in Berlin bekanntermaßen nicht. Ein Kopfstoß wegen Beleidigung eines Familienmitgliedes. Oui! Ein Tritt gegen die Metalltür wegen Majestätsbeleidigung? Oui!!! Zig nationale und internationale TV-Teams waren schon hier im Bauch des WM-Stadions auf Spurensuche. Falls Lonzens Story nicht stimmt, ist sie très chic erfunden. Augenzeugen berichten übrigens, dass Zidanes Teamkollege Florent Malouda an diesem hitzigen Abend auch gegen eine Tür getreten hat. Von der will wiederum Lonzen nichts wissen.

Für Lonzen, den junggebliebenen 72-Jährigen, geht im Mai 2017 ein Traum in Erfüllung. RB Leipzig ist Zweiter in der Bundesliga geworden, kauft das Stadion, baut das gute Stück aus. Endlich keine Sorgen mehr.

24. Juni 2006, WM-Achtelfinale, Argentinien schlägt Mexiko in Leipzig 2:1 und zieht ins Viertelfinale gegen Deutschland. Für Leipzig war es das. Lonzen blickt nach dem Abpfiff in die ausverkaufte WM-Arena. Er weiß, dass nach der WM vor der 4. Liga mit dem klammen FC Sachsen ist. 3000 Zuschauer statt 45.000. Rote statt schwarze Zahlen. Lust statt Frust. Was Lonzen nicht weiß: Eine Dose rollt auf Leipzig zu.

3. GRUND

Weil nur einer weiß, wie die geheimen Red-Bull-Pläne in die Zeitung kamen

Im Hauptquartier von Red Bull ist 2006 eine Entscheidung gefallen. Wir machen Fußball in Deutschland. Düsseldorf ist ein Thema, wird aber zeitnah verworfen. Leipzig wird proaktiv. Für Leipzig sprechen mehrere Alleinstellungsmerkmale: In Leipzig steht die Wiege des DFB, der VfB Leipzig ist erster Deutscher Meister, keine Stadt dieser Fußballhistorie kickt derart nieder, kein Stadion ist so groß und so überflüssig. Die Sehnsucht nach Fußball ist während des Sommermärchens 2006 greifbar. Jetzt will die Dose rein in die Champions League. Seid umschlungen, Millionen. Fans, Dosen,

Schlagzeilen, Euro. Den Erstkontakt zwischen Leipzig und Red Bull reklamiert Andreas Gall, auch »Sachsen-Galli« genannt, für sich. Der Hohenmölsener Hansdampf in allen Gassen hatte 2006 einen Brief an Dietrich Mateschitz geschrieben und eine Hoffnung stiftende Antwort erhalten. Für diesen unkonventionellen Vorstoß wird Gall 2015 zum RB-Ehrenmitglied ernannt. Den Bundesliga-Aufstieg erlebt Gall nicht mehr. Er stirbt am 22. November 2015 im Alter von 65 Jahren. RB-Vorstand Ulrich Wolter: »Er liebte den Fußball und hatte ein großes Herz.«

Das Red-Bull-Vorhaben elektrisiert Stadionbesitzer Michael Kölmel. Er wittert die einmalige Chance, sein Zentralstadion endlich dauerhaft seiner Bestimmung zuzuführen: Profifußball. Mit einem Mieter, der Miete zahlt und nicht ständig über Ebbe in der Clubkasse barmt. Kölmel beauftragt 2006 seinen Adlatus und Mann für alle Fälle Otto Schlörb mit der Eheanbahnung. Schlörb hat Kölmels wackelndes Stadion zu Ende gebaut, der Mann kann was. Als der liebe Gott das Selbstvertrauen verteilte, stellte sich der gute Otto zweimal an. Zweifel kennt er nicht. Jetzt soll der Mann für gewisse Stunden Red Bull den Weg in den deutschen Fußball ebnen. Und der führt zunächst über den schwachbrüstigen Mieter des Zentralstadions, den FC Sachsen.

Schlörb erinnert die Tage und Wochen so: »Ich rief bei Red Bull Sport in Salzburg an, man lud mich ein, aber ich kam nur bis zur feschen Assistentin des damaligen Sportchefs Dany Bahar. Die Dame nahm meine Präsentation freundlich entgegen und schickte mich wieder heim. Man würde sich melden. Auf dieser Ebene wusste man übrigens nichts von dem Gall-Brief. Zwei Tage später klingelte mein Handy und Dany Bahar war dran. Das Stadion sei sehr schön, was man denn machen könne. Ich sang ihm das Hohelied von Fußball-Leipzig und dem Plan, Red Bull auf den Traditionsclub FC Sachsen Leipzig zu setzen, als Pendant zum FC Bayern München. Er war sehr angetan, wir verstanden uns gleich gut. Bahar wollte mir ein Flugzeug schicken, das mich nach Salzburg bringen sollte. Ich war bei dem Gespräch jedoch in Starnberg in meiner Wohnung und sagte ihm, dass ich mit dem Auto schneller in Salzburg wäre. So begann die Chose.«

Im November 2006 bittet mich Schlörb um ein Treffen. Es ist nicht unser erstes, er will am Puls der Zeit bleiben. Mittagessen, Trattoria No.1, Sichtweite zum Zentralstadion. Diesmal geht es nur mittelbar ums Stadion und Schlörbs heldenhaften Beitrag bei der Vollendung desselben. Diesmal geht es um einen Einstieg eines weltweit operierenden Sportsponsors.

Er, sinngemäß: Ist Leipzig bereit, neu und groß zu denken?

Ich, sinngemäß: Na klar, wer soll der Neue und Große sein?

Er: Geheim.

Ich: Na super.

Er muss mal, das stille Wasser drückt. Auf dem Tisch verbleiben: Aqua, Nudeln al dente und eine Klarsichtmappe. Gucken, nicht anfassen. Am unteren Zipfel des Blattes steht redbulls.com. Ja, das ist neu und groß. Und nach einer Titelgeschichte in der *Leipziger Volkszeitung* nicht mehr geheim. Georg Flascha, Chef der Wirtschaftsprüfungskanzlei KPMG und FC-Sachsen-Schatzmeister, bestätigt die exklusive Story: »Ja, wir verhandeln mit Red Bull.« Dietrich Mateschitz ist nicht amüsiert über die publik gewordenen Verhandlungen. Die verlaufen im Sande. Weil der Brausegigant den FC Sachsen umbenennen und umfärben will. Außerdem kicken die Sachsen-Fans lieber ohne Red-Bull-Kohle in der Botanik als mit in der Bundesliga.

4. GRUND

Weil für die Roten Bullen gilt: Von Leipzig lernen, heißt lernen, wie man es nicht macht

Bei ihren Recherchen über den Niedergang des Leipziger Fußballs stoßen die Red-Bull-Gesandten auf Unvermögen, Größenwahn, Pleiten und möblierte Trainer-Buden. Von Leipziger Vorzeigeclubs lernen, heißt lernen, wie man es nicht macht. Ein Abgrund hat mit Drittligist Sachsen Leipzig, Bulgariens Nationalheld Hristo Bonew und einer entführten Schrankwand aus dem Hause Möbel Walther zu tun. In der Saison 2000/2001 lernt FC-Sachsen-Boss Thomas Till in einer Loge des FC Bayern München Hristo Bonew kennen. Till ist hin und weg, als sich Bonew und Franz Beckenbauer umarmen. Till will das auch und macht Bonew zum Trainer. Dessen Deutsch ist so gut wie Tills Bulgarisch. Als Bonew seinen ersten Gehaltszettel sieht, rennt er zu Till. Obenrum stehen 25.000 D-Mark, untenrum 14.000. Brutto, netto ist dem Mann fremd. Wie auch Taktik, Trainingsplanung und alles andere, was zum Trainerberuf gehört. Im Training schießt Bonew alle Standards selbst und hat einen Heidenspaß. Die Spieler finden das überschaubare Pensum beim Üben anfänglich super, freuen sich, dass sich Coach auch schon mal vorm Ende der Einheit abseilt, um im Mannschaftsbus Wurstbrote zu vertilgen. Sie merken aber irgendwann: Mit dem steigen wir ab, der muss weg. Manager Gerd Achterberg würde die Pein gerne beenden, hat aber erst kurz vorher einen Irrtum korrigiert (Bonew kam für Volkan Uluç). Sachsen-Abwehrmann Matthias Wentzel, in vielen Zweitliga-Schlachten gestählt und bei Carl Zeiss Jena unter Hans Meyer sozialisiert, geigt Bonew bei einer Mannschaftssitzung die Meinung, attestiert dem Bulgaren allumfassende Ahnungslosigkeit. Erst ein paar Wochen später suspendiert Bonew Wentzel. Böse Zungen behaupten, dass der Bulgare ein paar Wochen gebraucht hat, um Wentzels Botschaft zu decodieren. Wentzel wollte Schaden vom Club wenden und muss leiden. Beim Auszug aus der Kabine bietet er dem Coach einen, sagen wir, physischen Verweis an. Co-Trainer und Friedenstaube Uwe Ferl verhindert Schlimmeres. Ja, es geht drunter und drüber in Leipzig-Leutzsch. Brutto-Netto-Bonew fliegt kurz vorm Saisonende raus. Er lässt einen Container mit der Schrankwand und diversen weiteren Möbeln aus seiner Böhlitz-Ehrenberger Mitwohnung beladen und nach Bulgarien bringen. Sachsen-Sponsor Möbel Walther guckt in die Röhre. Kurz vor Bonews Abflug nach Bulgarien stürmt ein Sachsen-Gesandter die Abflughalle am Leipziger Flughafen und konfisziert das Diensthandy. Immerhin. Der mutige Wentzel wird viele Jahre später eine tragende Rolle bei der Findung des RB-Trainingsgeländes spielen. Sachsen Leipzig hält 2000/2001 mit Ach und Krach die Liga, muss in Ermangelung an Geld trotzdem runter in die Viertklassigkeit.

5. GRUND

Weil RB-Hebamme Andreas Stammkötter Schalker ist …

2009, zweiter Versuch. Mateschitz' Handlungsreisende Andreas Sadlo und Red-Bull-Fußballboss Andreas Egger haben ein neues Motto: Wir kaufen Club XY das Spielrecht ab, zahlen Schmerzensgeld und machen mit XY, was wir wollen.

Blau-Weiß Leipzig geht in die Horizontale, macht das Messemädchen und blitzt ab. Die 6. Liga ist Sadlo/Egger zu piefig. Bessere Chancen hat der FC Eilenburg. Gelände und Entgegenkommen von Clubchef Wolfgang Patitz sind riesig. Leider Gottes fallen Eilenburgs Fußballer trotz zweier von Red Bull finanzierter Winterzugänge vom Fleisch und steigen ab. Die Dose rollt auch am sechstklassigen Eilenburg vorbei.

Nächster Halt: Meuselwitz, auch Zipsendorf genannt. Der ZFC steht kurz vorm Aufstieg in die 4. Liga, ZFC-Chef Hubert Wolf ist bereit, die Lizenz rauszurücken, will mit der Red-Bull-Apanage und seiner zweiten Mannschaft zurück in die Oberliga. Aber: Wolf, der alte Fuchs, will mit seinem ZFC lebenslang vom heiligen Jawort profitieren. Wenn RB in der Bundesliga einen Etat von, sagen wir, 100 Millionen Euro hat, sollen fünf Prozent nach Zipsendorf gehen. Bis ans Ende aller Tage. Sadlo/Egger mögen den verwegenen Wolf, aber nicht diesen kostspieligen ewigen Bund der Ehe und fahren schnell zurück nach Leipzig.

Danach kommt Viertligist SSV Markranstädt ins Spiel. Die SSV-Verhandlungsführer heißen Holger Nussbaum und Andreas Stammkötter und sind Freunde. Nussbaum ist SSV-Chef, Club-Mäzen, Hydraulikunternehmer. Nussbaum ist Dortmund-Fan. Stammkötter ist bekannter Anwalt für Baurecht, erfolgreicher Fachbuch- und Krimiautor. Stammkötter ist Schalke-Fan. Wenn die beiden in der Leipziger Münzbar Champions League gucken, erzählt Stammkötter in der Halbzeit Witze. Einer geht so: Ein Dortmunder Kind wird eingeschult und muss feststellen, dass es in seiner Klasse nur Schalker gibt. Nach zwei Tagen kommt der Bub heim und sagt seiner Mama: »Heute ABC gehabt, ich locker bis Z gekommen, die anderen haben es nur bis D geschafft. Woran liegt dat, Mama?« Die Mama umarmt den Bub und sagt: »Weil du Dortmunder bist!« Nach dem Einmaleins: »Ich locker acht mal neun ist 72, die konnten nicht zwei mal zwei. Woran liegt dat?« Die Mama: »Weil du Dortmunder bist.« Nach dem Schwimmunterricht. »Mit den Zecken geduscht, die haben sooo winzige Dinger – und meiner ist riesig. Liegt das auch daran, dass ich Dortmunder bin?« Die Mama: »Nee, mein Junge, das liegt daran, dass du 17 bist.«

6. GRUND

... und mit BVB-Holger-Nussbaum trotzdem ein Baby in die Welt setzt

In Sachen RB passt zwischen Stammkötter und Nussbaum kein Blatt Papier. Erste Aufgabe beim Weg ins Babyglück: Sie müssen die Zustimmung der Markranstädter Abteilungen Tischtennis, Volleyball und Gymnastik einholen. Klappt. Jetzt müssen höhere Hürden genommen werden. Zum Beispiel jene, die sich mit dem Übergang von einem Verein auf den anderen beschäftigen. Experte hierfür war/ist Stephan Oberholz. Der ist Richter am Leipziger Landgericht, oberster Sportrichter im Nordosten Deutschlands und hinter DFB-Sportrichter Hans E. Lorenz zweiter Mann in Frankfurt/Main. Oberholz kennt alle Paragrafen der Spielordnung und nordet die Parteien in Stammkötters Kanzlei im Waldstraßenviertel ein. Botschaft: Eine Spielrechtsübertragung ist nur dann statthaft, wenn alle Fußballabteilungen wandern. Also unter anderem die Alten Herren. Die sind in allen Clubs dieser Welt berüchtigt, wissen alles besser, haben nie ein Spiel verloren, nie einen Fehlpass gespielt. Peter Scholl-Latour steuerte einst dies zum Thema bei: »Nehmt euch vor alten Männern in acht, sie haben nichts zu verlieren.«

Nach wochenlangem Gezerre zwischen Stammkötter/Nussbaum und der Rechtsabteilung von Red Bull steht die Rohfassung des Kooperationsvertrages. RB kassiert das Oberliga-Spielrecht, der SSV Kohle. 400.000 Euro sofort, danach einmal 100.000 und zweimal 200.000 Euro. RB verpflichtet sich bis zum Ende der Saison 2011/2012, alle SSV-Oberligaspieler, das Trainerteam Tino Vogel/Lars Weißenberger, Physiotherapeutin Anja Strobel und den Platzwart zu bezahlen. Turnhosen, Trikots und diverse Kästen Bier für die Alten Herren gehören ebenfalls zum Deal. Die RB-Profis spielen in der Saison 2009/2010 im Stadion am Bad, die noch zu bildende U23 der Rasenballer kehrt mit Erreichen der Oberliga zurück nach

Markranstädt. Bockbeinig stellt sich die Marketingabteilung von Red Bull in Sachen Logo an. Nach sieben Kreationen, die sich nur mit der Lupe vom jeweiligen Vorgänger unterscheiden, winkt der Sächsische Fußball-Verband die Nummer sieben entnervt durch.

Am 4. Juni 2009 werden die Verträge unterschrieben, am 9. Juni gibt Red Bull via Pressemitteilung, die in Österreich Presseaussendung heißt, bekannt: »Rote Bullen betreten deutschen Boden …« Der Kooperationsvertrag. Schwere Geburt, schönes Baby.

7. GRUND

Weil der Club laut Kooperationsvertrag Red Bull Leipzig-Markranstädt heißen sollte

Was alles im Einigungsvertrag vom 4. Juli 2009 stand, blieb der Öffentlichkeit bisher vorenthalten. Nach unnachgiebigen Recherchen und unter Einbeziehung des Leipziger Buschfunks kommen hier weltexklusiv Inhalte aus einem gewichtigen Schriftstück deutscher Fußball-Geschichte zum Vorschein. Eines vorweg: Der neue Mitspieler sollte Red Bull Leipzig-Markranstädt oder RBL-Markranstädt heißen. Wurde bekanntermaßen nichts.

Wichtigstes Ziel der Vereinbarung vom 4. Juli war, na klar, die Teilnahme von Red Bull Leipzig-Markranstädt oder RBL-Markranstädt am Spielbetrieb der Oberliga. Außerdem ist in der Kooperation mit dem SSV Markranstädt geregelt, dass der SSV sportlich unterstützt wird. Via Zugriff auf jene RB-Fußballer, die es beim neuen Superclub nicht schaffen. Auch die finanzielle Seite des Deals ist ausformuliert an einer Stelle offenbar etwas schwammig. Die finanzielle Unterstützung für den SSV Markranstädt belief sich auf insgesamt knapp 900.000 Euro.

Stand heute, hat der SSV gelitten. Der Red-Bull-Geburtshelfer klopfte 2015 ans Tor zu Regionalliga und ist im Mai 2017 in die

Sachsenliga abgestiegen. Kooperationspartner RB Leipzig spielt in der Champions League. Dass RB den Steigbügel ins Glück eines fernen Tages mal wieder mit einem Testspiel beehrt, ist angedacht und ein Gebot der Fairness. Die niedere Spielklasse der von Uwe Ferl trainierten Markranstädter ist kein Ausschlusskriterium. Im Sommer 2017 füllten die Rasenballer Stadion und Kasse des Sechstligisten SV Dessau 05.

Dieter Gudel wurde im Februar 2010 RB-Geschäftsführer und kniete sich ins Vertragswerk, suchte Möglichkeiten, reinzugrätschen, um Geld zu sparen. Er wurde beim Thema brutto/netto fündig. Nach seiner Interpretation beinhalteten die Zahlen schon die Mehrwertsteuer. Gudels Spitzfindigkeit kostete den kleinen SSV Markranstädt ein kleines sechsstelliges Vermögen. Gudel blieb bis Sommer 2011 in Amt und Würden. Nussbaum/Stammkötter hätten aufs Kennenlernen gerne verzichtet. Heute ist Gudel Chef des Nachwuchsleistungszentrums des Hamburger SV.

Mit dem Red-Bull-Deal sahen all die kleinen SSV-Sponsoren ihr Standortbekenntnis ad absurdum geführt, ließen Werbebanden abmontieren und Annoncen im Stadionheftchen stornieren. Nussbaum/Stammkötter haben nachweislich keinen Cent abbekommen. Stellt sich die Frage, wo die Kohle hin ist. Sie ist in den Versuch geflossen, die Oberliga zu verlassen. Hat dann ja auch geklappt. In die falsche Richtung. Die Hebammen der Rasenballer, Holger Nussbaum und Andreas Stammkötter, sind beim SSV ausgestiegen. Sie sind Stammgast auf der Tribüne der Red-Bull-Arena und Selbstzahler.

8. GRUND

Weil Hans-Georg Felder erstklassiger Pressesprecher in der 5. Liga ist

2009 muss alles ganz schnell gehen. Auf den ungezählten Autofahrten zwischen Wien und Leipzig fällt RB-Boss Andreas Sadlo auf, dass er keinen Pressesprecher hat. Thomas Blazek, dicke Tinte mit Dietrich Mateschitz und Sprachrohr der Salzburger Fußballer, greift ins obere Fach. Hans-Georg Felder, von 1998 bis 2009 Kommunikationschef bei Hertha BSC, ist zu haben, weil er gerade im Aufwasch mit Manager Dieter Hoeneß über die Wupper/Spree gegangen ist.

Felder richtet sein Büro im Formel-1-Container in Markranstädt ein. Die ersten Pressemitteilungen, die erste Pressekonferenz, Mannschaftsfotos, Autogrammkarten, Homepage. Im September biegen sich im Feuchtgebiet die Papiere.

Auch Felder biegt sich. Von Berlin nach Markranstädt. Von der Champions League in die 5. Liga. Ein Karriererückschritt. Aber einer, der den selbstgewissen Hans zurück in die Beletage bringen könnte.

Felder war bei Hertha eine große Nummer, nahm Marcelinho nächtens das Caipirinha-Glas aus der Hand, joggte nach dem Champions-League-Spiel in Chelsea mit Coach Jürgen Röber durch London, musste zig Berliner Zeitungen zähmen, füttern, Brände löschen, Spieler und Bosse schützen. Felder war wichtig.

Seine Erstliga-Attitüde ist ihm in den Niederungen der 5. Liga geblieben. Die schreckt manche nur auf, manche ab. Woher soll ein Fotograf wissen, dass er nach einem Oberliga-Spiel nix auf dem Platz verloren hat, wenn er dort vorher herzlich willkommen war?

Felder konnte auch charmant sein.

Jerez, Andalusien, Januar 2010, das erste Wintertrainingslager der Rasenballer. Die drei mitgereisten Leipziger Journalisten wohnen im Teamhotel (heutzutage undenkbar), sitzen abends mit den Trainern und Felder zusammen beim Bier. Felder erzählt Geschichten aus der großen, weiten Welt des Fußballs, spielt Klavier, entzückt die toupierte Damenwelt.

RB steigt vier Monate später auf und entlässt Cheftrainer Tino Vogel. Felder ist von den Socken und verfasst die dazugehörige Pressemitteilung.

Saison 2010/11. Neue Liga, neuer Trainer, neuer Geschäftsführer. Beiersdorfer holt Tomas Oral vom FSV Frankfurt und verfrachtet seinen Assistenten Dieter Gudel von Salzburg nach Leipzig. Der Aufstieg geht früh flöten, beim Wintercamp in der Türkei stehen abendliche Zusammenkünfte auf dem Index.

Oral hat viele Baustellen aufgemacht, reibt sich auf. In der Türkei wirft er Steven Lewerenz raus, weil der sich Widerworte Richtung Trainer erlaubt. Felder, der auch Teammanager ist, vermeldet die überstürzte Lewerenz-Abreise via Homepage. Geschäftsführer Gudel ist außer sich, zählt Felder an. Gudel fühlt sich übergangen. Von Felder. Gudel kann Felder nicht ausstehen. Umgekehrt ist das genauso. Als Felder eine 400-Euro-Kraft für die Presseabteilung einstellt, stellt ihn Gudel frei. Am 24. März 2011 ist Felders letzter Arbeitstag.

Gudel holt im April Enrico Bach von Dynamo Dresden. Und Dietrich Mateschitz holt Peter Pacult für Oral. Bach und Pacult haben eine Dynamo-Vergangenheit. Bach flüchtet vor Pacult. Der bringt den schneidigen Sharif Shoukry aus Wien mit.

Hansi Felder geht nach Stationen bei SportsTotal und Sky Deutschland im Juli 2013 zu den Stuttgarter Kickers. Nach dem Abstieg der Blauen 2016 ist auch dort für Felder Schluss. Seit Januar 2017 unterstützt er die Spielerberateragentur Siebert & Backs, seit 1. Juli 2018 ist er Presse- und PR-Manager für die Leichtathletik-Europameisterschaften Berlin 2018.

Beim ersten Bundesliga-Heimspiel der Roten Bullen gegen Dortmund wäre Hansi Felder gerne in der Red-Bull-Arena gewesen. Zusammen mit den Männern und Frauen der ersten Stunde 2009. RB Leipzig schwebt jetzt in jenen Sphären, die Felder kennt. Aus Berlin.

9. GRUND

Weil ein zweifacher Nationalspieler RB zum ersten Aufstieg führt

Die Männer/Frauen der ersten RB-Stunde 2009 dünnen sich aus, Ingo Hertzsch ist einer der letzten Mohikaner. Er war Abwehrchef bei den Rasenballern, sammelte danach in der Marketingabteilung von Jörg Kurzeja Erfahrung, war Patron bei der Namensfindung des Club-Maskottchens, wurde Fan-Betreuer und ist seit 2015 »Mitarbeiter CSR«, Corporate Social Responsibility. Hat mit unternehmerischer Verantwortung über Erfolg/Umsatz hinaus zu tun. Hertzsch ist eine Art Streetworker bei den Roten Bullen, kümmert sich um soziale Projekte, den Kids Club und so weiter. Für viele ist Hertzsch die gute Seele im Verein. Der 40-Jährige ist verheiratet, hat drei Kinder, ruht in sich. Hertzsch hat mehr als 300 Profispiele absolviert, zwei für die Nationalmannschaft, das Gros für den HSV. Er kam ohne bleibende Schäden raus aus dem Haifischbecken, hat seine Kohle nicht verprasst. Menschen, die ihn kennen, sagen: Ingo ist Ingo geblieben. Erdverbunden, freundlich. Menschen, die ihn kennen, sagten das auch, als er Nationalspieler wurde. Im Jahr 2000 lief Hertzsch für Deutschland gegen Dänemark auf, 2002 gegen Bulgarien. Wie sich das angefühlt hat mit dem Adler auf der Brust? »Es gibt nichts Schöneres.« In Meerane wurde Hertzsch zum berühmtesten Sohn der, nun ja, Stadt. Hertzsch hat übrigens doppelt so viele DFB-Einsätze wie Marvin Compper und Diego Demme in seiner Vita stehen und ist damit hinter Perry Bräutigam und Timo Werner deutscher Rekordnationalspieler der Roten Bullen. Noch.

Demme wird nachlegen. Und an Willi Orban und Lukas Klostermann kommt Joachim Löw auch nicht mehr vorbei.

Hertzsch gehört der ersten Meistermannschaft der Roten Bullen an, führt die Seinen als Kapitän am 29. Mai 2010 von der Oberliga in die Regionalliga. Am 29. Mai 2010 gehen drei historische Schmankerl über die Bühne. Mittags gewinnt der FC Sachsen Leipzig 2:1 gegen Meister RB, das Siegtor schießt Stephan Neigenfink. Spätabends gewinnt Lena Meyer-Landrut in Oslo den Eurovision Song Contest. Noch später abends erfährt Aufstiegstrainer Tino Vogel beim Feiern im Gesellschaftshaus am Zoo, dass er seine Schuldigkeit getan hat.

Unter Vogels Nachfolger Tomas Oral sinkt der Stern des mittlerweile 33-jährigen Hertzsch. Wie auch der Stern von anderen gut abgehangenen Ex-Profis wie Thomas Kläsener, Nico Frommer, Patrick Bick und Lars Müller. Oral kann mal gut, mal weniger gut mit den Routiniers. Oral kann mal gut, mal weniger gut mit jungen Hüpfern wie Daniel Frahn und Stefan Kutschke. Am 1. Juni 2011 dürfen die Alten noch mal in Truppenstärke ran. Pokalfinale gegen Drittliga-Aufsteiger Chemnitzer FC. 14.000 Fans sind im Zentralstadion, das kurz darauf im Namen der Dose unterwegs ist, dabei. Es ist Ingo Hertzschs Abschiedsvorstellung bei der ersten Mannschaft der Roten Bullen. Es ist auch Orals letztes Spiel. Der Wiener Peter Pacult übernimmt am 1. Juli 2011. Er wird einen Teilnehmer an der ersten Runde des DFB-Pokals übernehmen. Dank Hertzsch. 39. Minute, Lars Müller flankt, Hertzsch steigt hoch, 1:0. RB holt den Sachsenpokal und trifft im DFB-Pokal auf Erstligist Wolfsburg. Der »Frahnsinn« ist eine andere Baustelle.

10. GRUND

Weil Perry Bräutigam das Tanzholz Buche massiv ausführt

Perry Bräutigam. Wie Hertzsch Mann der ersten RB-Stunde. Von 2009 bis 2015 Torwarttrainer. Dann muss er runter vom Platz, rein ins Büro, wird zum Picasso ohne Pinsel. Den schwingt fortan Frederik Gößling. Der ist 15 Jahre jünger, hat mehr Haare und mehr Erfahrung mit dem Laptop. Perrys erster und letzter Computer war ein Commodore 64. Das klobige Teil bringt Torhüter nur nach vorne, wenn man ihn/es auf der Torlinie parkt. Die neue Technik ist klein und fein, kann und weiß alles. Welcher Stürmer schießt wann und wohin? Wie krumm sind die Flanken, wie gut ist der Abdruck mit links und rechts?

Als Bräutigam im Tor stand, schlug Mentalität Talent. Es gab Talentiertere als ihn, aber wenig Bessere. Bräutigam stand vornehmlich für Carl Zeiss Jena (1982 bis 1994) und Hansa Rostock (1995 bis 2002) im Kasten. Sein Lieblingsgegner war Mainz 05. »Bei denen roch es in der Kabine genauso streng wie bei uns in Jena. Und die hatten auch so eine Badewanne, in der nicht nur die Hoffnung keimte. Und gewonnen haben wir auch immer.« Fast immer.

Bräutigam war auch als Torwarttrainer einer vom alten Schlag. Wenn die Sprungkraft des Keepers ausbaufähig war, sagte Perry: »Das über deiner Birne ist die Latte. Wäre schön, wenn du irgendwann mal drankommst.« Wenn sich der Keeper nach dem Ende des zehrenden Trainings erkundigte, fragte Bräutigam: »Musst du auf die Post?« Perry hat seinen Job und seine Torhüter geliebt.

Jetzt ist er Repräsentant der Rasenballer, besucht sportorientierte Schulen, erklärt in der ARD, wie er das Pokal-Los Bayern München findet. Perry schlägt sich gut, hat sich arrangiert. Vollends glücklich kann der Mann nicht sein. Wie auch, so ganz ohne Pinsel, Freiheit und Abenteuer.

Die Anfänge. Perry schlüpft in Altenburg, trägt sein Haar sehr früh hinten sehr lang, vorne sehr kurz, steht bei der BSG Motor Altenburg, in Jena, in Rostock, in Nürnberg und in der Nationalmannschaft der DDR im Tor. 1:0 in Schottland, 4:0 auf Malta und 3:3 in Brasilien. Perry gehört zum ersten gesamtdeutschen Kader. Am 19. Dezember 1990 siegt Deutschland in Stuttgart 4:0 gegen die Schweiz. Weltmeister Bodo Illgner steht im Tor, Bräutigam sitzt mit Schnurrbart auf der Bank. Am Abend vorm Spiel klingelt Bundestorwarttrainer Sepp Maier Berti Vogts durch. »Berti, wen hoabt's ihr mir auf mein Zimmer geschickt? Ist doas der neue Zeugwart?« Der Bettnachbar in Maiers Doppelzimmer ist Perry, und der packt gerade seinen DDR-Kulturbeutel aus. »Modell Nowosibirsk«, lästerte Maier.

20 Jahre nach der Fußball-Einheit kommt es im Leipziger Zentralstadion zum Spiel der Legenden. Die von Ede Geyer gecoachte Ost-Truppe mit Perry im Tor schlägt am 20. November 2010 Bertis West-Team 2:1. Der Keeper macht sich selbst als entscheidenden Mann aus. Bei der After-Show-Party im Westin nennt der Altenburger sein Fitnessgeheimnis: »Keine Kurzen!«

Dann entert er die Tanzfläche. »Mit Tanzholz Buche massiv.«

11. GRUND

Weil sich Christian Mittenzwei einen Platz in der RB-Historie sichert

Am 10. Juli 2009 gleiten die Rasenballer zum ersten Mal in ihre guten Turnhosen. Das sind die, die nur zu Spielen ausgepackt werden. Der Rolls Royce der Oberliga testet gegen einen Trabi aus der Sachsenliga. RB Leipzig gegen den SV Bannewitz am Gontardweg. Das Wetter passt zum Spiel, wird von kühlen regnerischen Winden verweht. Cheftrainer Tino Vogel liegt mit Grippe im Bett, Sportdirektor Joachim Krug hat kurz vor der Partie nachgeladen. Daniel Rosin, 29, kommt vom FC Magdeburg, Robert Scannewin von den Amateuren von Bayer Leverkusen. Krug lädt in diesen Tagen öfter nach, Rosin/Scannewin sind die Neuzugänge neun und zehn. Der immer gut gelaunte und auskunftsfreudige Kamener, 44, hat auch über Stürmer Francis Kioyo, 26, nachgedacht und den Gedanken wieder verworfen. Kioyo ist jener junge Mann, der am 15. Mai 1994 im Trikot von 1860 München kurz vorm Ende zu einem Elfmeter gegen Hertha anläuft. Es steht 1:1, wenn der bullige Kameruner trifft, bleiben die Löwen in der Bundesliga. Er trifft nicht. Das Ende des Spiels markiert den Niedergang der Sechziger, die heuer in der Regionalliga kicken. Kioyo? Muss nicht sein. RB braucht Flügel und keinen Pechvogel. Vorm Anpfiff sagt Krug mit Blick auf Saison und Erwartungshaltung: »Wenn wir zu irgendeinem Zeitpunkt nicht mehr aufsteigen können, kann ich mir am nächsten Tag meine Papiere holen.« Er sollte sie trotz Aufstieges bekommen. 2016 geht Krug unter die Buchautoren. *Schwarzer Drache* handelt von Taliban und Russenmafia, die in Leipzig das Drogengeschäft und die Prostitution beherrschen. Nun ja.

Etwas über 200 Schaulustige haben sich am 10. Juli 2009 an den Gontardweg verirrt, auf schätzungsweise jeden vierten Fan kommt ein Freund und Helfer. Es bleibt ruhig, und RB gewinnt 5:0. Christian Mittenzwei verschafft sich in der 24. Minute mit dem ersten Tor der Roten Bullen einen Eintrag in die Geschichtsbücher.

In der Salzburger Heimat der Bullentiere wird das Leipziger Dosenwunder begierig aufgesogen. Die *Kronen Zeitung* spannt einen monströsen geschichtlichen Bogen um RB-Lizenzgeber Markranstädt und Red Bull (»Die Dose lässt sogar Napoleon vergessen«), berichtet von einem »fußballerischen Notstandsgebiet, das aus Dosen Hoffnung schöpft«. Genesungswünsche an den kranken RB-Coach Tino Vogel gibt es obendrein: Auf dass »das Grippefieber bald dem Fußballfieber weicht«. Napoleon Bonaparte soll 1807 und 1813 im Markanstädter Gasthof »Zum Rosenkranz« übernachtet haben. Der Gesandte des *Kuriers* überschreibt seine Reportage mit der Headline »Entwicklungshilfe für Deutschland!«, nennt Markranstädt eine »Wohn- und Schlafstadt vor den Toren Leipzigs, die eigentlich nicht in die mondäne Welt von Red Bull passt«. Der *Kurier* lässt einen Leipziger Taxifahrer zu Wort kommen. »Wenn RB in die dritte Liga aufsteigt, haben sie es geschafft. Dann werden die Leute in Scharen ins Zentralstadion kommen.«

Die *Salzburger Nachrichten* fühlen »Aufbruchstimmung«, loben den perfekten RB-Auftritt bei der Kader-Vorstellung: »Wie immer ist alles glänzend organisiert. Lachsbrötchen und natürlich auch Red Bull in Hülle und Fülle.« Und: »Ösis motzen Ossis auf«.

Ich bitte den Sportchef der Salzburger *Kronen Zeitung* Wolfgang M. Gran um einen Gastkommentar. Gran ist ein angenehm unaufgeregter Kollege, kann mit den extremen Ausschlägen der Branche nichts anfangen. Sein Buch *Krankl* wurde 2005 zu einem Bestseller in Österreich. Der letzte Satz in der Biografie über den besten österreichischen Fußballer aller Zeiten geht so: »Hans Krankls heiliger Zorn kann einen ins Wanken bringen. Aber unter der Wucht seiner Liebe geht man zu Boden.« Gran hat sich 2015 aus dem Zeitungsgeschäft zurückgezogen, ist Autor, Musiker und glücklich. Grans Beitrag, der am 10. Juli 2009 in der *Leipziger Volkszeitung* erschien, nahm Kommendes vorweg: »Leipzig kann sich mittelfristig schon getrost auf Erstliga-Fußball vorbereiten.«

Hier Grans Gastkommentar:
Der kleine Bruder hilft dem großen

Steirer, schrieb schon der Dichter Reinhard Peter Gruber, sind herrliche Menschen. Arnold Schwarzenegger ist einer, Frank Stronach und auch Dietrich Mateschitz, der Mann, der in Leipzig den »Ost-Plopp« der Dose stattfinden ließ, der mit den Millionen aus seinem Energy-Sprudel dafür sorgen will, dass in den neuen Bundesländern der Fußball nicht so alt aussieht.

Man ist ein wenig skeptisch im Sachsenland, denn irgendwie ist es skurril, dass der kleine Bruder dem großen Hilfestellung leistet. Und man weiß nicht genau, was auf einen zukommt, aber das ist rasch erklärt: Red Bull ist eine Werbebotschaft, Red Bull verleiht, so haben es die Marketing-Strategen ausgetüftelt, Flügel – und diesem Satz wird alles untergeordnet. Deshalb darf sich auch Leipzig mittelfristig schon getrost auf Erstliga-Fußball vorbereiten, denn die Dosen-Capos erreichen immer, was sie wollen.

Sie wurden in Salzburg Fußballmeister, Eishockeymeister, sie gewinnen inzwischen Formel-1-Rennen, Skistars und »Adler« siegen im Zeichen des Roten Bullen, und auch Leipzig darf davon ausgehen, die längste Zeit Wald-und-Wiesen-Fußball gespielt zu haben. Man wird Stück für Stück nachjustieren, hurtig aufsteigen, wie es halt so ist, wenn man Flügel hat.

Warum Markranstädt, ist schnell erklärt: Red Bull sponsert nicht, Red Bull erschafft Neues. So war es auch in Salzburg, wo man zu Beginn mit den Traditionalisten aneckte, wo man das Violett der seit 1933 andauernden Geschichte flugs durch die Dosen-Couleurs ersetzte. Jetzt hat sich der »alte« Verein neu gegründet, ist inzwischen in die vierthöchste Leistungsklasse aufgestiegen und lässt die Bullen Bullen sein. Es gibt ein Nebeneinander, auch wenn das nicht auf großem Liebhaben beruht. Aber es wäre ein Fehler, Red Bull zu ideologisieren und zu verteufeln. Diese Firma ist nichts anderes als die konsequenteste Umsetzung dessen, was Fußball inzwischen geworden ist. Ein großer Markt. Und der treibt nun einmal Blüten. Jetzt auch in Leipzig, wo seit einem Jahrzehnt nur Ödland war. Schlecht?

12. GRUND

Weil es beim ersten Mal wehtut – am 8. August 2009

Jena, 8. August 2009, erstes Punktspiel der Rasenballer. Bei der U23 von Carl Zeiss Jena. 50 RB-Sympathisanten werden in eine Box gepfercht und fühlen sich willkommen wie ein fliehendes Kinn. Das Living-in-a-Box-Gefühl trügt nicht. 700 Jena-Fans drängeln sich auf einem Nebenplatz im Ernst-Abbe-Sportfeld. Sie wissen nicht viel von den Rasenballern, sind aber vorauseilend auf 180. Die Speerspitzen der Traditionalisten haben an jenem heißen Augusttag eine heilige Mission. Und sie haben ein paar Wegebiere zu viel intus.

Die Fußballer von Tino Vogel werden beleidigt, angespuckt, es fliegen Bierbecher. Der Ordnungsdienst ist überfordert und nicht von Fürsorge durchdrungen.

Nach dem Abpfiff geht es für Vogels Entourage im Sprint Richtung Bus. Besudelt, entsetzt. Auch die Schlachtenbummler sind froh, als sie wieder auf der A4 sind. Kapitän Ingo Hertzsch fragt, wer den Fußball kaputt macht. »Der böse Kommerzverein oder diese Fans?«

Vogel fragt sich, weshalb nicht im großen Stadion gespielt wurde. Ja, warum eigentlich? War es nicht klar, dass so was von so was kommt? Liegt Jena in einem neuen Tal der Ahnungslosen? RB-Präsident Andreas Sadlo beschwert sich beim Nordostdeutschen Fußball-Verband. Der NOFV brummt Jena eine Geldstrafe auf.

Das Erstlingswerk der Roten Bullen steht insgesamt unter keinem guten Stern. Der erste Schuss landet am Schienbein von RB-Routinier Thomas Kläsener, 31, und von dort im Tor. Keeper Sven Neuhaus ist ebenfalls 31 und chancenlos. Robert Scannewin rettet das 1:1 (88.).

Vogels Männer spielen an jenem geschichtsträchtigen Tag, wie sich die Jenaer Fans benehmen: unterirdisch. Wenn wahr ist, dass der erste Schritt den Weg weist, dann gute Nacht.

Am nächsten Tag spricht Boss Sadlo ein Machtwort: »Wir lassen uns nicht von unserem Weg abbringen.« Sadlo hat vorher mit Dietrich Mateschitz telefoniert, sich Rückendeckung geholt. Der Mann, den alle nur Chef nennen, ist Gegenwinde gewohnt. Als er seine Brause auf den Markt bringen will, schütteln sich Probanden. Als Mateschitz in die Formel 1 will, wird bei Ferrari, McLaren und Co. müde gelächelt. Heute verkauft Mateschitz sechs Milliarden Dosen Red Bull und könnte die Formel 1 kaufen. Mateschitz will in die Bundesliga und in die Champions League, lässt sich nicht von ein paar Holzgeschnitzten vertreiben.

In den folgenden Jahren gibt es weitere Anfeindungen. Verbal, auf Bannern, via Stadionlautsprecher. Physisch wurde es nicht mehr. Der 8. August 2009 möge dieses Alleinstellungsmerkmal für sich behalten.

KAPITEL 2

SCHÖNER WOHNEN

UND SIE ZOGEN AUS UND FANDEN DEN COTTAWEG

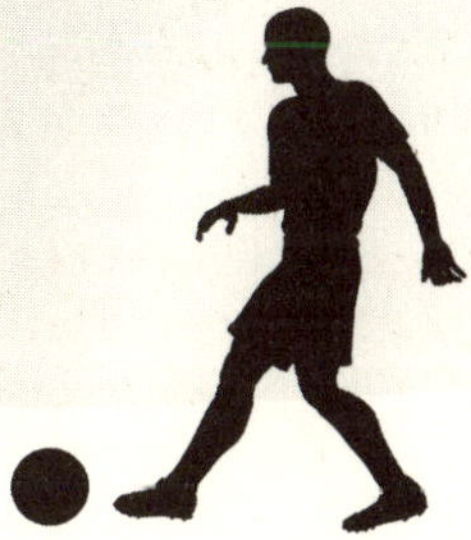

13. GRUND

Weil auch der Scheibenholz-Investor auf RB hofft und Kamele rennen lässt

Mit welchen Fußballern welcher Fußball gespielt werden soll, ist von 2009 bis 2012 die Frage aller Fragen. Sie wird von wechselnden Trainern bis zur Regentschaft Rangnick I. nie überzeugend beantwortet. Das führt 2010 und 2011 zu Ehrenrunden in der 4. Liga. An einer anderen Stelle herrscht schon vorm Schlupf 2009 Einigkeit in Fuschl am See: Wir brauchen eine schicke Begegnungsstätte, ein Trainingszentrum.

Nach zweijährigem Vagabundieren zwischen den Trainingsplätzen in Markranstädt und der Egidius-Braun-Sportschule in Abtnaundorf folgt im September 2011 der Umzug an den Cottaweg. Zu diesem Zeitpunkt sind auf projektierten 13500 Quadratmetern nur wenige der 35 bis 40 Millionen Euro verbaut. Status quo für die Profis von Coach Peter Pacult: Zwei Trainingsplätze, eine Containerburg zum Umziehen, für Bälle und Klamotten. Dazu: Baukräne, Bagger, Planierraupen, Lkw, Lärm, Staub. Es braucht viel Fantasie, um sich das vom Dortmunder Stararchitekten Christoph Helbich aufgemalte Gesamtkunstwerk vorzustellen. Im Werden: ein Stadion für den Nachwuchs, weitere Natur- und Kunstrasen, ein XXL-Gebäude mit Café und Kantine, eine 800 Quadratmeter große Turnhalle, Laufbahn, Kältekammer, Krafträume, Zimmer für Profis und Akademie-Talente.

Der Cottaweg in Sichtweite zur Red-Bull-Arena also. Ralf Rangnick stellt bei seinem Dienstantritt 2012 fest, dass die Location einzigartig ist, weil die Talente aus ihren Zimmern Richtung Stadion spechten können und sich sagen: Da will ich hin!

Zwischenzeitlich wurde über den riesigen und seit über 100 Jahren brach liegenden Innenraum auf der Pferderennbahn im Scheibenholz nachgedacht. Alexander Leip, Retter der maroden

Scheibenholz-Tribüne, freute sich schon, dass auf diesem Weg sein Investment erträglich werden könnte. Das Scheibenholz hat aus einem sehr reichen Mann einen reichen Mann gemacht. In seiner Vermarktungsnot ließ Leip Dromedare und Kamele rennen und veranstaltete in Zusammenarbeit mit der *Leipziger Volkszeitung* Sommerkino-Abende. Leip freute sich zu früh auf die Millionen aus Fuschl am See und Bull-Bau-Bagger. Weil sich seltene Schmetterlinge die Rennbahn als Lebensraum ausgeguckt haben, kam die Akte Cottaweg auf Wiedervorlage.

OBM Burkhard Jung schaffte es, alle Ämter und den Stadtrat hinter sich zu bringen. Jung wusste mit Blick auf die Kohle, die Mateschitz nach Leipzig karrt: Wir dürfen nicht nur nehmen, wir müssen auch geben. Das Rathaus beglückte Mateschitz und pflanzte/siedelte um. Nennt sich in FFH-Fachkreisen: Kompensation. Ob es jedes Frosch-Pärchen in ein anderes Terrain geschafft hat, wurde nicht diskutiert. Die Beteiligten waren von Entschlossenheit beseelt. Wenn die Männer von Bull Bau bei ihren Aushubarbeiten auf einen Dinosaurier gestoßen wären, hätte Jung sich das Teil angeschaut und den Daumen gehoben. »Ist schon länger tot, weiterarbeiten.« 2016 fällt der letzte Hammer, 2017 ist alles da, wo es sein soll.

Vermittler ohne Fehl & Tadel – und ohne Provision: Matthias Wentzel war es, der den Rasenballern den Cottaweg ans Herz gelegt hat. Der Ex-Profi von Carl Zeiss Jena war ab 2009 zuständig für die Entwicklung von RB-Feriencamps und Vertrauter von RB-Präsident Andreas Sadlo. Als Sadlo mit dem Insolvenzverwalter des FC Sachsen über die Übernahmemodalitäten der Leutzscher Jugendabteilung verhandeln wollte, nahm er Wentzel mit. Auf dem Weg nach Leutzsch bat Wentzel Sadlo, kurz links abzubiegen. In den Cottaweg. Sadlo war vom Areal begeistert, umarmte Wentzel und bekam in diesem Moment einen Anruf. Zwei Minuten später fragte Sadlo Wentzel: »Du Matthias, mir ist gerade Rivaldo angeboten worden. Ist das einer für uns?« Rivaldo, brasilianischer Weltmeister von 2002, war 2009 zarte 37, spielte für Bunjodkor Taschkent und hatte genug von Usbekistan. Wentzel sagte: »Nein, lieber Andreas, der passt nicht in die Oberliga.« Der Cottaweg passte.

Heute ist Wentzel Gastronom, führt die Fußballkneipe Münzgasse und macht bei RB-Spielen guten Umsatz. Statt Rivaldo holte Sadlo den Cottbusser Veteranen Timo Rost.

Das Trainingsgelände am Cottaweg platzt aus allen Nähten, soll ausgeweitet werden. Dazu müssten die Leipziger Kleinmesse und der BSV Schönau weichen. Die Kleinmesse könnte auf der Alten Messe eine neue Heimat finden. Der BVS Schönau hat eine erste RB-Offerte ausgeschlagen. Dem Vernehmen nach sollten die BSVler nach Eutritzsch umziehen – mit einer siebenstelligen Mitgift im Marschgepäck. Der Schönauer Vorstand lehnte ab.

14. GRUND

Weil der sensationelle Soccerbot360 RB noch besser und reicher macht

Heutige Fußballer haben für jeden Muskel einen Therapeuten, nehmen beim Essen ab und bekommen von Schlafforschern erklärt, wie und wann man sich bettet. Peilsender verraten Puls, Anzahl der Sprints, Pausen. Alles ausgereizt? Nicht ganz. Zwischen den Ohren geht noch was. Wer schnell ist im Kopf, ist schnell in seinen Entscheidungen. Es gibt Fußballer, die instinktiv alles richtig und schnell machen, ein Gefühl für Ball/Raum/Gegner haben. Siehe Emil Forsberg und Naby Keita. Wenn die einen Ball sehen, leuchten ihre Birnen wie der Weihnachtsbaum am Rockefeller Center. Oft gehen die Göttergaben einher mit unerschütterlichem Ich-Vertrauen. Ein Keita sucht nicht nach eigenen Webfehlern. Fliegende Teppiche haben keine Webfehler.

Doch wie bekommt ein Durchschnittsfußballer Licht ans Rad? Der Footbonaut kann behilflich sein. Den 14 mal 14 Meter großen

Käfig gibt es seit 2013. Die Fußballer werden mit Bällen eingedeckt, müssen sich ständig umorientieren und den Ball einlochen, wo sich eine Lücke auftut. Der Footbonaut kostet eine Million Euro, steht unter anderem in Dortmund und Hoffenheim.

In den heiligen Hallen von RB Leipzig steht eine digitale Weiterentwicklung des analogen Footbonauten. Der Soccerbot360 wurde von der Leipziger Umbrella Software Development GmbH erdacht und mithilfe der Rasenballer zur Marktreife gebracht. Das kreisförmige Trainingsgerät hat einen Durchmesser von zehn Metern und weist dem Fußballer mit 3-D-Botschaften, was wann mit dem Ball zu tun ist. Eine Highspeed-Kamera hält Ballverarbeitungszeit, Qualität der Ballannahme und so weiter fest. Die Software hat Bewegungsdaten aller Bundesligaspiele parat, ermöglicht es, Szenen nachzuspielen. Zum Spiel ohne Grenzen wurde der Soccerbot360 durch Mitarbeit der RB-Vordenker Ralf Rangnick und Helmut Groß. Rangnick hätte das gute Stück gerne für immer und ewig und nur bei sich geparkt. Herrschaftswissen ist gleich Wettbewerbsvorteil. Die Erfinder fanden diese Idee nicht so gut. Seit August 2017 wird der Soccerbot360 marktreif in ganz Europa angeboten. Clou aus Sicht der Rasenballer: RB Leipzig ist eine Art Vertriebspartner des Leipziger Software-Unternehmens. Nette Vorstellung: Die Bayern, der BVB, Schalke, AS Monaco, Beşiktaş Istanbul und der FC Porto kaufen/mieten und RB kassiert mit. In Zeiten von Financial Fairplay muss jeder schauen, wo er bleibt.

KAPITEL 3

BLEIERNE JAHRE UND WEIZENBIER MIT DIDI BEIERSDORFER

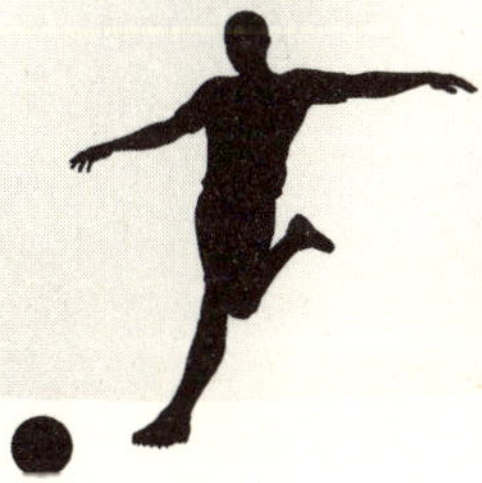

15. GRUND

Weil mer och jünne künne muss – 2011 und 2012 beglückt RB zwei Effzehs

Hochgeschwindigkeitsfußball, Champions League, Hosianna! 2017 wird gerne von der perfekten Umsetzung eines Masterplans gesprochen. Ein von Superhirnen erdachtes Projekt, das Mitte 2005 in Fuschl am See am Reißbrett entworfen, 2009 in die Tat umgesetzt wurde und die Ligen 5 bis 1 pulverisiert hat. Das ist Nonsens. Aller Anfang ist nicht nur schwer, er zieht sich drei Jahre wie Kaugummi. An dem kauen viele. Das macht ihn nicht besser. 2009 bis 2012 läuft nach dem Motto: Wer will noch mal, wer hat noch nicht? Die bleierne Zeit macht zwei Effzehs happy. 2011 steigt der CFC auf, 2012 der HFC. Mer muss och jünne künne.

Ein Geburtsfehler hat 2009 mit einer Vorgabe aus Fuschl zu tun. Wir leisten uns in der Oberliga Männer aus der 2. Liga, zahlen aber keine Ablöse. Das engt den Kreis der Fußballer mit Perspektive ein und führt dazu, dass Coach Tino Vogel mit einer betagten Combo Meister wird. RB-Boss Andreas Sadlo ist bei der Aufstiegsfeier 2010 schon nicht mehr zugegen, hat den Machtkampf mit Red-Bull-Fußballchef Dietmar Beiersdorfer verloren. Beiersdorfer hatte sich als Manager des Hamburger SV mit guten Transfers einen guten Namen gemacht, wurde am 1. November 2009 zum »Head of Global Soccer« und übernahm nach Sadlos Aus auch dessen Amt als Vorstandsvorsitzender. Vorneweg: Beiersdorfer hat RB weder Sommer noch Winter gebracht. Und schon gar nicht den Drittliga-Aufstieg.

Ich kannte Didi seit gemeinsamen Exerzitien beim A-Trainer-Lizenz-Lehrgang in Hennef 1998. Ein Lehrgang mit Tiefgang, wobei sich das mit dem Tiefgang auch auf die im Keller befindliche Kneipe der Sportschule bezog. Dort gab es nach harter Fron im Hörsaal abends kalte Weizenbiere und legendäre Geschichten legendärer Fußballer. Euro-Eddy Schmidt erzählte von seinen vier Toren für den KSC gegen Valencia, der Dahlmann'schen Ekstase und dem Frankfurter Nachtleben. Gerry Ehrmann hat gegen Mannheim drei Elfer verursacht und den Kollegen Axel Roos im Entmü(n)dungsbecken ausdauernd getunkt. Ich hatte als Ex-Zweitliga-Kicker wenig von allgemeinem Interesse beizutragen, tauschte mich mit meinem hüftarthrotischen Leidensgenossen Eike Immel über die Vorzüge von Voltaren, Diclofenac und außerehelichen Beziehungen aus. Dieter Eckstein lernte Tag und Nacht, hatte Angst, durchzufallen. Unser aller Sprecher war Michael Schulz. Der hatte die längsten Loden, das lauteste Organ und den größten Durst. Christian Streich hörte bei den Vorlesungen deutlich besser hin als ich. Meine Trainerkarriere mündete, kulminierte und endete bei einer Frauenmannschaft in Mainz. Ich flog nach drei Wochen raus, weil ich die Abwehrchefin mittwochs und die Mittelstürmerin donnerstags traf. Ehrmann zeichnete für den Höhepunkt der gemeinsamen Hennef-Wochen verantwortlich. Vor der Verwaltungslehre-Klausur sagte der Prüfer: »So Männer, wir tauschen jetzt mal alle schön die Plätze.« Ehrmann, der sein Möbel just mit dem Wichtigsten zum Themenbereich vollgekritzelt hatte: »Chef, dann muss ich meinen Schreibtisch mitnehmen.« Dietmar Beiersdorfer war berühmter als viele der werdenden A-Lizenzler, ließ aber weder den Nationalspieler noch den Larry raushängen. Er saß abends einfach nur da, trank sein Weizenbier, hörte zu, lächelte. Angenehme Erscheinung. Wenn er redete, tat er das bedächtig und leise.

Bei RB kehrt Didi mit eisernem Besen, wirft Vogel und Sportdirektor Joachim Krug raus und geht Spieler einkaufen. Eine Abstimmung mit dem neuen Cheftrainer gibt es nicht, weil es noch keinen neuen Cheftrainer gibt. Beiersdorf setzt dem alsbald installierten Tomas Oral einen fixen Kader vor und erfüllt dem Coach erst im Winter einen Herzenswunsch. Aus Düsseldorf kommt Rockenbach da Silva. Dem fehlt es an Tempo. RB fehlt es auch an Tempo. Und an Punkten. Chemnitz hat vorm Rückrundenstart zwölf Punkte mehr. Oral vermutet hinter jedem Busch einen Feind. An einen Sportdirektor, der dem Heißsporn das Buschmesser aus der Hand nimmt, denkt Beiersdorfer reichlich spät. Thomas Linke kommt im Februar 2011 und wird 90-Tage-Sportdirektor. Gründonnerstag erfährt Oral, dass der nächste Trainer im Anflug ist.

Dietrich Mateschitz holt Peter Pacult und drückt damit Beiersdorfer/Linke die Klinke in die Hand. Mateschitz steht auf Pacult, weil der 2008 mit Rapid die von Giovanni Trapattoni und Lothar Matthäus trainierten Salzburger Bullen 7:0 geschlagen hat. Mateschitz bezahlt Pacult, Athletiktrainer Christian Canestrini und Co-Trainer Tom Stohn fürstlich, baut aber wieder den Flaschenhals aus der ersten Saison ein: Wir zahlen keine Ablöse. Pacult holt sich Wolfgang Loos als Sportdirektor zur Seite, bei der Besetzung der Torhüter-Position liegen beide daneben. Als gegen Wolfsburg ein Aufstiegsfinale in Halle winkt, lässt Keeper Pascal Borel einen Ball fallen, den kein Torhüter oberhalb der Kreisliga fallen lässt. Der VfL macht das 2:2, Aufstieg ade.

RB Leipzig von 2009 bis 2012. Bauchentscheidungen und Gießkanne statt Reißbrett und Masterplan. Dafür wurden sie in Chemnitz und Halle geliebt.

16. GRUND

Weil der allererste Logenbesitzer pünktlich zum Bundesliga-Aufstieg auszieht

Leipzigs Gastro-König Eberhard Wiedenmann ist Anfang 60, hat blickdichtes Haar, legt sich mit Gott und der Welt an. Vor allem das Ordnungsamt hat es dem Derwisch angetan. Immer im Auftrag des Kunden, behauptet der Betreiber diverser Lokalitäten. Wiedenmann kämpft um späten Zapfenstreich an seinem Feuerzangenbowlen-Stand, um Dezibel bei seinen Konzerten im Musikpavillon im Clara-Zetkin-Park, um freigeistige Gestaltung seines Freisitzes im Restaurant Pascucci in der City. Und er kämpft gegen fliegende Eisverkäufer, die ihm das Geschäft vermiesen. Wiedenmanns Devise »Nur ein toter Fisch schwimmt mit dem Strom« lässt sich auch am Thema Fußball festmachen. Als kein Mensch daran denkt, eine VIP-Loge in der Red-Bull-Arena zu mieten, mietet er die erste. Am 31. August 2010. In der 4. Liga. Für 25.000 Euro im Jahr. Um so grandiose Partien wie RB gegen die U23 von Eintracht Braunschweig anzuschauen. Marketingmann Jörg Kurzeja ist über sein erstes Erfolgserlebnis an dieser Front glücklich und wohl auch erstaunt. Wer in der 4. Liga eine Loge an den Mann kriegt, könnte dem Papst ein Doppelbett verkaufen. Wiedenmann lädt Freunde und Geschäftspartner zu den nervenzerfetzenden Regionalligaspielen, tischt Weine und Geschichten auf, verteilt Kärtchen von seinen Läden und hinterlässt auch nach einem 0:1 gegen Meuselwitz die immer gleiche Botschaft: Wo ich bin, ist oben – und hier ist bald die Bundesliga!

Nach zwei Ehrenrunden in der 4. Liga bittet ihn seine Frau, mit dem Unsinn aufzuhören. Man könne doch für das Geld mal schön in Urlaub fahren. Urlaub? Da hat die Dame die falschen Knöpfe gedrückt. Wiedenmann bleibt Logenbesitzer mit der Vertragsnummer 0001 und gelangt 2016 ans Ziel: Bundesliga! 2:0 gegen Karlsruhe, Wiedenmann entkorkt Schampus, unterhält seine Gäste, verteilt Kärtchen seiner Läden. Am nächsten Tag kündigt er seine Loge. Wiedenmann sagt, dass nur der tote Fisch mit dem Strom schwimmt. Und er sagt, dass Lustgewinn und 150.000 Euro pro Jahr nicht mehr korrespondieren. Früher war mehr Lametta und mehr Zeit für Gespräche. Gegen Meuselwitz und Braunschweigs U23. Die eingesparte Kohle investiert der fidele Wiedenmann in ein Hotelprojekt in der Leipziger Innenstadt. Weil der Unternehmer ständig mit neuen Ideen um die Ecke kommt, hat er bei RB in Sachen Ralph Hasenhüttl vorgesprochen. Der passionierte Klavierspieler möge in Bälde Wiedenmanns Musikpavillon bespielen und schmücken. Ein

Konzert des Star-Trainers im Clara-Zetkin-Park also. Wiedenmann rechnet stündlich mit einem Jawort.

Die Ur-Loge 0001 ging wenige Stunden nach Wiedenmanns Auszug über den Ladentisch. Die CG-Immobilien-Gruppe von Christoph Gröner überwies die 150.000 Euro mit Freuden. Das dazu erworbene Sponsoring-Paket in ähnlicher Höhe firmiert unter Landschaftspflege.

Gröner ist eine große Nummer auf dem Leipziger und Berliner Immobilienmarkt, finanziert den Leipziger Oberliga-Verein FC International und ist bei diversen Kinderhilfsprojekten engagiert. Für erwähnte 300.000 Euro könnte Gröner Stürmer Emil Forsberg bezahlen. Einen Monat lang. Im Sommer 2017 wurde Gröner zudem Ärmelsponsor. Jetzt gehört er zu den Sponsoren, die siebenstellig raus tun. Eberhard Wiedenmann guckt die RB-Spiele auf Sky.

17. GRUND

Weil Bulli und Bumsi Brüder im Geiste sind

Biathlon-WM 2007 in Antholz, ein Maskottchen läuft Ole Einar Bjørndalen und Magdalena Neuner den Rang ab. Der Bär, der Stimmung macht, heißt »Bumsi«. Nachdem sich alle Reporter mehr oder minder unterhaltsam über Bumsi ausgelassen haben, sehen sich die Organisatoren genötigt, darauf hinzuweisen, dass »der Name nicht gedankenlos ins Leben gerufen wurde«. Seinen Namen verdankt der Bär dem Geräusch des Schießens. »Bum-Bum-Bum«. Ähnliche Geräusche sollen dem Zusammenspiel zwischen Brett und Kopf entspringen.

Für den jungen Mann im Bumsi-Kostüm kommt die Ehrenerklärung zu spät. Am dritten Abend kauert der Problembär sturztrunken in einer Antholzer Kneipe und wimmert: »Ich will nicht mehr Bumsi heißen.« Bumsi wird in der Plüschvariante zum Verkaufsschlager.

Auch RB hat ein Maskottchen. Bulli, ein Bulle auf zwei Beinen. Bulli kostet 29,95 Euro im Kleinformat. Artikelnummer M-110807 ist ein Renner.

Bulli und Bumsi verbindet der florierende Umsatz und der Erregungsfaktor. Bulli beflügelt Fantasien. Kindliche und männliche. Wer weiter träumen will, muss jetzt weglesen. Bulli ist kein echtes Rindvieh. Und im Pelz steckt auch nicht der von Ralph Hasenhüttl auserkorene Loser der Trainingswoche. Bulli heißt im wahren Leben Christian, ist Leipziger und RB-Fan der ersten Stunde. Manchmal hat Bulli Stress. Dann sitzt er im Bulli-Pelz in seinem kleinen Laden und repariert/tunt Handys für Poulsen, Rangnick und Co., hüpft in seinen weißen BMW und düst Richtung Red-Bull-Arena. Die Handys sind Broterwerb. Den Bulli liebt er.

Bulli hat 2011 Bullidibumm abgelöst. Bullidibumm ist eine wie eine österreichische Kuh dreinblickende österreichische Kuh. Christian steckte auch im Kuhkostüm. Es war insgesamt keine einfache Zeit. Der Mann will vergessen. Die Oberliga, die Regionalliga, die Kuh.

In den 2009er-Gründungswirren haben die Kostgänger von Dietrich Mateschitz viel zu tun, die Maskottchen-Frage wird zwischen Tür und Angel beantwortet. RB Salzburg und RB Leipzig gehen konform. Mit Bullidibumm.

2011 haben zwei Rasenballer ausgespielt: Coach Tomas Oral und Bullidibumm. Peter Pacult ist neuer Trainer. Wenn Pacult schlecht gelaunt ist, begegnet man ihm besser nicht. Bulli geht vor seiner ersten Begegnung der Stift. Stellt er mir vor Zigtausenden ein Bein? Alles geht gut.

Es geht nicht überall gut.

Bulli geht es außerhalb von Leipzig wie Bumsi in den Antholzer Bergen. Bulli muss leiden. Weil Bulli für die böse Dose steht. Bei einem Maskottchen-Treffen lassen Erwin (Schalke), Jünter (Gladbach) und Co. Bulli links liegen. Wenn Geißbock Hennes (Köln) da gewesen wäre, hätte er sein Bein gehoben. Bulli entscheidet: Das waren heute zwei Treffen mit meinen Artgenossen: das erste und letzte.

Nur mal so: Schiri-Schreck Erwin kann man für 275 Euro die Stunde mieten.

KAPITEL 4

2012

DIE BERGPREDIGT

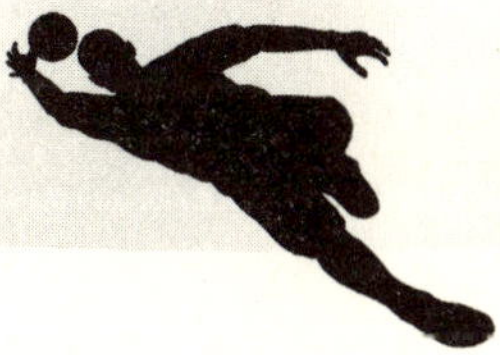

18. GRUND

Weil erst eine Salzburger Indiskretion die Ära Ralf Rangnick möglich macht

Nach der Saison 2011/2012 ruht der See in Salzburg und Leipzig still. RB Salzburg hat mit Ricardo Moniz das Double geholt, RB Leipzig unter Peter Pacult den Aufstieg in die 3. Liga weniger peinlich als im Jahr zuvor verpasst. Moniz/Pacult sitzen fest im Sattel, planen die neue Saison. Um den 20. Juni 2012 herum wird es unruhig im Ösi-Gewässer. Moniz – spinnefeind mit Red-Bull-Leistungsdiagnostiker Bernd Pansold – droht intern mit Rücktritt. Der Coach wehrt sich gegen den Vorwurf von Fitness-Defiziten und Pansolds Versuch, bei der Trainingssteuerung intensiver mitzumischen. Diverse österreichische Journalisten sind seltsam gut informiert, aus intern wird extern. Moniz kann jetzt nicht mehr anders, packt seine Sachen. Einen Tag später ist auch der langjährige Kommunikationschef Thomas Blazek Red-Bull-Geschichte. Jeder mache sich an dieser Stelle selbst einen Reim.

Red-Bull-Milliardär Dietrich Mateschitz setzt sich in seinen Helikopter, legt Ralf Rangnick Salzburg und Leipzig zu Füßen. Rangnicks erste Amtshandlung erfordert Eile, weil die Salzburger Fußballer kurz vorm Saisonstart und der Champions-League-Qualifikation stehen. Wobei: Gegen Düdelingen (ja, Luxemburg) könnte man auch den Busfahrer oder eine Luftpumpe auf die Bank setzen. Rangnick will das nicht, eist Roger Schmidt bei Zweitligist SC Paderborn los. Zuvor setzt Rangnick Interimscoach Nico Kovač vor die Tür. Salzburg fliegt gegen Düdelingen raus. Düdelingen liegt immer noch in der Hochburg des Weltfußballs, Luxemburg. Wenn man Düdelingen französisch ausspricht, wird Düdelingen etwas größer und geheimnisvoller. Das ist wie bei Didier aus der Normandie und Dieter aus Rückmarsdorf.

Die neuen Machtverhältnisse sorgen auch in Leipzig für Angst und Schrecken. Zu Recht. Wolfgang Loos, Sportdirektor und Geschäftsführer beim Regionalligisten RB, fliegt als Erster. Cheftrainer Pacult hofft noch. Aber: Der Wiener ist keiner, der sich unterordnet. Insbesondere dann nicht, wenn sein Gegenüber den flachen Pass erfunden hat. Fußballphilosoph Rangnick und Schlawiner Pacult. Das ist nicht Tarzan und Jane, das ist Bruce Willis und Heidi Kabel, das passt nicht. Zeitgleich ploppt eine *Kicker*-Meldung auf. Ein gewisser Alexander Zorniger verlässt nach zwei erfolgreichen Jahren den Viertligisten SG Sonnenhof Großaspach. Zorniger hat in der schwäbischen Provinz ein kleines, aber feines Fußballlabor unterhalten. Mit Pressing, Gegen-Pressing, abkippenden Achtern, halbgaren Neunern. Ab und zu saß ein prominenter Fußballlehrer auf der Großaspacher Tribüne. Und dem Mann mit Wohnsitz Backnang und Schalker Vergangenheit gefiel, was er sah.

Ich habe damals mit Peter Pacult telefoniert und ihm meine Sicht geschildert. »Das war's für dich, Peter.« Der hofft immer noch – vor allem auf Dietrich Mateschitz und dessen Fürbitte bei Rangnick. Die kommt und prallt vom Mann mit Wohnsitz Backnang und Schalker Vergangenheit ab wie Wasser von einer Ente. Mit Pacult zusammenraufen? Nö! Sich trotz Unterschiedlichkeit allmählich verstehen und akzeptieren? Nö!

Mateschitz ruft Pacult an und klärt die Abfindungsmodalitäten. Rangnick holt Zorniger.

Moniz und Pacult wurden seit jenen Junitagen beruflich nicht mehr glücklich.

19. GRUND

Weil RB-Boss Oliver Mintzlaff nicht nur Andrea Berg übern Berg hilft

Oliver Mintzlaff, ein Leben auf der Überholspur. Mittelstreckler, treibende Kraft bei Puma und Ferber Marketing. Der gewiefte Vermarkter hilft Mario Gómez und Andrea Berg über selbigen, bietet von 2011 an auch Ralf Rangnick seinen »360-Grad-Service«. Der ist im Mai 2012 gefragt.

Rangnick sitzt mit Gattin Gabi auf seiner Backnanger Terrasse. Kaffee, Kuchen. Das Handy summt. Dietrich Mateschitz. »Wo sind Sie?« Rangnick: »Backnang.« Mateschitz: »Haben Sie einen Hubschrauberlandeplatz?« Rangnick hat eine Frau, zwei Söhne, einen Garten, einen Mintzlaff, aber keinen Hubschrauberlandeplatz. Er bringt den Sportplatz der SG Sonnenhof Großaspach ins Spiel. Mateschitz: »Ich bin in drei Stunden da.«

Rangnick ruft Mintzlaff an. Der sitzt kurze Zeit später auf der Terrasse. Stillstand der Dinge 2012: Red Bull Salzburg vergeigt Jahr für Jahr die Teilnahme an der Champions League, sucht nach den Chaostagen und der Affäre Ricardo Moniz einen Cheftrainer. RB Leipzig hängt in der 4. Liga durch und zieht Hohn & Spott an. Red Bull verleiht Flügel, Mateschitz braucht beim Thema Fußball jetzt dringend Thermik. Doch wie sehr will der Milliardär, der nach eigener Aussage wenig von der Kickerei versteht, Windmacher Rangnick? Und an welchen Stellen soll der ventilieren?

Der Heli landet. Am Steuer: Mateschitz. Jeans, Hemd, Lederjacke. Teint eines Skilehrers.

Terrasse, Kaffee, Kuchen, Jobangebot. Mateschitz offeriert das Traineramt in Salzburg. Rangnick lehnt ab. Sportdirektor in Salzburg? Nö. Sportdirektor in Salzburg u n d in Leipzig? Das schon eher. Mateschitz fliegt zurück nach Salzburg, der Chip ist implantiert, ein zweiter Termin verabredet.

Rangnick ist Feuer und Flamme. Mintzlaff holt den Feuerlöscher und erklärt, wie er sich das Ganze vorstellt. Gesprächsgrundlage: eine nie da gewesene Machtfülle für Rangnick.

Das nächste Date steigt in Fuschl am See im Red-Bull-Zentrum der Macht. Am Tisch: Mateschitz, Rangnick und Verhandlungsführer Mintzlaff. Der ist erst 36, aber schnell im Kopf, gewieft, selbstbewusst, arbeitet Punkt für Punkt ab. Mateschitz sagt zu allem Ja, das Millionengehalt ist die geringste Hürde. Die Männer geben sich die Hand, alles klar. Mit Rangnick beginnt in Salzburg und in Leipzig die Stunde null.

Mateschitz ist von Mintzlaffs Auftreten und Geschick beeindruckt, macht ihn Anfang 2014 zum Kopf seiner Fußball-Abenteuer. Der »Head of global soccer« jettet zwischen den Red-Bull-Fußballstandorten Salzburg, Leipzig, New York und Brasilien hin und her, arbeitet an Synergien, wird de facto zu Rangnicks Vorgesetztem. Das gefällt dem Ex-Klienten anfänglich nicht so gut. Die Alpha-Tiere Rangnick/Mintzlaff müssen in einer neuen Etage zueinanderfinden. Auf Augenhöhe. Mintzlaff mag Fußball, ist aber kein Experte. Wenn Mintzlaff gegen einen Ball tritt, merkt man, dass er nie gekickt hat. Mintzlaff würde nie in Rangnicks Hoheitsgebiet eindringen. Mintzlaff kümmert sich ums Zahlenwerk, verhandelt an vielen Fronten bis aufs Messer. Seit Februar 2017 ist er nur noch Geschäftsführer der Rasenballsport Leipzig GmbH und Vorstandsvorsitzender des eingetragenen Vereins. Der »Head of global soccer« ist runter von der Visitenkarte. Andernfalls hätte die UEFA Nein gesagt zu einem Europa-Start der Salzburger und Leipziger Combo.

Rangnick, Mintzlaff, zuweilen Mateschitz. Die Entscheidungswege bei den Rasenballern sind ähnlich kurz wie die in Dortmund, bei den Bayern oder früher in Cottbus. Bei Energie hatten Eduard Geyer, Dieter Krein und Klaus Stabach das Sagen und machten den Club auf dem sehr kurzen Dienstweg zum Stolz der Lausitz. Lange her.

Schöner Wohnen: Oliver Mintzlaff, begehrtester Single in Leipzig und einer der mächtigsten Männer im deutschen Fußball, ist nach 23 Wohnungsbesichtigungen aus dem Steigenberger ausgezogen.

20. GRUND

Weil Ralf Rangnick 2012 im Piesteritzer Idyll das Grauen sieht

3. Juli 2012, nach ihrer Hallo-Leipzig-Pressekonferenz fahren Ralf Rangnick, 54, und sein neuer Trainer Alexander Zorniger, 45, mit ihren Regionalliga-Fußballern nach Piesteritz. Im Ortsteil der Lutherstadt Wittenberg wehen laue sommerliche Winde, beim ersten Test der Rasenballer sind 500 Interessierte dabei. Im Fokus ist der Mann, den Dietrich Mateschitz bei Kaffee, Kuchen gefügig gemacht hat. Der Mann, der in Deutschland die Manndeckung verschrottet hat. Der Mann, den Rudi Assauer Rolf nannte.

Ralf Rangnick hat zehn Kilo weniger als zu seiner Schalker Zeit. Er hat festgestellt, dass drei Handys zwei zu viel sind. Er will keine Kerze mehr sein, die an beiden Enden und in der Mitte brennt. Rangnick schreibt Autogramme, genießt die Aufmerksamkeit. Dann besteigt er der besseren Übersicht wegen ein Baugerüst. Eine goldene Kanzel würde besser zur religiösen Mission passen. Der Erlöser lässt sich eine Bratwurst reichen. Eine Sünde pro Woche ist erlaubt. Anpfiff und Ende der Herrlichkeit.

Wenn der vom bibelfesten Rangnick gepredigte Vollgas-Fußball Gottes Wille ist, erfüllt die Darbietung im Parterre den Tatbestand der Ketzerei. Die Lutherbibel hat die Entsprechung zum 80er-Jahre-Kick der Rasenballer: »Vater, vergib ihnen, denn sie wissen nicht, was sie tun.«

Sie spielen in die Breite statt steil. Sie warten auf Fehler, statt Fehler zu provozieren. Sie sprinten nicht, sie traben. Der Ball rollt nicht, er walzt.

Und: Es braucht keine Körperfettbestimmung im Labor, um festzustellen: Da stecken einige Michelin-Männchen im RB-Trikot. Auf Rangnicks Habenseite steht nach 90 Minuten nichts. Die Sollseite ist zur Halbzeit überfüllt.

Weil die Piesteritzer Hobbyfußballer direkt von der Arbeit gekommen sind, gewinnt RB 6:1. Rangnick steigt hinab und hinterlässt Sätze aus dem Stehsatz. Wichtige Erkenntnisse gewonnen, gute Bedingungen, keine Verletzungen. Solche Sachen.

Er denkt: Das Beste war die Bratwurst. Leider durfte ich mir nur eine reinpfeifen.

Er denkt: Mann, Mann, Mann, was hat der Pacult mir da für eine Truppe hinterlassen.

Er denkt: Timo Rost ist nicht schneller als Uwe Ferl.

RB-Mittelfeldmann Timo Rost ist 33, hat viele Kilometer auf der Uhr, chronische Achillessehnenprobleme, läuft unrund. Rost war bei Energie Cottbus eine Spitzenkraft, die wenig Geld verdiente. In Leipzig ist das seit 2010 andersrum.

Grün-Weiß-Trainer Uwe Ferl ist 54, hat dünnes Haar und eine künstliche Hüfte. Er läuft unrund. Der Fußballer Ferl war der Überzeugung, dass der Ball bei ihm gut aufgehoben ist. Nur bei ihm. Bei Chemie Böhlen, dem 1. FC Lok und Sachsen Leipzig reden sie heute noch von seinen Ballannahmen, die er ohne Feind im Rücken mit zwölf Ausweichbewegungen garnierte. Sie reden auch davon, dass Ferl überbordendes Talent verschwendet hat.

Ferl ist Fußball-Ästhet geblieben. Überbordendes Talent sieht er an jenem 3. Juli 2012 nicht. Er nippt am Bier und sagt: »Mit dieser Truppe steigt RB wieder nicht auf.« Wie 2011 und 2012.

Rangnick hatte mittags von einer »neuen Zeitrechnung« gesprochen. Abendliches Fazit des Rotebrausebloggers Matthias Kießling: »Der Ausflug in die Good-Old-Days-Arena war weniger ein Zeichen einer neuen Zeitrechnung als vielmehr eine fußballerische Zeitreise in die letzte Saison.« Kießling gehört übrigens zu den Fleißigen, Guten und Gutinformierten der Blogger-Branche. Der Rotebrauseblogger bohrt tief, weiß fast noch mehr als Philipp Köster und Arnd Zeigler über Fußball.

Rangnick und Zorniger wischen feucht durch, setzen Timo Rost, Pekka Lagerblom, Pascal Borel, Roman Wallner, Tom Geißler, Tomasz Wisio, Max Watzka und Steven Lewerenz vor die Tür. Drei Neuzugänge aus der Ära Peter Pacult dürfen bleiben. Abwehrmann Juri Judt, Defensiv-Allrounder Jeremy Karikari und Torhüter Fabio Coltorti. Judt macht 20 Ligaspiele, Karikari wird Monate später wegen einer nächtlichen Eskapade suspendiert, Coltorti wird zum Aufstiegshelden. Rangnick geht einkaufen und holt unter anderem Dominik Kaiser. Auf dem besteht Alexander Zorniger.

21. GRUND

Weil Dominik Kaiser schon 2012 an eine Champions-League-Prämie denkt

RB-Shootingstar in Sachen Wertentwicklung? Naby Keita, Emil Forsberg, Timo Werner? Dominik Kaiser! Der Ex-Hoffenheimer hat 100.000 Euro gekostet, sich verfünfzehnfacht, ist jetzt 1,5 Millionen wert. Spurensuche nach einem Mann, der 2012 von der Bundesliga in die Regionalliga geht, sich eine 300.000-Euro-Prämie fürs Erreichen der Champions League in den Vertrag schreiben lässt und die im Juni 2017 kassiert.

Am 5. Mai 2012 knabbert Kaiser im Berliner Olympiastadion an einem Gnadenbrot. Gereicht von Hoffenheim-Coach Markus Babbel. Ein Bundesligaspiel bei der Hertha als Abschiedsgeschenk. Es ist Kaisers zehntes und für lange Zeit letztes Bundesligaspiel. Babbel steht nicht auf den kleinen Mutlanger. Alles lang her. Die Berliner werden von Otto Rehhagel trainiert und retten sich vor 51.000 Fans mit einem 3:1 in die Relegation gegen Düsseldorf. Der *Kicker* gibt Kaiser eine 4,5, die Hertha steigt eine Woche später ab.

Kaisers Berater sortiert Anfragen. Er hat nicht viel zu tun, sein Klient hat selten gespielt. Alexander Zorniger ruft bei Kaiser an. Zorniger ist neuer RB-Trainer. Er schätzt Kaiser, seit er ihn 2007 bis 2009 beim 1. FC Normannia Gmünd trainiert hat. Zorniger bittet Kaiser: Nicht woanders unterschreiben! Er möge sich gedulden, bis sich »der Ralf« meldet. Ralf Rangnick meldet sich, zeigt Kaiser die Sehenswürdigkeiten Leipzigs, lockt mit der Perspektive Bundesliga und Geld. Mathe-Student Kaiser leiert Rangnick eine 300.000-Euro-Prämie aus dem Kreuz. Die greift, wenn RB in der Königsklasse angekommen ist.

Zorniger verpasst dem Mittelfeldspieler das Etikett *unverzichtbar*. Fortan gilt: Nicht ohne meinen Domme. 2016 ist Kaiser zurück in der Bundesliga und schießt beim 2:2 in Hoffenheim das Leipziger Premierentor. Von der Bundesliga in die Regionalliga und zurück in die Bundesliga in vier Jahren. Kaiser ist eine Clublegende und bleibt auch unter Rangnicks Nachfolger Ralph Hasenhüttl zunächst Kapitän. Hasenhüttl hält nichts davon, den Kapitän wählen zu lassen. Basisdemokratie führte in der Vergangenheit immer mal wieder dazu, dass Fußballer die Nachteule des Teams zum Kapitän kürten. Weil die/der im Mannschaftsbus immer so schöne Geschichten erzählt und auf Rolex-Uhren 30 Prozent Rabatt bekommt.

Nach ein paar Spielen verliert Kaiser seinen Stammplatz. Bilanz der Bundesligasaison 2016/17: 25 Einsätze verteilen sich auf schmale 945 Minuten. Kaisers Wunsch für die neue Saison: mehr spielen. Wenn es anders und in der Winterpause oder im Sommer 2018 zu einer Trennung kommt, darf der Kapitän ablösefrei gehen. Nicht aus Dankbarkeit, der Vertrag läuft aus. Rangnick: »Ohne Domme stünde der Verein nicht da, wo er steht.« Premier-League-Club Huddersfield Town beobachtet Domme seit Monaten. Coach David Wagner ist Kaiser-Fan.

22. GRUND

Weil Kaiser sensationelle Interviews gibt

Interviews mit den Stars der Fußballszene sind Bückware. Leider Gottes stößt man sich beim Hochkommen die Omme. Das hat damit zu tun, dass Fußballer jeglicher Ecken/Kanten beraubt sind und sich die Quintessenz des Gesprächs runterbrechen lässt auf: Gegen Abend ist mit zunehmender Dunkelheit zu rechnen. Falls dem Kicker doch mal etwas mit Erregungsfaktor rausrutscht, rauscht das Fallbeil Autorisierung an.

Früher war das anders, galt: Ein Mann, ein Wort. Und einige Helden von einst haben diese Form des Miteinander in die Neuzeit gerettet. Mein Erweckungserlebnis hat mit Günter Netzer zu tun. Ich kam in den Genuss, mit der Legende zu sprechen. Aus einem Viertelstündchen wurde eine Stunde. Netzer war gut drauf, meine Kenntnisse über seine Karriere und unser Geburtstag (14. September 1944 und 1964) waren dem Ganzen nicht abträglich. Am Ende wusste ich alles über die Lover Lane, einen zwischen Netzer, Beckenbauer und Overath irrlichternden Jaguar-E-Type (sechs Zylinder, 265 PS, 4,2 Liter Hubraum, 240 km/h), die raumfüllende Kraft des Santiago Bernabéu, die Tiefe des Raumes, die Relaisstation Berti Vogts bei der Kommunikation mit Hennes Weisweiler und die kaputten Hüften von Hacki Wimmer. Als ich Netzer fragte, wohin ich das Interview mailen soll, sagte er: »Junger Mann, schreiben Sie, was ich Ihnen erzählt habe, und alles ist gut.« Nach Erscheinen des Interviews wurde der junge Mann auf einer Sänfte durch die heiligen Hallen der *LVZ* getragen. Ein paar Monate später saßen Boris Becker und Günter Netzer in der Cocktailbar des Falco im Leipziger Westin-Hotel. Meiner Redaktion stand der Sinn nach einem Foto. Ich stellte mich vor und äußerte diesen Wunsch. Becker zelebrierte die Steigerungsform von Nichtachtung und schaute durch mich hindurch. Durch 95 Kilo. Ja, man soll so etwas nicht persönlich nehmen, tut es aber. Ich fühlte mich schlechter als nicht gut und wurde gerettet. Von Netzer. Der flüsterte Becker zwei, drei Worte, und schon blickten beide freundlich in die Kamera.

Dominik Kaiser ist 28, kann kicken und Interviews. Wenn man ihn lässt. Anbei ein Gespräch im Wortsinn. Lebensnah. Unautorisiert.

Du bist 2012 in die 4. Liga hinabgestiegen, weil RB womit gedroht hat?

»Perspektive, Stadt, Stadion.«

Und mit Kohle, Bimbes, Asche.

»Geld verdiene ich auch, ja.«

Warst du 2012 auf dem Profimarkt so schwer vermittelbar, dass es das viertklassige Leipzig werden musste?

»Die Bayern waren jedenfalls nicht hinter mir her.«

Du hast dir eine Prämie fürs Erreichen der Champions League in den Vertrag schreiben lassen und bist dann mit RB nach Meuselwitz, Rathenow und zur U23 von Union Berlin gefahren. Wunschtraum eines Wahnsinnigen?

»Ich hatte schon immer viel Fantasie.«

Was macht man mit 300.000 Euro?

»300.000?«

Deine Champions-League-Prämie. Stand so in der Zeitung.

»Da steht viel. Auch in deiner.«

Stimmt es, dass du deine Reifen aus Kostengründen selbst wechselst?

»Ich habe sie schon mal selbst gewechselt, ja. Und, nein, ich nehme die Haare nach dem Friseurbesuch nicht mit. Stimmt es, dass du die Einzelkritik schon vorm Spiel fertig hast?«

Nein.

»Kommt mir manchmal so vor.«

Du bist nicht mehr Kapitän. Wie fühlt sich das an?

»Der Herr hat's gegeben, der Herr hat's genommen.«

23. GRUND

Weil Stefan Kutschke immer lichterloh brannte

RB-Coach Peter Pacult geht nach dem 2012er-Nichtaufstieg in sein zweites Vertragsjahr und einkaufen. Die Neuen müssen laut Anweisung von Dietrich Mateschitz ablösefrei sein. Rollen zu wenig Dosen vom Band? Adrian Mrowiec ist ablösefrei, 28 Jahre alt und kommt vom schottischen Erstligisten Hearts of Midlothian. Der polnische Defensiv-Hüne hat zuvor beim FC Vilnius und bei FBK Kaunas gekickt. In Leipzig erhält er einen Zweijahresvertrag. Beim Trainingsauftakt begrüßt der Neue nicht Pacult, sondern dessen völlig anders gestrickten Nachfolger Alexander Zorniger. Pacults Kader steht bei Zorniger und Ralf Rangnick unter Generalverdacht. Am 3. Juli 2012 macht Mrowiec gleich zwei Spiele für RB – sein erstes und letztes. Beim 6:1 in Piesteritz wird der 90-Kilo-Brocken in der zweiten Halbzeit eingewechselt und erweckt den Eindruck der Entbehrlichkeit. Ein paar Tage später wird der Vertrag aufgelöst, und Mrowiec muss seiner schwangeren Gattin beibringen, dass sie die Umzugskartons abbestellen kann. 250.000 Euro lindern den Schmerz, Drittligist Chemnitzer FC sichert sich die Dienste des Mittelfeldspielers. Zur Saison 2013/14 wechselte Mrowiec in die Ekstraklasa zu Ruch Chorzów, seit einem Jahr ist der heute 33-Jährige vereinslos.

Es gibt 2012 noch einen anderen Fußballer, der eigentlich ein Roter Bulle ist, aber keiner bleibt. Christian Beck, Mittelstürmer von Germania Halberstadt, soll den von diversen Bundesligisten umworbenen Stefan Kutschke ersetzen. Peter Pacult hat den Deal eingerührt, Manager Wolfgang Loos finalisiert. Als Beck, damals 24, zum ersten Training erscheint, ist Kutschke noch da und Pacult weg. Zorniger/Rangnick haben keine Verwendung für den Stoßstürmer. Der kassiert eine nicht näher bezifferte Abfindung und schließt sich im Januar 2013 dem Viertligisten FC Magdeburg an.

Dort trifft Beck in Manier des legendären Achim Streich, braucht pro Tor weniger als zwei Spiele und klopft mit dem 1. FC Magdeburg ans Tor zur 2. Liga. Ich behaupte mal, dass Christian Beck keinen Deut schlechter als Stefan Kutschke ist.

Stefan Kutschke verlässt RB 2013 nach dem Drittliga-Aufstieg, 82 Spielen und 25 Toren in Richtung Wolfsburg, hat das Pech, dass er dort nicht Felix Magath, sondern Dieter Hecking trifft. Der hat keine Verwendung für den gebürtigen Dresdner und verleiht ihn nach Paderborn, Nürnberg – und Dresden. Kutschke kickte in der Jugend für die Gelb-Schwarzen, kehrt nach neunjähriger Wanderschaft im Januar 2016 zurück zu seiner großen Liebe, steigt mit Dynamo in die 2. Liga auf und geht am 20. August 2016 in die Dresdner Pokal-Geschichte ein. Beim 5:4-Triumph gegen seinen Ex-Verein RB Leipzig ist Kutschke bester Dresdner und führt seinen Verein nach einem 0:2-Rückstand mit einem Doppelpack in die Verlängerung. Die RB-Fans sind seit jenem Tag nicht mehr gut auf den Helden der Lotte-Relegation zu sprechen. Die immer lichterloh brennende Dynamo-Fackel hatte seine beiden Tore nicht ganz zufällig im Leipziger Fanblock zelebriert.

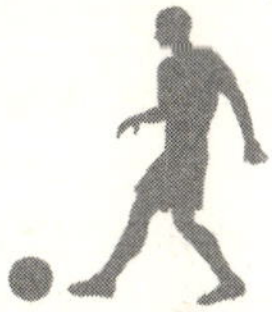

24. GRUND

Weil Jeremy Karikari auch nachts zweikampfstark ist

Im Januar 2012 testet RB am Cottaweg gegen Eintracht Trier, bester Mann beim 2:2 ist Jeremy Karikari. Der dynamische Mittelfeldmann beeindruckt Peter Pacult. Der RB-Coach besorgt sich die Kontaktdaten des in Hamburg geborenen Deutsch-Ghanaers und fädelt den Transfer zeitnah ein. Karikari darf auch nach Pacults Entlassung bleiben, macht unter Alexander Zorniger in der Regionalliga-Saison 2012/2013 zwölf Spiele, erlebt aber die Relegationsspiele gegen Lotte nicht mehr.

Mitte Mai 2013 wird Karikari, der 2007 zwei Zweitligaspiele für St. Pauli gemacht hat, suspendiert. Der Mittelfeldspieler hatte sich im Leipziger Club L1 danebenbenommen. Oder um die Presseerklärung der Rasenballer zu zitieren: »Fehlverhalten in der Öffentlichkeit«. Ralf Rangnick in derselben Aussendung: »Der Spieler hat nicht nur sich selbst, sondern natürlich auch dem gesamten Verein geschadet und zudem seine Vorbildfunktion missachtet. Aus diesem Grund ziehen wir nun die Konsequenzen.«

Übrigens: In einer lauschigen Mitte-Mai-Nacht parkte ein Pkw eines RB-Spielers in der Nähe der RB-Geschäftsstelle. Auf dem Dach. TuS Dassendorf (Oberliga Hamburg) hat sich für die Saison 2017/18 verstärkt: mit Karikari.

25. GRUND

Weil Alexander Sekora gerne und gut quält

Juli 2012, Sturmböen an der Arzt- und Physiotherapeutenfront der Rasenballer. Teamarzt Göran Wild und Chefphysiotherapeut Ingmar Genehr werden von Ralf Rangnicks Wind of Change und der ewig maladen Achillessehne des Linksverteidigers Umut Koçin weggeweht. Koçin wird nicht fit und Rangnick zum tasmanischen Teufel. Inklusive roter Ohren. Rangnick holt den Leipziger Star-Physiotherapeuten Alexander Sekora. Der weiß, dass der Job die Abgabe der Lebensberechtigungskarte mit sich bringt, handelt Schmerzensgeld heraus. Sekoras Vater war bei Lok Leipzig ein veritabler Oberliga-Spieler, der Sohn bringt es nur bis zur Bezirksliga. Zu viele Scharniergelenke, zu wenig Kugelgelenke. Außerdem stehen Wein, Weib, Gesang ambitionierten Leibesübungen im Weg. Der Therapeut Sekora ist ein Jünger des legendären Wunderheilers Mohamed Khalifa, bringt Lahme zum Gehen, geht mit stählernen Fingern dahin, wo es wehtut. Wer schnell wieder spielen will, muss leiden. Nationalspieler Timo Werner: »Nur echte Männer halten die Behandlung aus.« Weil die Qual an sich nicht reicht, arbeitet Sekora seine gleichnamige Salbe in die Weichteile. Ist auf abartige Weise mit der – nomen est omen – Trauma-Salbe verwandt und lodert insbesondere an tragenden Teilen stundenlang. Und so dringen regelmäßig Schmerzensschreie aus Sekoras Folterkammer am Cottaweg. Manchmal schaut Rangnick vorbei und lächelt. Sekora, gute Entscheidung.

Wie gut und unerbittlich der Mann ist, erfahre ich im Sommer 2013. Habe mir beim Altherren-Kick die linke Achillessehne gerissen. Nach den Erfahrungen mit der rechten Sehne (ewige Reha, Spatzenwade, Krücken verlegt) will ich eine erneute Operation umgehen und die Blessur konservativ versorgen. Wobei konservativ die falsche Umschreibung ist für das, was Mohamed Khalifa in Hallein kann und bewirkt. Gerissene Bänder und Sehnen sind für den berühmten Ägypter Fingerübungen. Khalifa steht morgens um drei auf, macht 200 Liegestütze auf den Fingern, geht in sich, trinkt Kaffee und ist danach fit für maximal drei bis vier Patienten täglich. Khalifa geht mit bloßen Händen dahin, wo es wehtut, aktiviert mit mechanischem Druck die Selbstheilungskräfte – auch trophische Stoffe genannt. Und wenn die Teilchen durch die Blutbahn wabern, wächst zusammen, was zusammengehört. Wer die Prozedur überlebt, kann sich hinterher am Ergebnis erfreuen. Die Patientenliste ist lang und prominent besetzt. Hier nur eine kleine Auswahl: Herbert von Karajan, Herbert Grönemeyer, Franziska van Almsick, Boris Becker, Steffi Graf, Roger Federer, Mehmet Scholl, Hansi Müller, DJ Ötzi, zig Bundesliga-Stars und auch die Roten Bullen Daniel Frahn und Fabio Coltorti. Billig ist die 30 bis 45-minütige Behandlung mit 500 bis 1000 Euro nicht. Keine Krankenversicherung dieser Welt ersetzt davon auch nur einen Cent.

Die Kohle hätte ich liebend gerne in die Hand genommen. Problem: Der große Meister repariert neuerdings keine Achillessehnen mehr. Zu schmerzhaft den Patienten.

Khalifa-Jünger Alexander Sekora würde es tun. Weil er ein Grenzgänger ist und es noch nie mit einer Achillessehne getan hat. Weil ihm die Schmerzen seiner Patienten nachgerade Freude bereiten. Problem hier: RB Leipzig macht sich gerade im Trainingslager in Österreich fit, Sekora ist im Dauereinsatz und Schäfer nachweislich kein RB-Fußballer. Ralf Rangnick und Alexander Zorniger müssen also gehört werden und Ja sagen. Die Bosse stimmen zu, wenn der heilige Ablauf nicht gestört wird. Um Mitternacht kehrt Ruhe ein im Teamhotel. Ich humpele zu Sekoras Bude. Dort geht er/es rein in die Delle. Mit dem Daumen. Schmerzt wie eine OP ohne Narkose. Nach sechs Mitternächten und wiederkehrenden Mordgedanken ist die Delle weg. Ich bin geheilt. Ohne OP, ohne Narkose, ohne Spatzenwade. Ich gehe ohne Krücken zum Frühstück ins Hotel. Ralf Rangnick lächelt. Alexander Sekora, gute Entscheidung.

26. GRUND

Weil Ulrich Wolter 2012 zu seiner Liebe Leipzig zurückkehrt

Im Sommer 2012 wird RB auf links gedreht, auch im administrativen Bereich. Ulrich Wolter tritt am 1. September seinen Job als Geschäftsführer beim Regionalliga-Krösus an, beerbt Wolfgang Loos. Jurist Wolter ist 38, leitete vor seinem Einstieg bei den Roten Bullen die DFB-Wirtschaftsdienste GmbH, war Leipzigs Organisationschef bei der WM 2006, kehrt zurück in sein geliebtes Leipzig. Uli Wolter firmiert aufgrund seiner Vita als Rundum-sorglos-Paket, kommt mit einer eindrucksvollen Funktionärs- und Macherkarriere nach Leipzig. Bei der Euro 2008 organisierte Wolter die Partien in der Salzburger Red-Bull-Arena, lernte Red-Bull-Chef Dietrich Mateschitz kennen. Als Leipzigs Geschäftsstelle SOS funkt, lädt Mateschitz Wolter zum Vorstellungsgespräch. Man findet zueinander. Seit 2017 ist Wolter Director Operation für Nachwuchs und Spielbetrieb. Wolter ist beim DFB und der DFL glänzend vernetzt, arbeitet gerne und gut im Verborgenen. Die bei RB um sich greifende Körnerpickerei ist am Bremer vorübergegangen. Wolter wirft im Sommer einen Schatten und muss in der Dusche nicht hin- und herspringen, um nass zu werden. Dass er Fan von Andrea Berg (»Atlantis«) ist, ist RB-Nachwuchschef Frieder Schrof nicht verborgen geblieben. Schrof ist dicke Tinte mit Frau Berg und besorgte bei einem Leipzig-Konzert VIP-Tickets mit Privat-Audienz beim Star. Wenn man Wolter auf diesen Abend anspricht, fangen sie an zu kreisen, die Bremer Hüften.

KAPITEL 5

2013

EIN FLASCHENHALS, EIN ERLÖSER UND EIN KÖNIGSTRANSFER

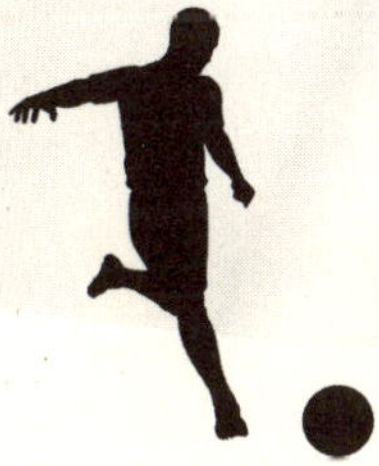

27. GRUND

Weil wir alle ohne Tobias Willers nicht da wären

2. Juni 2013, Abpfiff in Lotte, RB feiert die 3. Liga, die Männer vom Autobahnkreuz sinken darnieder. Ralf Rangnick stakst über den Rasen, umarmt seine Aufsteiger, Journalisten und Tobias Willers. Der Lotter Abwehrchef weint. Willers ist in den Dramen in Leipzig (2:0) und in Lotte (2:2 nach Verlängerung) bester Mann. Der Hüne gewinnt 100 Prozent seiner Zweikämpfe, spielt 30-Meter-Pässe, die ankommen. Mit rechts und links, aus dem Stand und aus dem Lauf. Immer dann, wenn die RB-Pressing-Maschinen ausschwärmen. Er adressiert sie auf die blanke, ballferne Seite, reißt dem Roten Bullen so den Hintern auf. Er ist auch in Luftduellen eine Macht. Wo ein Willers ist, ist für Stefan Kutschke und Co. kein Weg. Was macht so ein Könner in der 4. Liga?

Lotte, ein Krimi. Kurz vorm Ende der 90 Minuten egalisieren die Sportfreunde das Hinspiel-Ergebnis, 2:0, Verlängerung. Den 2.500 RB-Fans steht der Mund offen, die Fahnen werden eingerollt, jetzt droht die dritte Ehrenrunde in der Regionalliga. Das 2:0 ist verdient, die Männer von Maik Walpurgis nutzen die Tücken der Botanik, spielen einfach und effizient. Das Momentum ist jetzt auf ihrer Seite.

Hinterher wird Rangnick sagen, dass er vor der Verlängerung ganz bei sich und sicher war, dass die Physis den Ausschlag geben wird. Rangnicks Tribünennachbarn sind nicht von dieser Überzeugung beseelt. Vorstand Ulrich Wolter hat einen Teint wie nach wochenlangem Aufenthalt in einem U-Boot und würde jetzt gerne eine rauchen. Pressesprecher Sharif Shoukry sortiert zig Mal die Passform seines gegelten Haupthaares. Obwohl alles helmartig anliegt. Einzig Sicherheitschef Uwe Matthias scheint die Ruhe selbst zu sein. Der langjährige Chef der Leipziger Kripo verzieht keine Miene. Wobei das auch daran liegen könnte, dass Matthias nie eine Miene verzieht. Aus ermittlungstaktischen Gründen.

Irgendwo auf der Welt sitzt der Boss der Bosse, Dietrich Mateschitz, vorm Fernseher und erinnert sich an einen Hubschrauberflug vor gut einem Jahr. Den nach Backnang. Mateschitz denkt an den wunderbaren Kaffee von Gabi Rangnick. Und an sein erfolgreiches Werben um Gabis Gemahl.

Verlängerung. Alexander Zorniger bringt Matthias Morys. Der Stürmer war mal Profi beim bulgarischen Erstligisten FC Tschernomorez Burgas, hat dort mit Pascal Borel gespielt. Borel stand ein Jahr lang im Tor der Rasenballer, hat im Sommer 2012 gegen die Wolfsburger U23 den Nichtaufstieg besiegelt. Wehen heute bulgarische Winde? Morys tankt sich in der 96. Minute durch eine Schar von Häschern und zieht mit der rechten Pike ab. Kein Schuss, der alleine den Weg ins Tor finden würde. Willers fährt den Kopf aus und fälscht ab. 2:1, das war's, der Lotter Wille(rs) ist gebrochen. Kutschkes 2:2 kurz vorm Ende hat nur noch kosmetische Wirkung. RB steigt mit Glück, Morys und Willers auf.

Dass ausgerechnet der alles überragende Relegationsmann Tobias Willers den Feier-Zug der Rasenballer aufs Gleis setzt, ist grotesk. Der Lotter Kapitän hat Rangnick und Zorniger beeindruckt. Ein paar Tage später wechselt Willers die Seiten, ablösefrei. Weil sich RB nicht lumpen lassen will und die Lotteraner wunderbare Sportfreunde sind, gehen ein paar lange Scheine über den Ladentisch. Für die betagten Aluminium-Tore. Die historischen Eumel stehen seitdem in der Asservatenkammer am Cottaweg. Lotte war das Nadelöhr in den bezahlten Fußball.

»Ohne Willers wärn wir gar nicht hier« wird zum Evergreen der RB-Fans. Willers steigt mit RB auf. Der Leipziger Willers hat mit dem vom Autobahnkreuz wenig gemein. RB steht hoch, greift früh an. Dazu braucht es Abwehrspieler, die schnell auf den Beinen sind. Das ist Willers nicht. Bei RB ziehen Flankenwechsel – Willers Domäne – Entleibung nach sich. Willers Drittliga-Bilanz: 18 Spiele, ein Tor in Saarbrücken, zwei Rote Karten, ein Aufstieg in die 2. Liga. Die erlebt der immer freundliche Abwehrspieler nicht. Nach einer

Saison wird der Zweijahresvertrag aufgelöst. Willers wechselt zum VfL Osnabrück.

2017 wird Willers vom DFB verfolgt. Weil er bei Fußballern der Werder U23 angefragt haben soll, was den Bremern eine Osnabrücker Amtshilfe im Abstiegskampf wert ist.

Wir wollen das alles nicht hören und schon gar nicht glauben. Seinen Job beim VfL ist er los.

28. GRUND

Weil Yussuf Poulsen den Ball weiter stoppt, als ihn Heidel/Rangnick schießen

Juni 2013, Tirol, RB macht sich am Walchsee fit für die 3. Liga. Das Wetter ist bescheiden, Alexander Zorniger ähnelt oben rum einem Catweazle. Der Aufstiegscoach rasiert sich erst wieder, wenn sein Kader komplett ist. Zorniger will Joshua Kimmich (Stuttgart) und einen Ersatz für Stefan Kutschke (Wolfsburg).

Bevor sich Zorniger auf den Bart tritt, macht Sportdirektor Ralf Rangnick den Leihvertrag mit dem VfB klar und chauffiert Kimmich ins Camp. Fünf Stunden im Auto mit einem 18-Jährigen, der wahrscheinlich Kopfhörer trägt, am Handy oder mit den Fingern an den Händen spielt. Keine guten Aussichten für den Fußballphilosophen. Doch Kimmich ist kein normaler 18-Jähriger, stellt Fragen, will Antworten. Bei der Ankunft ist Rangnick ausgelutscht, aber sicher: Jo wird uns viel Freude bereiten. Rangnick hat Jo und eine heiße Neuigkeit für Zorniger im Gepäck. Kutschke II kommt! Die *Leipziger Volkszeitung* ist in der Spur, hat wunderbare Informationen. Der Königstransfer ist Däne, hat einen Teint wie Ruud Gullit, wurde in der Thomaskirche und beim Sauerbraten in Auerbachs Keller gesichtet. Die Entourage ist erlesen besetzt. Heine Jensen, dänischer Trainer der deutschen Handballfrauen. Kay-Sven Hähner, Manager des HC Leipzig. Rangnick, RB-Nachwuchschef Frieder Schrof, Geschäftsführer Ulrich Wolter. Die Eltern des Stürmers und beide Geschwister essen ebenfalls Sauerbraten. 33 teure Anrufe später ist klar, wer kommt: Yussuf Poulsen, 19 Jahre, Lyngby BK. Kurz bevor der schwer erkämpfte *LVZ*-Text online geht, meldet eine dänische Internet-Zeitung Vollzug. Mainz-Manager Christian Heidel war ebenfalls interessiert und bei einem Kick auf einem dänischen Rübenacker dabei. Poulsen stoppte den Ball weiter, als ihn der frühere Bezirksligaspieler von Fontana Finthen schießen konnte. Heidel winkt ab, weil Mainz nicht 600.000 Euro auf gut Glück raustun kann für einen Rohdiamanten. In Mainz am Rhein stellt sich die Frage, ob nach dem Schleifen noch was übrig ist.

Rangnick/Zorniger wagen diesen Versuch. Erster Eindruck beim Üben: Poulsen stoppt den Ball auch weiter, als ihn der ehemalige Drittligaspieler Rangnick schießen konnte. Und: Poulsen gibt den Ball nur im Notfall her. Aber: Poulsen springt höher als Hessenstute Halla und ist doppelt so schnell wie die ausgemusterten Timo Rost und Adrian Mrowiec. Das stimmt hoffnungsfroh. Poulsen lernt schnell. Deutsch, Ballan- und -mitnahme, Kochen, Bettenmachen, Rücksichtnahme auf den Mitbewohner. Poulsen bezieht auf Anregung Rangnicks eine WG mit Jo Kimmich. Nur einmal funzt es nicht in der WG. Vorm Spiel in Chemnitz überhört Poulsen den Wecker und verpennt das Nachmittagstraining. Zorniger suspendiert den Dänen, und RB verliert 1:3 beim CFC. Alexander Zorniger hat sich nie mehr glatt rasiert. Weil ihn seine neue Liebe, eine Leipziger Journalistin, mit Bart klasse findet.

29. GRUND

Weil sich Held Alexander Zorniger irgendwann selbst genügt

Saison 2014/2015. Alexander Zorniger ist ein Held, weil von der 4. in die 2. Liga aufgestiegen. Der lizenzierte Fußball- und Tennis-Lehrer predigt Demut, wandelt selbst auf anderen Pfaden. Das Selbstbewusstsein des Schwaben drängt seinen Entdecker Ralf Rangnick an den Katzentisch. Kann man so machen. Wenn man ständig gewinnt. Irgendwann gewinnt er nicht mehr ständig, wird das Fehlen der Pläne B und C offenbar. Plan A ist kein Hexenwerk. Balleroberung, vertikal in die Box, Fehlpässe werden als Chance zum Nachfassen begriffen. Ballzirkulation im Mittelfeld? Nö. Rangnick will nur in bestimmten Situationen pressen, tief stehenden Gegnern mit Kombinationen und Dribblings zu Leibe rücken. Er wird nicht erhört. Zorniger ist sich selbst genug.

20. Januar 2015, RB jettet mit vier Punkten Rückstand auf die Aufstiegsplätze ins Wintercamp nach Doha. Auslöser der weiteren Zerrüttung: Omer Damari. Den israelischen Stürmer hat Rangnick im Januar 2015 für 5,5 Millionen Euro von Austria Wien losgeeist. Wert ist der Mann zwei Millionen Euro. Mit Sonne im Herzen. Es pressiert. Wien frohlockt, und Damari fliegt nach diplomatischen Visum-Verrenkungen – die Kataris erkennen den Staat Israel nicht an – mit nach Doha. Rangnick ist überzeugt: Mit Damaris Toren und jenen des Schweden Emil Forsberg (kommt für 3,5 Millionen Euro aus Malmö) würden die Seinen den dritten Aufstieg hintereinander schaffen. Zum Optimismus trägt auch Stoßstürmer Nils Quaschner bei. Den holt Rangnick auf dem sehr kurzen Dienstweg von Red Bull Salzburg. Bleiben darf Quaschner nicht. Weil er im Bermudadreieck Liefering, Salzburg, Leipzig einmal zu oft das Trikot gewechselt hat.

Zorniger beschwert sich bei Rangnick. Der verpflichtet den Salzburger Offensiv-Fummler Yordi Reyna. Kein Mensch ahnt, dass Damari/Forsberg/Reyna vom Strand aus das Meer nicht treffen werden. Damaris Doha-Aufenthalt wird zur Farce. Erstes intensives Training, Damari sprintet mit Fallschirm. Der Hoffnungsträger, der nach überwundenem Pfeifferschen Drüsenfieber um Fitness ringt, holt sich einen Faserriss im Oberschenkel. Rangnick springt am Seitenrand aus seiner Ballonseide, Boss Oliver Mintzlaff muss Hand an den Tobenden legen. Wenn sich Muskelfasern voneinander verabschieden, hat das in Rangnicks Welt mit falscher Trainingssteuerung zu tun.

Ein Fußballer, der in Katar willkommen wie ein fliehendes Kinn ist und mit einem 6er-Hintern in eine 5er-Trainingshose gleitet, sollte in den ersten Einheiten ein paar Runden laufen und sich vorm Abendbrot im Abendrot massieren lassen. Doch Damari chillt nicht, er sprintet.

Rangnick hat den Schuldigen ausfindig gemacht, denkt über einen Schlussstrich nach.

Rückflug. Im Übergepäck stecken Zweifel am Cheftrainer.

30. GRUND

Weil Zorniger Däne und Papa wird

Pressekonferenz, 4. Februar 2015, zwei Tage vorm Spiel in Aue. Auf dem Podium sitzen Ralf Rangnick und Alexander Zorniger. Der Coach sagt: »Der Ralf will aufsteigen, ich will nicht aufsteigen.« Das ist ironisch, ergo ganz anders gemeint. Und er sagt: »Wenn wir das Ziel erreichen sollten, wird mein Denkmal hier bestimmt nicht kleiner als das des Sportdirektors sein.« Schweigen im Karton. Nach der PK knöpft sich der Sportdirektor den Coach vor. Zur Befriedung könnte jetzt ein Sieg in Aue helfen.

Vom heißen Doha ins verschneite Lößnitztal. Dort ist am 6. Februar 2015 Ski und Rodel gut und Fußball schlecht. Jedenfalls für die gebräunten Leipziger. RB geht unter, ist in allen Belangen unterlegen. Einen Tag nach dem 0:2 beim Tabellenvorletzten sitzen Rangnick/Mintzlaff im Steigenberger-Hotel und senken den Daumen. Zorniger, der Demut gepredigt und sich von selbiger entfernt hat, hat ausgespielt. Der Coach wird zu einem Treffen ins Hotel gebeten. Zorniger bringt seinen Berater Christian Nerlinger mit. Die Gesprächsatmosphäre wird hinterher als harmonisch geschildert. Das ist sie nicht. Zorniger macht seinem Namen Ehre, Rangnick macht mit. Mintzlaff und Nerlinger tauschen Zahlen aus. Man einigt sich, geht mit der Schmusevariante »einvernehmlich« an die Öffentlichkeit.

Am 11. Februar 2015 gibt RB die Trennung von Cheftrainer Alexander Zorniger bekannt. Die offizielle Lesart geht so: Weil RB ab Sommer 2015 der Sinn nach Veränderung auf der Trainerbank steht, hat der Verein Zornigers Wunsch nach sofortiger Trennung selbstverständlich entsprochen. In Wahrheit ist es im Steigenberger einzig um die Frage gegangen, wie viele Euro Zornigers bis 2016 laufender Vertrag wert ist. Und wie man die Trennung vom Aufstiegshelden allgemeinverträglich verkauft.

Zornigers Abfindung bewegt sich bei einer runden Million Euro. Wenig später steigt er beim VfB Stuttgart ein und wieder aus. Mit Brøndby Kopenhagen und einer Journalistin ist der werdende Papa Zorniger glücklich geworden. Vizemeister, Pokalfinale. Auch das Verhältnis zu Rangnick ist wieder vorzeigbar. Sichtbares Zeichen: Die Ex-Bullen Benjamin Bellot und Anthony Jung spielen in Brøndby. Und auch Zornigers Assistent Matthias Jaissle hat eine RB-Vergangenheit.

Alexander Zorniger hat RB in die 2. Liga geführt, ist viel mehr als eine Randnotiz in der Bullengeschichte. Ein guter Typ, der sich bei der Verteilung des Selbstvertrauens vielleicht zweimal zu oft angestellt hat. Unverstellter Blick auf die Dinge, guter Humor, steckt ein, teilt aus. Alex hat in seinen Glanzzeiten keine kurze Zündschnur, er hat gar keine. Mich fragte er während einer Pressekonferenz, ob ich überhaupt etwas gelernt habe, was mich in die Lage versetzt, beim Thema Fußball mitzureden. Bochums Coach Peter Neururer traute seinen Ohren nicht, meine Kollegen waren entsetzt. Ich war diplomierter Betriebswirt und amüsiert. Ich konnte ihn jederzeit anrufen, er war während der WM 2014 dreimal unser Stargast in der *LVZ*-Kuppel, zu meinem 50. Geburtstag organisierte er ein Ständchen. Wie gesagt: guter Mann. Raue Schale, weicher Kern. Yussuf Poulsen hat ihn in Kopenhagen besucht und berichtet, dass sein Ex-Coach in sich ruht, sogar ab und zu ein Glas Wein trinkt. Das Ende in Leipzig zog eine monatelange Funkstille zwischen Zorniger und Ralf Rangnick nach sich. Mittlerweile wissen beide, dass es gut war. Damals zwischen 2012 und 2015.

Übrigens: Omer Damaris Vertrag hat sich mit dem Bundesliga-Aufstieg, zu dem er 0,0 beigetragen hat, bis 2019 verlängert. Aktuell ist er an Maccabi Tel Aviv ausgeliehen.

31. GRUND

Weil Ralf Rangnick weiß, was ein zerschnittenes Tischtuchel ist

Zurück ins Steigenberger. Vorm Heimspiel gegen Frankfurt besprechen sich Rangnick/Mintzlaff in Sachen Zorniger-Nachfolge. Rangnick spielt mit dem Gedanken, es selbst zu machen. Mintzlaff will diese Karte erst spielen, wenn es sein muss. Er ahnt, dass es eh nichts mehr wird mit dem Aufstieg. Thomas Tuchel wird von RB aus seinem Sabbatical-Jahr gerissen, windet sich, sagt Jein.

U17-Trainer Achim Beierlorzer übernimmt. Jedenfalls ein bisschen. Rangnick bestimmt via Tribüne mit, wer ein- und ausgewechselt wird. Nach blutleeren Darbietungen auf St. Pauli (0:1) und daheim gegen Sandhausen (0:4) ist Schicht im Schacht. RB wird mit acht Punkten Abstand zu den Aufstiegsplätzen Fünfter.

Rangnick geht auf Trainersuche. Er findet: sich. Eine Frage von Verantwortung, sagt er. Und eine Notlösung. Seine Gattin und beide Söhne hätten das Comeback des Familien-Oberhauptes gerne verhindert.

Vor der Notlösung wähnt sich Rangnick mit Tuchel einig. Dessen Signale sind eigentlich eindeutig. Beim Hamburger SV hat man ähnliche Signale erhalten und falsch gedeutet. Tuchels Absage an Rangnick kommt nicht etwa telefonisch vom großen Meister selbst. Sein Berater Olaf Meinking schickt eine SMS an Rangnick. Der hat einen dicken Hals. Rangnick hat dem Fußballer Tuchel in Ulm Raumdeckung und andere Kostbarkeiten beigebracht, hat ihn 2000 als Jugendtrainer zum VfB Stuttgart geholt, gefördert, ein Stück weit gemacht. Da erwartet sich Rangnick mehr als eine Berater-SMS. Nach dem Techtelmechtel mit Leipzig bettet Tuchel sein Haupt auf gelb-schwarze Daunen. Wie wir heute wissen, ist auch echte Liebe endlich.

Wobei sich die Frage stellt, wie Rangnick auf die Idee gekommen ist, dass Tuchel eine gute Idee sein könnte. Rangnick eilt kurz vorm Halbzeitpfiff in die Kabine und trifft sich mit Ralph Hasenhüttl zum Gedankenaustausch. Hasenhüttl nutzt das, sieht sich als Lernender. TT hat ausgelernt. Die Liaison Rangnick/Tuchel hätte ein paar Wochen gehalten, dann hätte Rangnick Tuchels aufblasbare Taktiktafel erstochen.

32. GRUND

Weil die Kombi Sandro Schwarz/ Marco Rose sexy gewesen wäre

Rangnick war vor der Notlösung Rangnick auch an Markus Weinzierl (Augsburg) und Sandro Schwarz (U23 Mainz 05) dran. Die Weinzierl-Fraktion beanspruchte nach gescheiterten Verhandlungen die Deutungshoheit über die Frage, wer wem abgesagt hat. Eine Variante mit Sandro Schwarz und der Leipziger Ikone Marco Rose als Assistent hätte Charme gehabt. Schwarz ist jung, ein Fachmann und macht aus seinem Tun keine Wissenschaft. Schwarz ist Tuchel in freundlich-unaufgeregt. Dass Schwarz bei den Rasenballern wertgeschätzt wurde, zeigte die Art und Weise der Absage. Die fand im Rahmen einer hochkarätigen Telefonkonferenz statt. Dabei auch Rangnick und Oliver Mintzlaff. Schwarz hat es auch ohne RB in die Bundesliga geschafft. Mit Mainz 05. Rose ebenfalls. In die österreichische Bundesliga. Mit Red Bull Salzburg.

Rose war Profi beim VfB Leipzig, in Hannover (unter Ralf Rangnick) und bei Mainz 05. Nach seiner Karriere wurde es nichts mit dem avisierten Platz im Trainerteam von Thomas Tuchel, 2012 kehrte Rose nach Leipzig zurück, übernahm Lok Leipzig. Endstation Regionalliga Nordost? Nein, 2013 holte ihn Rangnick in die Jugend von RB Salzburg, ebnete Rose den Weg zur Fußballlehrerlizenz. Der Leipziger lieferte einen sensationellen Job, gewann 2017 mit der Salzburger U19 die Youth League (Champions League der Jugend). Als sein Freund Sandro Schwarz Cheftrainer in Mainz wurde, offerierte 05-Manager Rouven Schröder einen attraktiven Dreijahresvertrag. Rose sollte die rechte Hand von Schwarz werden. Er erbat sich Bedenkzeit. Aus gutem Grund. Rose wurde ein paar Tage später zum Cheftrainer der Salzburgs Profis befördert, übernahm den Job des fahnenflüchtigen Óscar García (AS Saint-Étienne).

33. GRUND

Weil RB eine unfassbare erste Bundesligasaison spielt

Die Saison 2016/17 ist eine zum Verlieben, der 6. Mai 2017 einer für die Geschichtsbücher. RB gewinnt 4:1 in Berlin, greift sich die

Königsklasse. Von Markranstädt nach Manchester, von der Oberliga in den Olymp. Während bei RB die Partynacht von Samstag auf Mittwoch erfunden wird, kreist bei den 12 Freunden (11Freunde plus Aki Watzke) stilles Wasser. Das Kulturmagazin und der BVB-Boss halten RB für einen Querschläger der Evolution.

Nach Berlin ist vor den Bayern. Showdown in der Red-Bull-Arena. Der Vizemeister führt 4:2, verliert 4:5. Wahnsinn in Leipzig. Red-Bull-Milliardär Dietrich Mateschitz will seinen Sitznachbarn antanzen, tanzt ins Leere. Ralf Rangnick ist Richtung Innenraum unterwegs, will mit Ralph Hasenhüttl reden. Rangnick wollte dieses Spiel gewinnen. Er will auch beim Rommé gegen seine Frau gewinnen. Deshalb hat ihn Mateschitz geholt.

Die Debüt-Saison im Zeitraffer. Dominik Kaiser schießt beim 2:2 in Hoffenheim das erste Bundesliga-Tor. Dortmunder Hardcore-Fans bleiben im Pott, hören Radio. Naby Keita trifft kurz vor Ultimo zum 1:0, der BVB kann sich ein Ei über 62 Prozent Ballbesitz schlagen. Hasenhüttl: »Wir können Bundesliga.« 1:1 in Köln. FC-Fans blockieren den RB-Bus, manche werden übergriffig. FC-Vize Toni Schumacher steigt in die Bütt und entschuldigt sich. Danach 3:1 gegen Werder und Platz zwei. Den Bayern wehen sächsische Winde durch die Lederhose.

Dem Hit gegen Schalke geht in der 2. Minute die Unschuld flöten. RB siegt 2:1, die *Bild am Sonntag* ahndet Timo Werners Schwalbe mit der Note 6. Gut, dass es keine 7 gibt.

Leipzig überholt mit dem achten Dreier in Folge die Bayern, verliert dann 0:1 in Ingolstadt. Jetzt gibt es keinen Bundesligisten mehr, der noch nie ein Bundesligaspiel verloren hat.

Die Alte Dame Hertha verliert in Leipzig ihre Stützstrümpfe und 0:2. Platzhirsch Bayern zeigt sein Geweih und belässt es bei einem 3:0 gegen RB. Emil Forsberg sieht nach Foul an Philipp Lahm Rot. Winterpause, Platz zwei.

Weihnachten, Camp an der Algarve. Rangnick düst heimlich nach Paris zum Shoppen, kauft Dayot Upamecano für 15 Millionen

Euro. Danach: 3:0 gegen Frankfurt, 2:1 gegen Hoffenheim. Es geht auch mal ohne Forsberg. Dortmund, Skandalspiel. RB verliert 0:1, der BVB Ansehen. Vorm Stadion fliegen Fäuste, Steine, Flaschen. Ein Horrortrip für den RB-Anhang. Im Stadion wehen Banner mit niederträchtigen Botschaften. Die Süd wird für ein Spiel gesperrt, die Clubbosse treffen sich in Berlin zu einem Friedensgipfel. 0:1 gegen Wolfsburg, 0:3 in Bremen. Minikrise, Länderspielpause, man sortiert sich neu. 4:0 gegen Darmstadt, 3:2 in Mainz, 1:0 gegen Leverkusen. Beim 4:0 gegen Freiburg opfert Diego Demme die Vollständigkeit seiner Kauleiste auf dem Altar des Erfolges. Demme köpfelt sein erstes Profitor und verliert einen Zahn. Ingolstadt rührt in Leipzig Beton an und sorgt beim 0:0 für einen Tiefpunkt der Nettospielzeit. Hasenhüttl hat mit Ingolstadt genau so spielen lassen. Nennt sich: Sackgang, steter.

6. Mai 2017, Berliner Olympiastadion: Hasenhüttls Männer rufen am wichtigsten Tag der Vereinsgeschichte die beste Leistung der Vereinsgeschichte ab. 4:1, Champions League. Kein Aufsteiger wird je wieder so eine Saison spielen.

34. GRUND

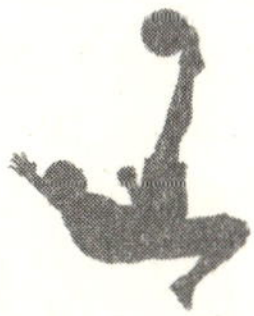

Weil auch Schauspielerlegende Dieter Bellmann hin und weg ist

Schauspieler, Synchronsprecher, Regisseur. Dieter Bellmann ist eine Leipziger Institution, war Star der ARD-Serie *In aller Freundschaft,* spielte den Professor Gernot Simoni offenbar etwas zu nah an der Realität. Wenn Bellmann in der Mephisto-Bar in der Mädlerpassage seine Filterlosen quarzte und seinen geliebten Malteser pichelte, wurde er mehr als einmal von älteren Damen auf seine Vorbildfunktion als Arzt angesprochen. Bellmann könnte auf der Stelle Operationen am offenen Herzen ausführen, Fantasie und Gottvertrauen des TV-Publikums sind grenzenlos. Bellmann ist bekennender RB-Sympathisant und Stammgast im Ehrenplatzbereich. Seine eigene Karriere als Fußballer musste er mit 18 beenden, Studium und Beruf hatten Vorrang. »Später habe ich ab und zu gegen den Ball getreten. Ich bin sozusagen von den A-Junioren direkt zu den Alten Herren gewechselt. Fußballfan war ich immer.«

Bellmann gehöre nicht zu den Fans, die ein Stadion erst von innen sehen, wenn ihnen die Spielklasse genehm ist. »Ich war auch schon in der 3. und 4. Liga da, habe schöne und weniger schöne Spiele gesehen. 1. Liga macht natürlich noch mehr Spaß. Abgesehen vom Fußball, der geboten wird, gefällt mir die positive Grundhaltung der Fans. Es gibt wenige Krakeeler, die nach dem ersten Fehler pfeifen. Es fliegen keine Bierbecher, es gibt keine Gewalt. Das alles haben wir in Leipzig bekanntlich auch schon anders gehabt.« Vielleicht, so Bellmann, ist der RB-Anhang etwas zu zahm. »Ab und an ein bisschen Gift und Galle muss daheim sein. Die Gegner dürfen nicht denken: Wir fahren ins schöne Leipzig, werden super behandelt und nehmen was mit. Und ein Schiri pfeift ein-, zweimal mehr für RB, wenn 40.000 einen Elfer fordern. Heimspiel heißt Heimvorteil, oder?« Das Thema fehlende Tradition kann er nicht mehr hören. »Welche deutsche Stadt hat denn mehr Fußballtradition als Leipzig zu bieten? Erster Meister, Wiege des DFB, das legendäre Hackentor von Fritz Walter, die EC-Spiele von Lok gegen Maradona, Länderspiele vor über 100.000 Zuschauern und so weiter. Leipzig gehört in die 1. Liga.« Bellmann kennt Ralf Rangnick, Ulrich Wolter und einige Spieler persönlich. »Alles tolle Jungs. Das darf ich mit 77 sagen.«

35. GRUND

Weil nur Frau Gastmann Fußball, Sigmund Jähn und den HSV unter einen Hut bringt

Ulrike Gastmann weiß alles über Hüttenkäse, Rosé-Gelage, Mutter Teresa, Teresa Orlowski und Fußball. Frau Gastmann stammt laut Frau Gastmann aus einem alten Thüringer Adelsgeschlecht, flüchtete wenige Stunden vor der Zwangsverheiratung mit einem vogelgesichtigen Adligen nach Leipzig. Klingt gut und nahezu glaubhaft. Frau Gastmann und ihr kongenialer Partner Christian Bosse sind das literarische Traumpaar der Heldenstadt, rocken mit abseitigen Texten sündigste Lesebühnen. Bosse versteht sich als explosive Mischung aus Alain Delon und Burkhard Jung und glaubt fest daran, irgendwann bei Frau Gastmann zu landen. Frau Gastmann weiß, dass es dazu nicht kommen wird. Nachfolgend der einzig wahre Blick auf all die Irrungen und Wirrungen zwischen einem 0:3 gegen Hamburg, der Morgenröte über der Red-Bull-Arena und Kosmonaut Sigmund Jähn. Der von Frau Gastmann.

»Ich sag es lieber gleich: Fußball ist nicht mein Leben. Er interessiert mich einfach nicht. Nicht die Bohne. Das war natürlich nicht immer so. Als ich mit 16 in Jürgen Klinsmanns prachtvolle Blondheit verliebt gewesen war, sah das verständlicherweise anders aus. Dann aber hatte ich Jürgen eines Tages im Fernsehen mit Wortbeiträgen aufwarten gehört. Dieses ganze ernüchternde schwere Schwäbeln. Mit 16 toleriert man so etwas nicht. Natürlich habe ich umgehend Schluss gemacht, er hat davon nie etwas erfahren. Bis jetzt zumindest nicht.

Seitdem aber interessierte mich der Ballsport nur noch, wenn die Weltmeisterschaft in Leipzig ausgetragen wurde, Holländer den Clara-Zetkin-Park orangefarben umflorten oder südkoreanische Fans mitten in der Nacht den Augustusplatz aufräumten. Als ich mich in einer Juninacht dabei erwischte, dass ich in der Gottschedstraße Limbo unter einer Deutschlandfahne hindurchtanzte, wusste ich intuitiv, dass die Zeit zur Umkehr gekommen war.

In den folgenden Jahren schaffte ich es tatsächlich, ein lebhaftes Desinteresse für Fußball zu kultivieren. In jüngster Vergangenheit aber ist das schwieriger geworden. Plötzlich begegnet man an diversen Wochenenden mitten in Leipzig Scharen von Menschen, die – aus der Jahnallee stadteinwärts strömend – die friedliche Revolution mit anderen Mitteln nachstellen. Zu jeder Jahreszeit mit Schals und anderen Devotionalien am Leibe geschmückt, guckt diese Menge auch noch verdächtig glücklich in die Luft. Das will in Ostdeutschland ja meist etwas heißen.

An einem Samstag Anfang Februar 2017 aber war irgendetwas anders. Etwas Ungutes lag in der Luft. Die Männer und Frauen, auf die ich am Brühl traf, sahen bedrückt aus. Einige fast rot und blau im Gesicht. Sogar ich spürte: Es muss ein schwarzer Tag für den hiesigen Fußballverein gewesen sein. RB hatte wohl gegen den HSV verloren. So viel wusste ich bald. Drei Tore waren gefallen – von eben nur einer Mannschaft. Ich glaube, das kommt beim Fußball mal vor.

Am Ende dieses Spieltages jedenfalls saßen wir so ein bisschen in der Vodkaria herum, als sich zu späterer Stunde der freundliche stadtbekannte Wirt mit leicht verschwörerischem Blick näherte und uns höflichst fragte, ob wir etwas dagegen hätten, wenn man uns ein paar Hamburger Fans an den Tisch setzte. Wir wollten ja schließlich eine jute Stadt usw.

Wenig später waren wir von acht herzlichen Männern unterschiedlichster Konfektionsgröße und Tätigkeit (von Maurer über hauptamtlicher Feuerwehrmann bis hin zum Erzieher in Kinder-in-Obhutnahme-Stellen war alles dabei) umgeben, die viel Verständnis und Gelassenheit aufbrachten, selbst wenn man sie treuherzigen Blickes fragte, wie ihre Mannschaft denn hieße. Kurzum: Alle acht machten einen völlig prima und schlagfertigen Eindruck, so mit norddeutschem trockenen Humor gebadet. Selbst die Stimmung kam zum Höhepunkt, als die Schar sich eine Runde schwer pinkfarbenes hochdrehendes Mädchengetränk orderte und sich herausstellte, dass die heimatliche Kirchgemeinde der Jungs die Partnergemeinde von Morgenröthe-Rautenkranz war. Überwältigt von Sigmund Jähn flogen wir in den Vodkaria-Himmel.

Tags darauf erhielt ich eine Dankesmail mit dem Wortlaut: *War ein toller Abend mit euch! Da es uns allen wirklich gut in Leipzig gefallen hat, sind wir ziemlich sicher, dass das nicht unser letzter Besuch gewesen sein wird.* Es hatte sich abermals gezeigt: So geht Leipzig. Genau so. Auch ohne Tore. Obwohl es uns grundsätzlich lieber ist, es fallen Tore – und keine Soldaten.

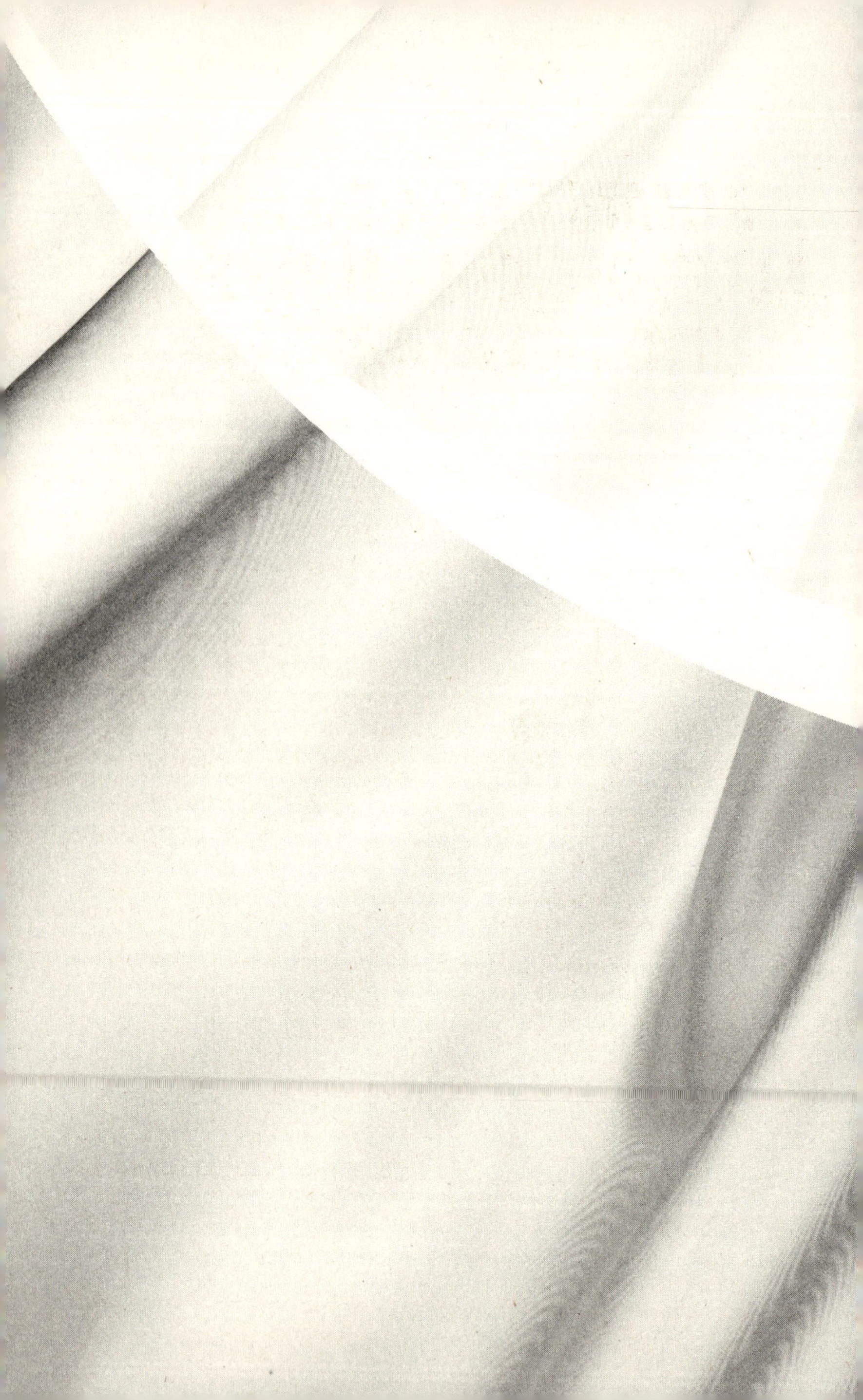

KAPITEL 6

KOMMT HER ZU MIR ALLE, DIE IHR MÜHSELIG UND BELADEN SEID

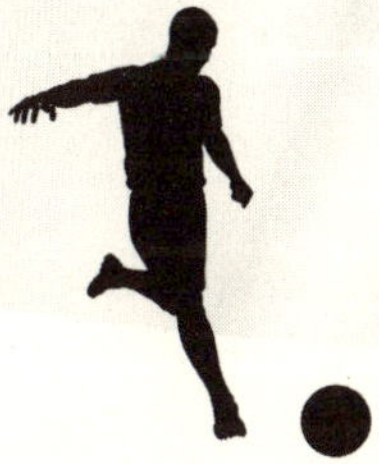

36. GRUND

Weil Günter Hetzer irgendwann in Leipzig spielt

Ich liebe die *11Freunde*. Günter Hetzer, Live-Ticker, bei der Geburt getrennt, die Waden von Delzepich, Uli Borowkas Nachdurst. Einmalige Geschichten, wunderbar aufgeschrieben. 11Freunde ist die Königsdisziplin, die mittelmäßigen Schreibern volley in die Weichteile trifft. Mit dem 54er Endspiel-Ball, Fritz-Walter-Wetter-durchnässt, hundsgemein schwer. Die *11Freunde* haben 2007 mein *LVZ*-Interview mit Hans Meyer nachgedruckt. Meyer hat versucht, sechs Spielerehen zu retten. »Eine gibt es noch, die anderen fünf wollten mich töten, weil ich das Elend verlängert habe.«

Wer die Deutungshoheit über den Fußball sucht, findet sie bei Philipp Köster. Ein Fußballnerd, der alles weiß. Wenn der *11Freunde*-Chefredakteur mal nicht alles weiß, fummelt er an einem Stutzenstrumpf von Arminia Bielefeld, blickt auf das Poster mit Jahrhunderttrainer Erich Middendorp und geht in sich. Dort findet er sich, das genügt im Zweifel. Als das Raumschiff RB Leipzig 2009 landet, muss Köster nicht erst in sich gehen. Er weiß: Die atmen meiner Arminia die Luft weg, müssen weg. Im März 2014 macht die Bibel der Fußballkultur mit einer Titelstory auf. »Der große Red-Bull-Bluff – wie der Leipziger Retorten-Club die Liga an der Nase herumführt.« Autor: Köster. Mitarbeit: keiner. Quintessenz: RB braucht kein Mensch. Auch Schäfer kriegt sein Fett weg. Wegen Katzbuckelei bei einem Interview mit Dietrich Mateschitz. Anbei die Fragen, die wegen Katzbuckelei nicht gestellt wurden.

»Die Finanzierung durch Sie, Herr Mateschitz, ist a: nur eine Sauerei, b: schlimmer?«

»Über 50 plus 1 wird in der von einem Sternekoch bespielten RB-Kantine immer mittags herzlich gelacht. Warum ist das so?«

»Bei RB-Mitgliederversammlungen herrscht immense Beinfreiheit. Weil es a: nur 17 Mitglieder gibt oder b: das Gesellschaftshaus am Zoo überdimensioniert ist?«

»Die RB-Fans klatschen an den falschen Stellen und formieren sich in der 88. Minute beim Stand von 0:0 und einem gegnerischen Konter zur La Ola. Was soll das?«

In Sachen RB haben die *11Freunde* die enge Mütze auf. Ich liebe die *11Freunde* trotzdem und halte es mit Matthäus 11,28: »Kommt her zu mir alle, die ihr mühselig und beladen seid. Ich will Euch erquicken.«

Eines Tages werde ich den ungläubigen Philipp mitnehmen in die Red-Bull-Arena. Wir werden ein 3:0 gegen Dortmund sehen, die La Ola der RB-Fans wird erst nach dem 2:0 in Bewegung gesetzt. Danach gehen wir in eine Kneipe und umarmen wildfremde Menschen.

Und irgendwann kommt das Beste der *11Freunde* – Günter Hetzer – aus Leipzig. Doppel-Nullen, Stöckelwild und Schlüpferstürmer haben wir alles da.

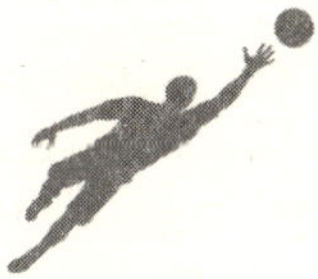

37. GRUND

Weil Arnd Zeigler irgendwann ein Roter Bulle wird

Ich liebe Arnd Zeigler. Beziehungsweise das, was er tut. Arnd hat sich den Traum eines jeden Mannes erfüllt: eine Sendung über Fußball aus der eigenen Wohnung. Seit 2007 ist *Zeiglers wunderbare Welt des Fußballs* am späten Sonntagabend ein Muss. Das Kleinod der Öffentlich-Rechtlichen gehört ins Samstagabendprogramm der ARD, bleibt aber Nachteule des WDR. Manche behaupten, dass Menschen, die Fußball nicht mögen, der intellektuelle Zugang zu Zeiglers Welt und Möbeln fehlen könnte. Nonsens. Menschen, die nicht auf Fußball stehen, haben zu nichts Zugang. Zeiglers Streifzug durch 54 Jahre Bundesliga erfüllt nahezu jeden Bildungsauftrag. Sex, Integration, Tierschutz, Netzer, Völler, Mode – alles da. Dank Zeigler erfuhren wir, dass schon der frühe Lothar Matthäus sein Mannsein toll fand, weil er andernfalls ständig am Busen spielen würde – am eigenen. Zeiglers Sendung klärte auf, dass der Gladbacher Trommler Manolo weder Spanier noch Portugiese, sondern Türke war. Zeigler zeigte hautenge Trikotkollektionen der 70er-Jahre, den Todeskampf des von einem Schäferhund in den Hintern gebissenen Friedel Rausch. Kurzum: Zeigler muss sein.

Im Nebenfach ist der Journalist Stadionsprecher seines Herzblattes Werder Bremen. Beim FC Carl Zeiss Jena gab es Anfang 2000 eine nur auf den ersten Blick ähnliche Konstellation. Der Mann am Mikrofon schrieb hauptberuflich für die *Bild*-Zeitung. Über, ja, eben jenen FCC. Die *Bild* beendete diesen Zustand alsbald. Zeigler darf Stadionsprecher, Werder-Fan und Journalist sein, weil er über Werder nicht berichtet. Jedenfalls nicht bierernst. Und natürlich darf er seine Sendung im Werder-Trikot moderieren.

Nach dieser notwendigen Einlaufkurve/Würdigung, beleuchten wir Zeiglers Verbindung zu RB Leipzig. Sagen wir es so: Er mag RB nicht sonderlich. In einem Interview mit Fussball-Vorort.de nannte er das Ganze »eher unsympathisch«, weil sich der Verein nicht für Mitglieder öffne und von einem Konzern beherrscht werde. Er vermisst »da manchmal etwas die Demut normalen Vereinsstrukturen gegenüber, die man in Deutschland kennt und die wir seit Jahrzehnten auch mögen« (2). Mich mag der gute Arnd Zeigler auch nicht. Nach meinem Sky-Auftritt im Februar 2017 facebookte Zeigler etwas von »unangenehmer Typ«. Unangenehm war auch das, was beim Spiel in Dortmund den Leipzig-Fans und Ralf Rangnick zuteil wurde. Habe mich darüber bei Patrick Wasserziehr ausgelassen, zwecks besserer Lungenbelüftung hyperventiliert. Und Polemik war auch mittenmang. Ist ja kein gelb-schwarzes Hoheitsgebiet.

Ein Auftritt in Arnds wunderbarer Welt wäre grandios. Würde meine Mainzer Spielführerbinde aus den 90er-Jahren in die Kamera halten. Die riecht heute noch nach Bier und Sünde. Und die Gerichtsurteile von DFB-Richter Götz Eilers bringe ich auch mit. Fünf Wochen Sperre wegen groben Foulspiels. Den Schriftwechsel mit meinem Präsidenten Harald Strutz finde ich auch noch. Harry wollte nie Prämie zahlen, wenn ich gesperrt war. Und er fand meinen Führerscheinentzug 1994 wegen Trunkenheit am Steuer auch nicht so doll. Wir haben in Mainz zu sechst in einer versifften Badewanne gesessen und zu sechst eine Hautirritation am Hintern unseres Mittelstürmers Norbert Hönnscheidt versorgt. Unser neuer Trainer Horst Franz kam in die Kabine, guckte sich Arno Glesius an und fragte: »Ist der Dicke auch Fußballer?« Sorry, Arno, hätte auch mich treffen können.

Wenn das keine Tradition ist, weiß ich auch nicht, Arnd.

38. GRUND

Weil Tim Thoelke nicht ganz rund, aber immer läuft

Stammkraft, nie verletzt, Faktotum. Tim Thoelke ist DJ, Moderator, Quizmaster. Und seit dem 29. Juli 2011 ist er RB Stadionsprecher. Fragen über Fragen, die sich inmitten des DFB-Pokalkrimis RB gegen Wolfsburg stellen und vor über 30.000 Fans der Beantwortung harren. TT's erste Worte werden von einem Pfeifkonzert begleitet. »Ich dachte, das fängt ja super an, hab dann mitbekommen, dass die Wolfsburger Mannschaft aus dem Tunnel kam.« Geklärt werden muss, wer nach den Torschützen späht. Aha, die Regie von oben. Man braucht an diesem Abend keine Brille, um den Helden ausfindig zu machen. Daniel Frahn sorgt mit drei Toren für einen 3:2-Sieg.

Sechs Jahre später ist der Mann im roten Anzug nicht mehr wegzudenken, nähert sich legendären Figuren wie Norbert Dickel oder dem ewigen Mainzer Klaus Hafner. Thoelke: »Eine wunderbare Aufgabe, ich kann alle meine Leidenschaften einbringen. Ich liebe

Fußball, Musik und spreche gerne in ein Mikrofon.« All das gerne bis ans Lebensende. Spuren hat er in seinen über 100 Einsätzen schon hinterlassen. Wenn die Spieler das Feld betreten, ertönt die Fanfare vom Ur-Rocky, bei einem Tor für RB kommt *I Feel Good* zum Einsatz. Bei der Vorstellung der Mannschaft spannt Thoelke Pfeil und Bogen für die Stürmer, deutet einen Basketball-Dunk an oder wirft in Anlehnung an den tollen Hecht Emil Forsberg eine Angel aus. Provokationen des Gegners stehen auf dem Index. Das Werten von Spielständen ebenfalls. Die Selbstverwirklichung hat auch bei der Mugge Grenzen. Jedenfalls in Leipzig. In Düsseldorf wurde das nicht so eng gesehen. Da ließ der Stadionsprecher beim Spiel gegen RB den ABBA-Hit *Money, Money, Money* laufen.

39. GRUND

Weil Heribert Bruchhagen 2016 aber so was von danebenliegt

Mai 2016, mit dem 2:0 gegen Karlsruhe endet d a s Trainer-Comeback der jüngeren Fußball-Geschichte. Ralf Rangnick zieht sich auf der Flucht vor Davie Selke eine Zerrung zu. Dass der junge Mann ewig braucht, den älteren Herrn einzuholen, ist der Fitness des älteren Herrn geschuldet. Behauptet der ältere Herr. In der Bundesliga und unter Ralph Hasenhüttl darf Selke nur noch selten spurten.

Leipzig ist zurück in der Bundesliga. Logisch, dass sich Sky die Heldenstadt aussucht, um über neues Sky-Personal, den Saisonstart und Neuankömmling RB zu sprechen.

Diskutanten: Sky-Moderator Sebastian Hellmann, Rangnick, Christoph Metzelder und Marcell Jansen. Und Sky-Neuzugang Heribert Bruchhagen.

Bruchhagen hat mit seinen Frankfurtern just die Relegations-Kurve gegen Nürnberg gekratzt, Kette geraucht und seinen TV-

Job angetreten. Bruchhagen kennt sich aus, prophezeit den Rasenballern eine Saison, die auch Abstiegskampf beinhalten könnte.

Abstiegskampf nach drei Aufstiegen in vier Jahren – Abstiegskampf? Welches Gras raucht Heribert? Bruchhagen erinnert an die zu Ende gegangenen Ligen 1 und 2 und zimmert an einer Indizienkette.

Der Dritte der 2. Liga, Nürnberg, hat in der Rückrunde mehr Punkte geholt als Aufsteiger Leipzig.

Frankfurt hat sich mit angelegten Ohren in die Relegation gerettet und dann Nürnberg an die Wand gespielt.

Bundesliga-Kellerassel Frankfurt war viiiel besser als Nürnberg. Und Leipzig hatte in der 2. Liga viiiel Mühe, sich Nürnberg vom Hals zu halten.

RB spielt demnach eher unten als oben rum.

Rangnick ist ganz bei Heribert. »Du spricht mir aus der Seele, wir hoffen auf eine sorgenfreie Saison.«

Es wird ein bisschen viel mehr als sorgenfrei. Und das Thema Abstiegskampf hat Bruchhagen alsbald selbst an der Backe. Beim HSV.

Auch über Sinn/Unsinn von Tattoos wird bei Sky gesprochen. Bruchhagen hat ästhetische Bedenken. Als er noch Chef von Eintracht Frankfurt war, duschte er mit Alex Meier und Co. »Schaut euch meine Ärmchen und meinen Bauch an«, flötete Bruchhagen. »Und stellt euch jetzt das Ganze mit Tätowierungen vor.«

40. GRUND

Weil es für Didi Demuth nur einen Capitano gibt

Dietmar Demuth ist 62 und Trainer der BSG Chemie Leipzig. Der Mann zieht nach dem Regionalliga-Aufstieg seiner Chemiker im Juni 2017 an einer Tankstellenzigarre und macht sich Gedanken, wie er an günstige Fußballer für die Viertligasaison kommt. Dazu muss man wissen, dass Chemie alles, nur kein Geld hat. Weder für Rauchwaren aus dem Hause Cohiba/Montecristo noch für die einsturzgefährdete Holztribüne im Alfred-Kunze-Sportpark. Und schon gar nicht für erprobte Spieler.

Da fügt es sich, dass RB die U23 auflöst. Nicht alle der jungen Männer kommen in der 2. oder 3. Liga unter, Chemie wäre idealer Zufluchtsort für Gestrandete. Wie vor über 50 Jahren. 1964 wurde Chemie unter dem legendären Alfred Kunze Meister in der DDR-Oberliga. Mit dem »Rest von Leipzig«. Fußballer, die nicht zum 1. FC Lok delegiert worden waren. Fußballer, die es allen zeigen wollten. Der Titel gilt heute noch als eine der größten Sensationen im gesamtdeutschen Fußball.

Warum also in die Ferne schweifen, Herr Demuth? Chemie und der Rest von Leipzig, Teil 2?

Nein, Demuth will keinen von RB. »Nicht mal geschenkt.« Demuth ist kein nachtragender Typ. An dieser Stelle ist er nachtragend. Mit den Roten Bullen will er nichts zu tun haben. Weil sie ihm 2010 den besten Mann weggeholt haben. Ihm, dem Babelsberger Erfolgstrainer.

Daniel Frahn schießt den SVB in der Saison 2009/2010 mit 29 Toren in die 3. Liga. Dann wird RB vorstellig, blättert 200.000 Euro hin und kassiert Frahns ablösefreien Sturmkollegen Stefan Kutschke gleich mit ein. Demuth hätte Leipzigs Emissäre gerne weggegrätscht. Das konnte er früher richtig gut. In der Bundesliga. Auf St. Pauli und in Leverkusen. Die Koordinaten haben sich verschoben. Der Trainer Demuth darf 2010 nicht mal öffentlich Dampf ablassen und wird knappe zwei Jahre später entlassen. Der Mann, der Frahn/Kutschke und den SVB zur Blüte gebracht hat, ist raus. Das Leben ist ungerecht.

Das Leben war mal einfacher. Als Demuth Vorstopper war, wachten Schiedsrichter wie Wolf-Dieter Ahlenfelder über die Einhaltung der Regeln. Damals gab es keine Cooper-Tests für die Männer in

Schwarz. Sie machten sich auch nicht warm wie Zehnkämpfer. Ahlenfelder legte ein Läufchen hin und war bereit für Großtaten. Die spielten sich auf Höhe der Mittellinie ab. Dort stakste er auf und ab und zog nur im Notfall eine Art Sprint an. Um den Notfall zu erkennen, brauchte Ahlenfelder gute Augen. Er hatte keine. Das war gut für Männer wie Demuth und dessen Mantra: Entweder kommt der Ball an mir vorbei oder der Gegenspieler – niemals beide.

Die Gegenspieler gingen Demuth irgendwann so gut es ging aus dem Weg. Jetzt geht Demuth RB aus dem Weg. Aus Gründen.

41. GRUND

Weil RB weder Alt-Internationale noch Kühne hat

RB hat keine Tradition. Das ist bis auf Weiteres so und schlimm. Vor allem für Traditionalisten. Nachfolgend Clubs mit Tradition, die unter einem fast noch schlimmeren Mangel leiden: Erfolg. Alemannia Aachen. Kickers Offenbach. Rot-Weiss Essen. Schwarz-Weiß Essen. Preußen Münster. Karlsruhe. Saarbrücken. Kaiserslautern. 1860 München.

Auch der Hamburger SV passt in diese Reihe. Das ruhmreiche Vorleben hat mit dem Hier und Heute beim HSV wenig zu tun, hanseatisches Selbstverständnis und Abstiegskampf prallen aufeinander.

Hamburg ist das Tor zur Welt, Hamburg hat die Elbphilharmonie zu Ende gebaut, hatte Helmut Schmidt, der brechenden Deichen mit dem Ausleeren seines Aschenbechers begegnete. Hamburg ist nach New York und London der weltweit drittgrößte Musicalstandort. Hamburg ist Extraklasse.

Der Hamburger Fußball war auch Extraklasse. Immer mal wieder. Meister 1923 und 1928, 1954 gehörte Jupp Posipal zu den Helden von Bern. Uns-Uwe Seeler feierte 1960 den auf lange Zeit letzten Titel. 1986 frischt es wieder auf. Günter Netzer will die *Stadionzeitung* vermarkten und wird HSV-Manager. Netzer macht Branko Zebec zum Trainer, der HSV wird unter der Knute des Jugoslawen 1979 Meister. Netzer holt mit Ernst Happel den teuersten Trainer Europas und liegt wieder richtig. Meister 1982 und 1983, Europapokalsieger 1983.

Danach geht es bergab. Erschwerend hinzu kommt, dass sich im Wochentakt HSV-Legenden wie Manni Kaltz und Holger Hieronymus an die gute alte Zeit erinnern. Und seit Sky Reiner Calmund rosa Hemden und Flüge bezahlt, öffnet sich HSV-Investor Klaus-Michael Kühne und keilt zwischen Paella und mallorquinischem Mandelkuchen derbe aus. Botschaft des 80-Jährigen beim Abendbrot im spanischen Abendrot mit Calli: Schietwetter in Hamburg, Schietmanagement beim HSV. Gegenüber dem *Spiegel* sagte Kühne: »Der HSV ist ein Phänomen, weil die Luschen immer hier hängen bleiben.« (3). Zum Beispiel, so Kühne, Pierre-Michel Lasogga. Den nannte er im *Spiegel*-Interview »Jahrhundert-Flop«. Das rief Kerstin Lassoga auf den Plan. Die ist Mutter und Beraterin des Mittelstürmers, fuhr die Krallen aus. Die HSV-Bosse würden Kühne wahrscheinlich gerne auf einen seiner Lkw setzen und Richtung Nowosibirsk schicken. Geht nicht, weil ohne Kühnes Kohle nix mehr geht am Tor zur Welt. RB Leipzig hat keine Tradition. RB hat keine Alt-Internationalen. RB hat nicht mal Krisenzeiten und auch keinen Milliardär, der mit Calli Paella mampft und Sky mit Breaking News beglückt. Das alles darf gerne so bleiben.

Lasogga ließ sich zu Leeds United ausleihen.

42. GRUND

Weil Christian Heidel ein gebranntes Mainzer Kind ist

Christian Heidel hat ein Problem mit RB Leipzig. Und er hatte eins mit der TSG Hoffenheim. Letzteres eint uns. Wir blicken in die Saison 2007/2008 und stellen uns vor, Sympathisant des FSV Mainz 05 zu sein. Die von Jürgen Klopp trainierten und von Heidel geführten Mainzer stehen in der Winterpause auf einem Aufstiegsplatz. Das spiegelt nicht die Etat-Tabelle wider, sondern hat mit Hingabe und dem verrückten Bartträger an der Seitenlinie zu tun. Die von Dietmar Hopp alimentierten und von Ralf Rangnick trainierten Hoffenheimer dümpeln trotz erlesenen Kaders im Mittelfeld, haben keine Chancen mehr auf den zweiten Aufstieg hintereinander. In der Winterpause greifen die Mainzer in den Sparstrumpf und ins Leere. Keine Kohle für Neue da. Rangnick/Hopp laden nach, holen Carlos Eduardo, Demba Ba, Chinedu Obasi und Vedad Ibišević. Für konservativ geschätzte 16 Millionen Euro.

Hoffenheim geht mit sieben Siegen in Folge in die Rückrunde, wird hinter Gladbach und vor Köln Zweiter und steigt auf. Mainz hat zwei Punkte weniger als Hoffenheim, guckt als Vierter in die Röhre und bleibt Zweitligist. Dass Rangnick einen tollen Job gemacht und dem kunterbunten Hoffenheimer Haufen die Balljagd beigebracht hat, hebt uns Mainzer nicht an. Wir reißen SAP-Software aus unseren Computern, trinken die Mainzer Altstadt leer und würden Sinsheim gerne einebnen.

Heidel sagt damals, was wir alle denken: Uns Mainzern wurde der Aufstieg weggekauft. Mit Geld, das Hoffenheim in den H… geschoben wurde. Die Nummer geht schmerzhaft weiter. Klopp hat mit Heidel diese Verabredung getroffen: Wenn wir nicht aufsteigen, trennen wir uns. Der Abschied im Schatten des Doms ist tränenreich. Weil dem vornehmen HSV die Klopp'sche Jeans nicht gefällt, küsst Klopp Dortmund wach. Mainz flaggt Halbmast, und Heidel entwickelt eine tiefe Abneigung gegen Clubs, die ihr Geld nicht selbst verdienen.

Heidel ist seit 2016 Sportchef und Vorstand auf Schalke. Milliardär Dietmar Hopp hat seine Hoffenheimer weitgehend auf eigene Füße gestellt und den wunderbaren Julian Nagelsmann eingestellt. 1899 fällt als Erregungsfaktor weg. Neuer Stein des Anstoßes: RB Leipzig, Milliardär Dietrich Mateschitz und schon wieder Ralf Rangnick. Dass der einen tollen Job gemacht und dem kunterbunten Leipziger Haufen die Balljagd und den Schlaf vor 24 Uhr beigebracht hat, hebt Heidel nicht an. Er bleibt dabei: Vereine, die das Gros ihres Etats nicht selbst verdienen, sind nicht im Sinne des Erfinders. Heidel ist seit 2007/2008 ein gebranntes Kind. Er darf das sagen. Er sagt es mindestens zweimal im Jahr.

Und was sagen wir in Leipzig? Ja, die Anschubfinanzierung durch Red Bull war/ist gewaltig und wurde durch Rangnick vergoldet. Dass man deshalb in Leipzig nicht jeden Tag Abbitte leistet, möge man Leipzig verzeihen. Hätte Leipzig, das jahrelang in den Ligen 4 und 5 dilettierte, die Dose wegkicken sollen?

Dass der Schalker Haushalt immer noch größer als der von RB ist und Sponsor Gazprom weder Betriebsrat noch Kantine hat, sei wirklich nur der Vollständigkeit halber erwähnt.

Vorm 2017er-Bundesligastart gegen RB legte Heidel Wert auf königsblaue Trennungsschärfe. Die Liebe zu Schalke sei eine historisch gewachsene und werde von Generation zu Generation vererbt. An dieser Stelle können die 2009 geschlüpften Rasenballer nicht mithalten. Wenn Willi Orban Enkel hat, darf auch in Leipzig losgeliebt werden. Dazu müsste sich Vollprofi Willi anderen Dingen als runden öffnen.

KAPITEL 7

FRAHNSINN, FLANKEN, FREIZEIT-LUDEN

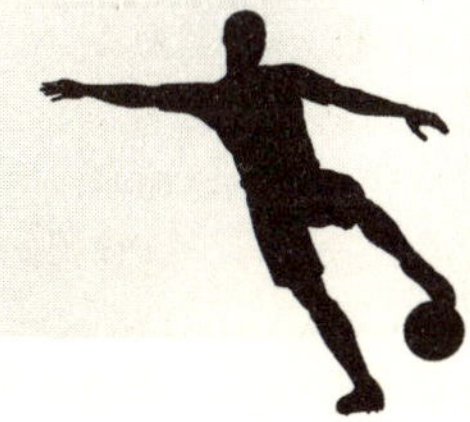

43. GRUND

Weil nur ein Mann vier Gründe verdient hat – Daniel Frahn

Daniel Frahn und sein erstes Mal. 18. September 2005, Cottbus-Coach Petrik Sander verhilft Frahn zu seinem Zweitligadebüt. Cottbus gewinnt 5:1 gegen Aachen, Frahn ist 18, sieht aus wie 15 und darf sechs Minuten an mächtigen Moschusbullen riechen. Bei Energie steht Tomislav Piplica im Tor. Im Training spielt Piplica im Feld mit, senst alles um, was ihm vor die Flinte kommt. Piplica liebt Cola-Whisky und hat bessere Fitnesswerte als die Körnerpicker im Team. Für Aachen stürmt Erik Meijer. Der ist gelernter Fleischhauer, wird in Fachkreisen der Butcher genannt. Er spielt wie einer. Coach der Alemannen ist Dieter Hecking. Als Jung-Daniel gerade entdeckt, dass es zweierlei Geschlechter gibt, hat Hecking schon fünf Kinder gezeugt. Der Mann kann alles, und offenbar kann er es auch immer. Cottbus und Aachen steigen im Mai 2006 in die Bundesliga auf. Frahn wird nach jenem 18. September wieder in der Cottbusser U23 versteckt, muss ein halbes Fußballerleben auf seinen zweiten Zweitliga-Einsatz warten. Daniel wechselt zur U23 der Hertha und von dort nach Babelsberg. Jetzt ist der Potsdamer wieder daheim und schießt Tore.

Auf sein zweites Zweitligaspiel muss er trotzdem bis zum 2. August 2014 warten. Dann führt der RB-Kapitän Frahn den Zweitliga-Aufsteiger in die Red-Bull-Arena. 21.354 Fans sehen ein 0:0 gegen den VfR Aalen. Frahn ist zurück. Nach neun Jahren.

Auf dem Weg ins Unterhaus schießt er für RB 20 Tore in der Regionalliga und 19 in der 3. Liga. Frahn spielt immer, auch mit Fieber und Bänderrissen. Zuweilen lässt er das Warm-up aus, schleppt sich aufs Feld und trifft. Beispielsweise am 24. November 2012 beim Spiel in Zwickau. Frahn ist krank, hat eine Stimme wie Ivan Rebroff, sieht 80 Minuten kein Land, quält sich. Dann haut er den Ball mit links in den Winkel zum 1:0-Sieg.

44. GRUND

Weil Frahn Meister der Herzen bleibt

Frahn ist von 2010 bis 2015 für RB am Ball. Tor-Garant, Fan-Liebling, Capitano, Aushängeschild. Im Dezember 2014 hängt das Aushängeschild schief. Ralf Rangnick will zwei neue Stürmer holen und Frahn aus Fairness-Gründen mitteilen, dass seine Einsatzzeiten nicht größer werden. Coach Alexander Zorniger besteht aus Fairnessgründen darauf, dass ER seinem Kapitän die Botschaft übermittelt. Das passiert Stunden vorm Spiel gegen 1860 München und der Winterpause. Frahn darf/muss gegen die Löwen von Anfang an ran und macht seinem Frust nach dem 1:1 via WhatsApp-Status Luft. *So schnell kann es gehen. Der Dank für Leidenschaft, Schmerz, Tränen und 93 Tore.* Bei den Toren hat er sich verrechnet, es waren 85 Punktspieltore. 2014/2015 ist nicht die Saison des Daniel Frahn. Er trifft nicht mehr, weil er es mit anderen Verteidigern zu tun hat. Er trifft nicht mehr, weil die wilde RB-Jagd Bälle erobert, aber die selten in manierliche Passform kleidet. Er trifft nicht mehr, weil Flanken von außen unerwünscht sind. Helmut Groß ist RB-Fußball-Philosoph, Rangnicks Freund und Mentor. Groß und Rangnick haben vor vielen Monden den Libero abgeschafft, die Vorteile des frühen Störens via Schwarmverhalten lieben gelernt. Groß kennt sich aus. Er weiß auch, dass Flanken nur zu einem verschwindend geringen Prozentsatz zu Toren führen. Weil Torhüter/Verteidiger groß, stark und vorbereitet sind. Ist statistisch belegt. Frahn kennt diese Statistik. Aber die Statistik kennt Frahn nicht. Am 29. Juli 2011 gewinnt Viertligist RB im Pokal 3:2 gegen den VfL Wolfsburg. Dreifacher Torschütze: Frahn. Zwei Tore resultieren aus Flanken der Herren Röttger und Rockenbach. Frahn ist ein Mittelstürmer reinsten Wassers. Ein Vollender, kein Vorbereiter. Ein Schleicher, kein Sprinter. Ein Wühler, kein Dribbler. Ist das Modell Frahn noch zeitgemäß?

Zorniger hält seine schützende Hand über Frahn, denkt in Kategorien wie Dankbarkeit und Lebensleistung. Rangnick denkt anders, kann sich keine Rücksicht auf Gewesenes leisten. Er holt Emil Forsberg, Yordy Reyna und Omer Damari. Dass die weniger als nix auf die Reihe bringen sollten, ahnt kein Mensch. Zorniger verliert im Januar 2015 0:2 in Aue – mit seinem Capitano in der Anfangsformation. Wenige Tage später ist Zorniger (erfolgreiche) Club-Geschichte. Achim Beierlorzer kommt und lässt Frahn links liegen. Im Training kommt es zu Auseinandersetzungen. Frahn sieht im Interimscoach eine Marionette von Rangnick. Ganz falsch liegt er damit nicht. Frahns Bilanz in seiner ersten und letzten Zweitligasaison für RB Leipzig ist die eines Entbehrlichen. 23 Spiele, 1.203 von 3.060 möglichen Minuten, vier Tore. Das vierte hebt er sich für einen besonderen Tag auf.

24. Mai 2015, RB führt 2:0 gegen Fürth, Frahn geht in der 84. Minute von Bord. Nach fünf Jahren, davon vier als Kapitän, zwei Aufstiegen, zwei Sachsen-Pokalsiegen und 85 Punktspieltoren. Das 85. hat er gegen Fürth erzielt. Großes Gefühlskino in der Red-Bull-Arena. Es fließen Tränen, die Fans applaudieren minutenlang stehend, die Teamkollegen tragen ihren Capitano auf Händen. Frahn wechselt nach Heidenheim, macht beim 1:1 gegen RB den Ausgleich, wechselt im Januar 2016 zum Chemnitzer FC, heiratet, wird Papa. Zum ersten Champions-League-Heimspiel seiner Roten Bullen will er im Stadion sein. Sein Kumpel Fabio Coltorti hat ein Ticket avisiert. Die ganz große Karriere hat er sich abgeschminkt. »Die Bayern werden mich wohl nicht mehr holen.« Er bleibt der Meister der Herzen.

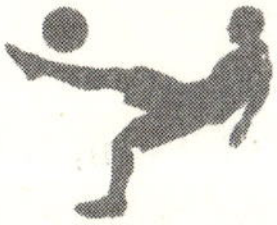

45. GRUND

Weil Frahns 85 Tore ein Rekord für die Ewigkeit sind

Daniel Frahns 163 Pflichtspiele könnten noch von Dominik Kaiser eingeholt werden. Dazu müsste ihn Herr Hasenhüttl allerdings ab und zu kicken lassen. Gut möglich, dass Frahns Freund Kaiser schon im Winter seine Zelte in Leipzig abbricht und beispielsweise in die Premier League wechselt. Alle anderen Cracks aus dem 24/7 köchelnden Fußballlabor am Cottaweg kommen als Rekordspieler eher weniger infrage. Entweder sie werden vorher mangels Hardware/Software ausgemustert, oder sie entwickeln sich schneller als der Club und schauen in Mailand oder Liverpool nach dem Rechten und Gucci-Taschen. Frahns 85 Tore – ein Rekord für die Ewigkeit? Gewiss, es sei denn, Timo Werner wird in Leipzig alt oder Yussuf Poulsen entdeckt die 2,44 mal 7,32 Meter für sich. Beides ist unwahrscheinlich. Werner ist spätestens nach einer guten WM 2018 in Russland wie ein Elfmeter von Johan Neeskens – unhaltbar. Und wenn Poulsen in der bisherigen Frequenz trifft, löst er Frahn mit 43,5 Jahren ab.

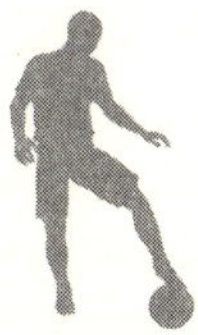

46. GRUND

Weil Frahn super mit Peter Pacult und gar nicht mit Achim Beierlorzer kann

Daniel Frahns Wechsel von Babelsberg nach Leipzig war ein geräuschvoller. Und wurde von einem Coach eingefädelt, der kurz nach Frahns Jawort aus dem Nest geschubst wurde. Frahn blickt auf seine Trainer bei RB und den Mann, der über allem schwebt. Leidende und leitende Kräfte.

Frahn über Tomas Oral, Cheftrainer in der Saison 2010/2011: »2010 habe ich mit Tino Vogel über meinen Wechsel von Babelsberg nach Leipzig gesprochen. Sehr angenehmer Mensch, sehr angenehme Gespräche. Beim ersten Training war Tino dann weg und Tomas Oral da. Oral hat mich zuerst auf Linksaußen gestellt und mir verboten, mit meinem Jeep zum Training zu fahren. Und die Steaks durften nicht mehr als 200 Gramm wiegen. Damit ist alles gesagt. Wir hatten nie gute Stimmung und nie eine Chance auf den Aufstieg. Bis auf den Gewinn des Sachsenpokals war das ein verlorenes Jahr.«

Über Peter Pacult, Cheftrainer 2011/2012: »Mit Peter kam ich super klar. Ein guter Typ, der viele Entscheidungen aus dem Bauch heraus getroffen hat und Taktik für überschätzt hielt. Jedenfalls in der Regionalliga. Er war ein Mann klarer Worte, da hieß ein Fehlpass schon mal Oarschloch-Ball. Mit Peter haben wir Wolfsburg aus dem DFB-Pokal gekickt. Wenn ich gegen die Wolfsburg U23 den Ball auf die Tribüne gehauen hätte, wären wir 2012 im letzten Spiel in Halle aufgestiegen. Peter wäre dann wenigstens als Aufsteiger-Trainer entlassen worden. Als Ralf Rangnick Sportdirektor wurde, war klar, dass er einen neuen Trainer holt. Peter und Ralf sind wie Feuer und Wasser.«

Über Alexander Zorniger, Cheftrainer von 2012 bis 2015: »Unter ihm habe ich den größten Sprung gemacht, am meisten gelernt. Er dachte an alles. Taktik, Ernährung, Psyche. Wir sind mit ihm zweimal aufgestiegen, haben ihm viel zu verdanken. Unser beider Abgang bei RB war suboptimal. Schnee von gestern. Alex ist auch menschlich eine Granate. Er hat in Kopenhagen auch sein privates Glück gefunden, wird Papa, ist lockerer geworden. Ich hoffe, er lädt mich mal ein.«

Über Achim Beierlorzer, Interimstrainer von Januar bis Mai 2015: »Da spielte ich nicht mal die Tesa-Rolle. Dankbar bin ich aber für meinen Einsatz ganz am Ende gegen Fürth.«

Frahn über Ralf Rangnick: »Mit ihm kam 2012 Tempo in die Geschichte, er hat sehr viele richtige Entscheidungen getroffen. Dass er mir 2015 drei neue Stürmer vor die Nase gesetzt hat, kann ich heute verstehen, damals nicht. Ich war emotional, habe aus der Enttäuschung heraus auch nicht alles richtig gemacht. RB spielt in der Champions League, wer Rangnick kritisiert, muss zum Arzt.«

47. GRUND

Weil der RB-Schreiber Abmahnungen sammelt …

Ich schreibe seit 2009 über die Roten Bullen. Das gefällt vielen in Leipzig und einigen nicht. Diejenigen, die sich unangenehm berührt fühlen, nennen Schäfer »Hofberichterstatter« und drehen sich angewidert ab. Es gibt auch Beschreibungen, die nicht hierhin gehören. Oder vielleicht doch. Zum Beispiel: »Bullen-Sau«, »Gossen-Goethe« oder »Freizeit-Lude«. Einige Männlein/Weiblein lassen ihre Gedanken der Obrigkeit der *Leipziger Volkszeitung* zukommen. Schriftlich. Gerne mit dem Hinweis, dass das Abonnement am seidenen Faden hängt. Wegen Schäfer. Und gerne unterschrieben »mit der Hoffnung auf besseren Journalismus, Ihr Noch-Leser«. Besser kann es nur ohne Schäfer werden. Manchmal gehen die Mails/Briefe direkt an mich. Ich finde das schöner als das Angezinke und antworte zeitnah.

Einmal schrieb mir ein Leser, dass ihm bei der morgendlichen Zeitungslektüre immer schlecht werde – wegen mir. Und er fragte an, wie ich es in den Hintern von Dietrich Mateschitz geschafft habe, obwohl da doch drangvolle Enge herrscht.

Das Ganze liegt schon ein paar Jahre zurück, und ich hatte eine kurze Zündschnur. Quintessenz meiner Einlassung: *Sie sind ein Arschloch.* Zehn Minuten nach dieser Mail dämmerte es mir, dass ich falsch lag. Der neue Text: *Sie sind ein Riesen-Arschloch.* Hatte am nächsten Tag einen Termin bei Chefredakteur Bernd Hilder. Der hielt mir einen Mail-Verkehr vor die Nase und fragte, ob es das ist, für was er es hält. Ich: »Ja, Chef, auch Leser können Arschlöcher sein.« Eine

Abmahnung später wusste ich, dass Leser keine Arschlöcher sein können. Habe mir damals einen Ordner für Abmahnungen angelegt.

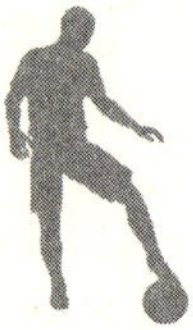

48. GRUND

... und Ehefrauen ihren Männern morgens den Sportteil klauen

Einmal wurde ich abgemahnt, weil ich meinen Hummer-Jeep auf dem Kundenparkplatz unserer Zeitung geparkt hatte. Na ja, während meines fünfwöchigen Trips zur WM nach Südafrika. Der Abmahnende war diesmal die Nummer eins des Unternehmens, Geschäftsführer Norbert Schmid. Schmid hatte beim Schäfer-Verhör Verstärkung dabei, der Personalchef schrieb eifrig mit. Ja, ja, der Delinquent bekennt sich schuldig. Ja, ja, das war rücksichtslos. Ja, ja, ich unterschreibe auch diese Abmahnung. Habe mir ja extra dafür einen Leitz-Ordner 1080 angeschafft.

Als Schmid fürs Protokoll angab, dass sich ein Abschleppdienst außerstande sah, den Hummer abzuschleppen, fragte ich, ob der Abschleppdienst andere Termine hatte. Nein, der Abschleppdienst hatte mein 3-Tonnen-Spielzeug nicht hochgekriegt. Die kriegen ihn nicht hoch, wie geil ist das denn? Ich muss mich wegkonzentrieren, denke an einen Kübel Gülle, an ein Furunkel, einen Buckel. Es hilft nichts, ich fange an zu lachen und höre nicht mehr auf. Bringt mir fast das Double, die zweite Abmahnung an einem Tag.

Wie gesagt, ist alles ein paar Jahre her. Ich war unreif, und wenn die Welle kam, war ich die Kaimauer. Ich stand da, und die Welle schlug ein, bäumte sich auf, wuchs bis zum Himmel, und alles stand hinterher unter Wasser. Heute bin ich der Strand und liege einfach nur da. Wenn die Welle kommt, warte ich, bis sich die Welle im Sande verlaufen hat. Dann kommt die Sonne über uns. Und alles ist wieder gut.

Habe dieser Tage wieder mal eine Mail eines Nicht-Schäfer-Freundes erhalten. Vorwurf an mich: *Um am Hering des Erfolges zu lutschen, ist Ihnen jedes Mittel Recht. Schreiben Sie mal die Wahrheit. RB ist kacke!* Nun ja, das mit der Lutscherei am Hering ist ein reichlich schiefes Bild. Wer lutscht schon freiwillig an einem Hering?

Eine andere Mail eines Ehemanns ging so: *Meine Frau hat sich nie für Fußball interessiert. Jetzt klaut sie mir morgens den Sportteil und liest Ihre Artikel, Herr Schäfer. Herr Schäfer, das kann nicht in Ihrem Sinn sein. Und vor allem nicht in meinem. Sport frei!*

Irgendwas ist immer.

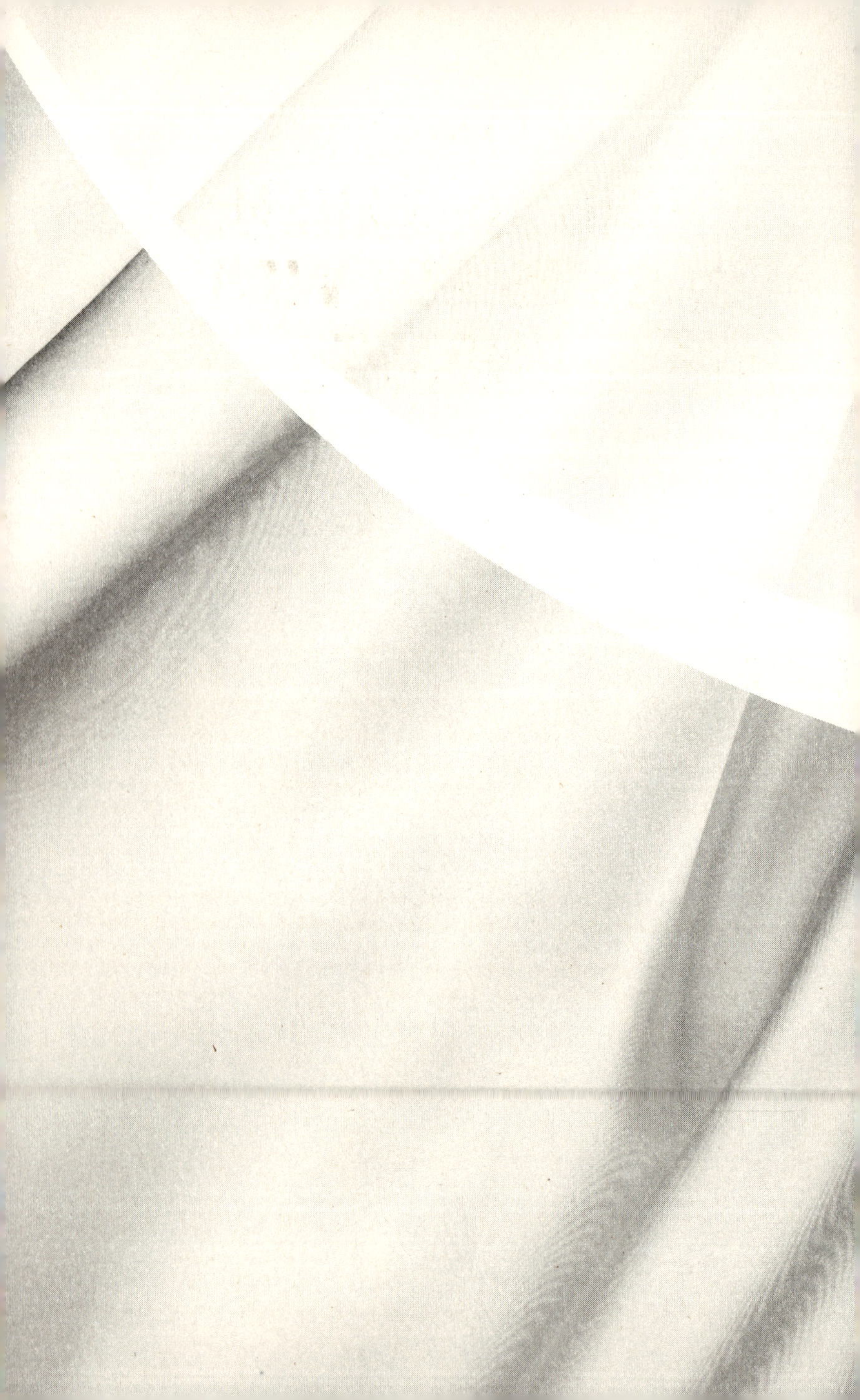

KAPITEL 8

UND SIE SAHEN, DASS ES GUT WAR – UND IST

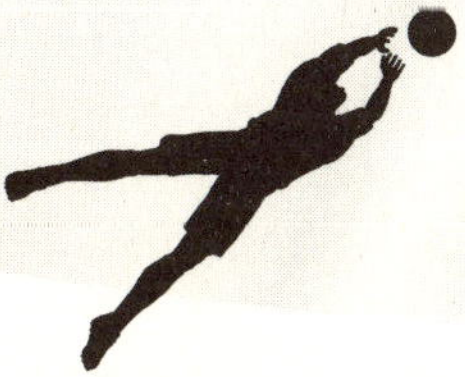

49. GRUND

Weil RB gekommen ist, um zu bleiben

2. Juli 2009, erstes Training der Roten Bullen. In Markranstädt. Nicht gerade der Sehnsuchtsort für Fußballer. Trotzdem nationales Ereignis. Presse, Funk, Fernsehen, Freunde, Feinde, Security, Polizei. Fußball-Leipzig hat es bis dato vornehmlich via Insolvenzen und Derby-Gedöns der beiden Traditionsclubs ins Blickfeld geschafft. Dann kam Franz Beckenbauer ins Spiel und machte Red-Bull-Milliardär Dietrich Mateschitz den Mund wässrig. Mit der Fußball-Bundesliga. Oder war es doch Lothar Matthäus? Jetzt soll die Bundesliga die berühmte Dose noch berühmter machen. Und nebenbei den Mief aus der toten sächsischen Turnhose walzen. Die Bundesliga ist an diesem Tag schrecklich weit weg. Dass der Tag sonnig beginnt und mit Gewitter endet, deuten manche als Zeichen. Der da oben mag das da unten gar nicht.

Bevor Cheftrainer Tino Vogel seine Oberliga-Fußballer auf die Menschheit loslässt, findet eine Pressekonferenz statt. In den Medien-Container, der sonst zum Formel-1-Tross von Red Bull gehört, steht die Luft. Markus Egger, der Ralf Rangnick des Jahres 2009, erhellt die 100 röchelnden Berichterstatter: »Wir sind gekommen, um zu bleiben!« Ja, wo der Pfeffer wächst, flüstert einer.

Am Anfang fehlt es an vielem. Anerkennung, adäquate Spielklasse, Trainingsutensilien, Online-Auftritt, Maskottchen. Es fehlt auch an Fans. Wo sollen sie auch herkommen? In einer Stadt mit Demarkationslinie. In Leipzig ist man entweder Chemiker oder Lokist. Das ist so von Geburt an und bleibt so. Eine kleine Chance hat RB auf neue Freunde in Leutzsch und Probstheida. Wer keine Lust mehr auf Ortsderbys mit einem Polizeiaufgebot eines G20-Gipfels hat, könnte Gefallen am neuen Mitspieler finden. Könnte. Nachbarschaft, Freunde, Ehefrau, Freundin müssen es ja nicht mitkriegen, wenn man zu einem RB-Spiel geht. Wer weder grün-weiß noch blau-gelb ist, passt perfekt ins Beuteschema der Roten Bullen.

50. GRUND

Weil die Fans nicht mehr an den falschen Stellen klatschen

Markus Eggers hehre Worte vom 2. Juli 2009 landen hart – am 8. August in Jena. Das RB-Debüt ist für den Tross versprengter RB-Freunde eierabschreckend, die Auswärtsfahrten gehören ein paar Wochen lang nicht zu den bevorzugten Freizeitbeschäftigungen der … wie soll man sie eigentlich nennen? Interessierte? Laufkundschaft? Suchende? Fremdgänger?

Im Stadion am Bad fühlt man sich sicher, schwenkt gerade gebastelte Fahnen, versucht sich an alten und neuen Liedern. Mit dem Erfolg wächst der Anhang, es werden erste Fanclubs gegründet, das Zentralstadion bietet ab der Saison 2010/2011 mehr Komfort. Der Einfallsreichtum auf der Tribüne ist von 2010 bis 2012 größer als der auf dem Rasen. Während oben Champagner statt Bier skandiert wird, schaffen es die unten nicht, der Regionalliga zu entrinnen. Bei aller Hingabe sind die Fans nicht ganz stilsicher, initiieren inmitten der tobenden Endphase im 2011er-Pokalmatch gegen Wolfsburg eine La Ola.

Die RB-Bosse schauen sich die Fankultur genau an, wollen alles, nur keine Gewalt. Die Überwachungstechnik liefert gestochen scharfe Bilder. Wer auffällt, ist raus. Der etwas andere Club bietet ausreichend Angriffsfläche. Ausfällige Fans braucht vor allem RB nicht.

Die Zahl der Fanclubs wächst, 38 deutsche und ein österreichischer Fanclub (»Osttirol Bulls«) haben den Status Offizieller Fanclub (OFC). 5.800 Männlein/Weiblein sind in OFCs organisiert.

Der erste Fanclub, die »LE Bulls«, wurde am 6. Juli 2009 gegründet und am 20. Oktober 2009 zum ersten OFC ernannt. Insgesamt gibt es 133 Fanclubs mit 20.000 Mitgliedern.

Alles im Lot also auf der Fanseite? Nicht ganz. Neuerdings macht ein Fanclub namens LE-United auf sich aufmerksam. Ihr Outfit: Schwarze Fischerhüte, dunkle Sonnenbrillen. Die Entstehung der gut gebauten Gruppierung soll mit den Dortmunder Übergriffen auf RB-Fans zu tun haben. Botschaft: Wir schützen uns und andere – und wir wehren uns.

Beim 0:2 auf Schalke flogen Bierbecher und Spaghetti mit Soße. Vom Leipziger in den Schalker Block. Die Werfer konnten noch nicht zugeordnet werden.

51. GRUND

Weil Zaunkönig Michel Ziebell zum TV-Star wird

Die Kultras aus Markranstädt drapierten ihr sechs mal drei Meter großes Banner schon im Stadion am Bad. In der Red-Bull-Arena wehte das gute Stück jahrelang bei jedem Eckball von rechts in die Kameras. Sky, *Sportschau* etc. machten die Kultras zu einer Marke. Mit dem Bundesliga-Aufstieg mussten sie weichen.

Die Kultras sind handverlesen. Zu den 20 Mitgliedern gehört Michael Fischer-Art. Maler, Zeichner und Bildhauer. Hat von Fußball keine Ahnung, mag aber die Stimmung im Stadion, den Plausch mit Gleichgesinnten. Fischer-Art macht sich im VIP-Raum nützlich, zeichnet die Menükarten für Caterer Dietrich Enk. Enks Melange ist Ode an den Gast. Gegen Lautern gab es Pfälzer Saumagen, gegen die Eintracht Handkäse mit Musik.

Michel Ziebell ist Jahrgang 1973 und Kultras-Gründer. Der junge Michel war spindeldürrer Stürmer bei Kickers Oderberg, Kreisliga. Man nannte ihn Gazelle. Heute ist er Unternehmer, baut Zäune und Tore. Ein Hüne, keine Gazelle. Ziebell raucht Marlboro, erinnert stimmlich und gangmäßig an John Wayne. Wenn Ziebell eines Tages mit Pferd zur Red-Bull-Arena kommt, würde das die 19 anderen Kultras nicht überraschen.

Bis dahin fährt er einen Dodge Ram. Ziebell ist zu einem Liebling der Medien geworden, weil er nicht ganz rundläuft. Wochen vorm Bundesliga-Aufstieg stand Ziebells Lager voller Feuerkörbe. 300 Stück, einer 31 Kilo schwer. Ausgelasert: Das Logo von RB und die Aufschrift: Rote Bullen, Aufstieg 2016.

Wenn RB nicht aufgestiegen wäre, hätte er die Teile in die Tonne kloppen können.

Alles geht gut, die Körbe gehen weg wie warme Semmeln. Auch Ralf Rangnick, Oliver Mintzlaff, Frank Aehlig und Ulrich Wolter blicken an lauen Sommerabenden in Feuerschalen aus Michels Haus.

Weil der Zaunkönig Rotlicht mag, wurde der Mitteldeutsche Rundfunk mehrmals vorstellig beim Kultra-Boss. Die Beiträge kamen gut an und sprachen sich bis zu Eurosport durch. Ziebell ist ein Star der neuen Eurosport-Fanserie *Sofa United*. Alle zwei Wochen reiten die Eurosportler im Hause von Michel und seiner Tine, den drei Hunden und den zwölf Kois ein, bauen Kameras auf und filmen die Kultras beim Fußballgucken.

Bei den Roten Bullen schätzt man Ziebell auch als Problemlöser. Weil das XXL-Einfahrtstor zum Trainingszentrum am Cottaweg beim Öffnen/Schließen ewig brauchte, legte der Kultra Hand an. Seitdem flutscht es. Seine Tine hat Michel am 19. März 2007 in der Zwenkauer Straße in Leipzig kennengelernt. Ihr Blicke trafen sich. Und sie war hin und weg vom Zaunkönig.

52. GRUND

Weil bei RB auch im Stadion geheiratet wird

Wenn der Ball nicht rollt, rollt der Rubel im Stadion weiter, machen Logen und Säle Umsatz. Als Event-Location mit Heimvorteil. Firmen-Feiern, Weinverkostungen, auch Eheschließungen. Mit Rathausblick, Stadionblick, Zooblick, Auwaldblick, Panoramablick.

Die erste Hochzeit datiert vom 9. Juli 2016. Rainer, 69, und Doris Kurth, 66, tauschen im sechsten Stock – Stadionblick – Ringe. Weil sie sich, den Fußball und RB Leipzig lieben. Auch weil freundliche Konditionen und prominente Gratulanten locken.

Ganz so doll ist das RB-Paket dann doch nicht. Aus der Hochzeitstorte hüpft weder Ralf Rangnick noch Dominik Kaiser. Und ein Saal in einer Wirtsstube mit ohne Ausblick wäre günstiger gewesen. Egal, nur die Liebe zählt. Außerdem braucht RB jeden Euro.

Hausbesuch beim Fußballpärchen. Kitzer, 2000-Seelen-Dorf, 20 Minuten von Leipzig, Einfamilienhaus im Grünen, Sauna und Pool im Garten. »Nach und nach angeschafft«, sagt der pensionierte Schlosser Rainer und bittet ins RB-Zimmer.

Rainer und Doris sind Fahnenflüchtige, kehrten 2009 Chemie Leipzig den Rücken und widmeten sich den gerade geschlüpften Rasenballern. Doris: »Das war Liebe auf den ersten Blick. Wie bei mir und Rainer.«

Rainer begnügt sich noch mit den Heimspielen, Doris wird in der Saison 2015/16 für 12.500 Buskilometer geehrt und kommt 2016/17 auf über 13.000 Kilometer.

Im RB-Zimmer werden Kaffee und Kuchen gereicht. RB-Zimmer beschreibt die 15 Quadratmeter unzureichend. Kunstrasen-Teppich. RB-Tischdecke. RB-Gardinen, Bilder, Lederbälle, Vasen, Autogrammkarten und so weiter.

Kaffee und Eindrücke drücken. Na klar, RB-Toilettendeckel. Im Wohnzimmer steht ein Baum, an dem Mini-Fußbälle baumeln. RB-Bettwäsche? Drei Garnituren.

Ungeschmückt sind hier nur die beiden Hunde. Die Jagd nach Devotionalien ist eine nie endende.

Zurück zum 9. Juli 2016, dem mit Stadionblick. Die Musik kommt stilecht vom Plattenspieler. *Fußball ist unser Leben, der König Fußball regiert die Welt* … Wurde 1974 unter Jack Whites Knute von der widerwilligen deutschen Nationalmannschaft auf Schallplatte gepresst. Grauenhafte Mugge, millionenfach verkaufte Mugge.

Doris und Rainer finden den Song klasse.

53. GRUND

Weil der Bullen-Funk an Nobby Dickels Auspuff drängelt

Wer kein Ticket hat oder von weiten Bus/Pkw-Reisen dicke Füße kriegt, bekommt beim Bullen-Funk die volle Dröhnung RB Leipzig. Bis zu 50.000 RB-Fans sind bei den Übertragungen von Sven Körps, 36, und Ronny Muhm, 36 dabei. Den Freunden hört ein voll besetztes zweites Stadion zu. Über 350 Spiele haben Körps/Muhm auf dem Buckel. Die RB-Fans der ersten Stunde sind mit ihren Aufgaben gewachsen, haben ihre Freundinnen geheiratet, Babys in die Welt gesetzt, lustwandeln in den Spuren ihrer Vorbilder Manni Breuckmann und Wolff Fuss. Fuss ist Feind von Floskeln wie »die Vorentscheidung ist gefallen«. Die Vorentscheidung ist für Fuss gefallen, wenn er seiner Holden die Ehe verspricht. Vorentscheidung ist gleich Verlobung. Nix anderes.

Apropos. Wenn Sven Körps und Ronny Muhm über RB sprechen, ist von Liebe auf den ersten Blick die Rede. »Das Projekt hat uns vom ersten Tag an fasziniert. Und die Protagnisten waren aus

Fleisch und Blut.« Außer Peter Pacult. Der war aus Eisen, ließ sich 2011 erst nach mehrfachen Annäherungsversuchen erweichen. Fürs Bullen-Radio, das damals noch Fan-Radio hieß.

Vertriebler Sven und Computer-Fachmann Ronny gehen am 19. September 2009 erstmals on air. Beim Oberligaspiel Dynamo Dresden II gegen RB verlieren sich 1.859 Fans im Rudolf-Harbig-Stadion, Daniel Rosin und Jochen Höfler sorgen für einen unerquicklichen 2:0-Sieg der Leipziger. RB-Präsident Andreas Sadlo ist kurz vorm Anpfiff angekommen, hat 700 Autobahnkilometer intus. Er nippt an einem Becher Kaffee und würde jetzt gerne ein schönes Fußballspiel sehen. Damit er sich mit guten Gedanken ins Auto setzen kann. Nach dem Abpfiff geht es zurück nach Wien. Eine halbe Weltreise, um ein mäßiges Oberligaspiel zu sehen. Gehört wohl zur Goldgräberstimmung rund um RasenBallsport 2009 e.V. Nicht alle Adern sind ergiebig.

Die Radiotechnik Marke Eigenbau mit Singstar-Mikro reiht Funkloch an Funkloch, es knarzt, 50 Zuhörer sind dem Wahnsinn nah. Sadlos Fußballer quälen sich, das im RB-Fanblock kauernde Fan-Radio quält mit. Unten und oben kann es nur besser werden.

Es wird zumindest oben besser. RB-Pressechef Hans Felder kennt die Strahlkraft des Fan-Radios von der Hertha, rüstet Körps/Muhm auf. Mit Akkreditierungen für die Pressetribüne und Headset-Technik. 2010/2011 fahren die Radiomänner 13.000 Kilometer, beim Freundschaftsspiel gegen Schalke ist die Zuhörerzahl am 23. Juli 2011 erstmals fünfstellig. Carsten Kammlott spielt beim 1:2 das Spiel seines Lebens. Nationalspieler Christoph Metzelder würde den Flügelflitzer gerne in den Bus setzen und mitnehmen. Bei S04 würde Kyriakos Papadopoulos auch einen Tapeziertisch aus dem Strafraum köpfen.

Mit dem Aufstieg in die 2. Liga wird aus Fan-Radio Bullen-Funk. Körps/Muhm versorgen allwöchentlich Zigtausende mit hinreißenden Spielen/Reportagen. Sie bekommen jetzt eine kleine Vergütung und hängen dem BVB-Netradio von Norbert Dickel am Auspuff.

Die größten emotionalen Ausschläge gab es beim Eigentor von Tobias Willers 2013 in Lotte. Und beim Schlusspfiff des Frahnsinns im Pokal gegen Wolfsburg 2011. Und bei Fabio Coltortis Siegtor gegen Darmstadt 2015. »Da flog der Verstärker weg.«

54. GRUND

Weil RB den ältesten Dauerkartenbesitzer hat

Hans Reinhold ist Jahrgang 1931, Ur-Leipziger, Diplom-Ingenieur, verwitwet und Fußballfreund. Der alte Herr ist gut zu Fuß, schnell im Kopf, fährt einen 23 Jahre alten Toyota Corolla. Reinhold sah zig Derbys zwischen Lok und Chemie im Stadion der Hunderttausend. Reinhold mochte beide. Die begabten Fußballer der Loksche, die hingebungsvollen Chemiker. Er war 1956 einer von 110.000 Fans beim Freundschaftsspiel des DDR-Meisters Wismut Karl-Marx-Stadt gegen Kaiserslautern, sah das Hackentor von Fritz Walter. Er sah 1987 auch René Müllers Europapokal-Elfer gegen Bordeaux in den Winkel rauschen und war beim Bundesliga-Aufstieg des VfB Leipzig am 6. Juni 1993 zugegen.

Als die Stadtderbys bürgerkriegsähnliche Formen annahmen, konvertierte Reinhold zum RB-Sympathisanten. Weil die Rente schmal und die Dauerkarte auf Kosten des Kühlschrankinhaltes gegangen wäre, versuchte Reinhold seine Briefmarkensammlung zu Geld zu machen. Funktionierte nicht. Reinhold ging an sein Tafelsilber. Ein Unikat in einem grünen Plastikordner, 103 exklusive Farbbilder vom Umbau des Zentralstadions. Beginnend am 3. Mai 2001 mit Ausschachtarbeiten, endend mit dem 3. Juli 2003, als das Stadion nach Stadion aussah. Reinhold hatte als ehemaliger Diplom-Ingenieur seine Kontakte spielen lassen und Zugang zum Stadion. Dass er einen kleinen Fotoapparat dabeihatte, musste ja nicht jeder erfahren.

Am 15. Juni 2010 schrieb Reinhold den Marketingchef von RB Leipzig, Jörg Kurzeja, an.

Ich bin ein Verfechter Ihrer Aussage »Leipzig braucht Bundesliga-Fußball«, und ich bewundere die Konstanz, wie durch Sie dieses Ziel angesteuert wird. Ich möchte dazu beitragen und ich habe etwas anzubieten. Das Unikat. *Ich möchte Ihnen diese Dokumentation verkaufen. Sofern Ihrerseits Interesse besteht, nennen Sie mir einen Termin zum Kennenlernen. Ich bedanke mich!* Es kam nie zu einem Termin.

Die Heimspiele der Rasenballer konnte sich Reinhold nur gelegentlich leisten, an eine Dauerkarte war nicht zu denken. Dann kam die 1. Liga, und Reinhold setzte sich wieder an seine Schreibmaschine, adressierte sein Angebot an RB, z. Hd. Ralf Rangnick.

Der Text vom 12. Mai 2016 beginnt mit vertrauensbildenden Maßnahmen. *Ich bin ein Fan Ihrer Spielkultur.* Danach folgt das schon sechs Jahre zuvor offerierte Angebot.

Ich habe Ihnen etwas sehr Wertvolles anzubieten. Alle Aufnahmen sind von mir persönlich gemacht. Bitte bestellen Sie mich, sofern wichtig für Sie, zu einer Beratung. Ich werde gerne kommen. Auch diesmal regte sich kein Roter Bulle. Rangnick sagte mir später, dass er dieses Schreiben nie gesehen hat.

September 2016, das erste Heimspiel gegen Dortmund naht, Reinhold gibt nicht auf. Diesmal bekommt die Sportredaktion der *Leipziger Volkszeitung* einen Brief. Ich treffe mich mit Reinhold und verspreche, dem 86-Jährigen zu helfen. Ein paar Anrufe später sind die 450 Euro für eine Dauerkarte im Block A zusammen. Stahlbauer Matthias Gabler, Verzinker Günter Peters, Trockenbauer Thomas Niehoff und meine Wenigkeit haben zusammengelegt. Die grüne Mappe geben wir dem ältesten Dauerkartenbesitzer der Rasenballer zurück.

Kurz vorm Start in die zweite Bundesligasaison bekam ich wieder einen Brief. Herr Reinhold hat gespart und sich die Dauerkarte selbst gekauft. Unter PS stand: *Das Unikat ist immer noch in meinem Besitz und steht zum Verkauf.*

Irgendwann wird es gekauft. Vielleicht von Rangnick. Der hat ein großes Herz, wenn man ihn lässt.

55. GRUND

Weil nur einer seine Loge so richtig lieb hat – Steffen Göpel

Wie wir seit Uli Hoeneß wissen, sind die Logen auch dazu da, die Fankurve bezahlbar zu gestalten. Die Logen der Rasenballer kosten pro Kopf und Saison satte 10.000 Euro, werden dem Club trotzdem aus den Händen gerissen und sind mit diversen Annehmlichkeiten verbunden. Dazu gehört ein Parkplatz im Bauch der Red-Bull-Arena. Von dort aus geht es im Aufzug in den sechsten Stock, wo gegessen, getrunken und manchmal auch Fußball geguckt wird. Sehen und gesehen werden ist in den Logen dieser Welt wichtig. Im Idealfall befruchten sich die Logenbesitzer, indem sie ins Geschäft kommen. Politiker sieht man im Sechsten immer seltener. Es sei denn, sie zahlen ihre Tickets selbst. Das passiert noch seltener. Einladungen stoßen sich mit der Compliance-Regel. Außerdem interessiert sich das Finanzamt brennend für Einladungen, bittet zur Kasse.

Logenbesitzer dürfen sich in ihrem Refugium nach Absprache mit dem Verein auch außerhalb der Spieltage verlustieren, Geburtstage oder Firmenjubiläen begehen. Logenbesitzer dürfen mit der Loge keinen unmittelbaren Gewinn machen. Ein diesbezüglicher Fall war wochenlang heißes Thema im sechsten Stock. Firma XY hatte sich eine 10-Mann-Loge gegönnt und dafür 100.000 Euro (plus Mehrwertsteuer) abgedrückt. Irgendwann fiel dem Boss der Firma auf, dass er geschmeidiger fährt, wenn er ein paar Tickets gewinnbringend weiterverkauft. Weil die Gier nach einem Platz im Sechsten groß war, gingen die teuren Teile weg wie die Halbzeit-Curry-Wurst von Caterer Dietrich Enk. Weil zum Leben auch Neid und Missgunst gehören, flog dieser Rattenschwanz des Schwarzmarktes auf. Firma XY wird in diesem Leben keine Loge mehr bekommen.

Ausdrücklich erlaubt ist es den Logenbesitzern, ihre spartanisch-zweckmäßigen Räumlichkeiten aufzupeppen. Erst der Aufstieg in die Bundesliga beförderte bei manchen Mietern den Wunsch nach mehr Komfort, nach Unverwechselbarkeit, nach Nach-Hause-Kommen. Immobilien-Unternehmer Steffen Göpel baute seine Loge schon in grauen Regionalligazeiten um. Holzvertäfelte Wände, Bilder, eine luxuriöse Sitzecke, Weinschrank, Humidor, Parkett. Wenn, dann richtig, sagt sich Göpel. Der Mann mag Beinfreiheit und will seinen Gästen etwas bieten. Göpels Loge ist ein Who is Who der Promis. Michael Ballack, Norbert Haug, Stephanie und Wolfgang Stumph, Axel Schulz, Philipp Lahm, Stefan Kretzschmar – die Liste ließe sich beliebig fortsetzen. Der frühere Rennfahrer ist RB-Sympathisant der ersten Stunde, war auch schon zu Oberligazeiten im Markranstädter Stadion am Bad zugegen, hat viele seiner Freunde und Geschäftspartner für RB Leipzig gewonnen. Wie eng die Bande zwischen Göpel und RB sind, zeigt sich nach dem ersten Bundesligasieg im Sommer 2016. Am Abend enterte RB-Sportdirektor Ralf Rangnick den Opernball und steuerte zielsicher Göpels Party-Location an. Der Gastgeber unterbrach die Band, nahm sich das Mikro und bat Rangnick zu einem Kurzinterview auf die Bühne. Standing Ovations. RB hatte 1:0 gegen Borussia Dortmund gewonnen. Durch ein spätes Tor des spät eingewechselten Naby Keita. Die Vorlage stammte vom spät eingewechselten Oliver Burke. Es wurde spät auf dem Opernball. Und es wird heute noch behauptet, dass Rangnick an jenem Abend zwei ganze Gläser Schampus eingeatmet hat.

56. GRUND

Weil RB Leipzig neuerdings auch Eisen acht schwingt

Ralf Rangnick spielt seit 1990 Golf. Besser als Handicap 30 wurde es/er nie. Zu wenig Zeit, zu wenig Geduld. Rangnick ist keiner, der sich in karierte Hosen zwängt, sechs Stunden über Feld, Wald, Wiese stakst, Bälle aus dem Rough fummelt, hinterher Hugo on the rocks einatmet und dabei Loch 1 bis 18 und die Regeln bei vorübergehender Nässe seziert.

Rangnick hat die Überholspur abonniert, blinkt links, biegt rechts ab. Das geht beim Golfen nicht.

Aber: Auf dem Golfplatz ist Geld unterwegs. Man muss es nur einsammeln.

Am 9. Juli 2017 veranstaltete RB Leipzig ein Golfturnier für den guten Zweck. Zwischen Idee und Umsetzung lagen sportliche vier Wochen. Das ist auch für einen Verein, der in die Champions League eingezogen ist und von vielen verehrt wird, ein zu kurzer Vorlauf, um betuchte Golfer und Sponsoren zu gewinnen. Beim Kassensturz am 9. Juli steht fest: In der Kürze liegt die Würze, 200.000 Euro fließen der ALS- und Leukämie-Forschung zu.

Die Verwendung der Spenden hat mit eigenen Erlebnissen zu tun. Rangnicks bester Freund Volker Weiß verstarb nach einer Leukämie-Erkrankung. Lars Weißenberger, ein Mann der ersten RB-Stunde, erlag der Nervenkrankheit ALS.

Rangnick und RB-Geschäftsführer Oliver Mintzlaff fanden in Michael Klemmer, Chef des Macherner Golf- und Country-Clubs, einen Unterstützer. Immobilien-Mann Steffen Göpel golfte mit und ersteigerte bei der Abendveranstaltung in der Red-Bull-Arena ein Golf-Bag von Tiger Woods für 13.000 Euro. Eine gute Investition, am 19. August kamen die Schläger für einige Euro mehr unter den Hammer von Auktionator und OBM Burkhard Jung. Bei Göpels zehnter GRK-Golf-Charity im Westin. Die spielte über 2,5 Million Euro ein, insgesamt wurden seit 2007 zehn Millionen Euro gesammelt. Wenn Göpel ruft, sind alle da. Diesmal Katarina Witt, Jan-Josef Liefers, Stefan Kretzschmar, Axel Schuz, Heinz Hoenig, Franziska van Almsick, Michael Ballack, Florian Silbereisen, Steffen Freund und und und. Der irische Superstar Rea Garvey rockte die Bühne mit *Supergirl*. Die Rasenballer waren trotz des zeitgleichen Bundesligaspiels auf Schalke auch vertreten. Vorstand Ulrich Wolter hielt die Fahne hoch.

Dass die RB-Granden Rangnick/Mintzlaff zehn Tage vorher Eisen acht schwingen ließen, war suboptimal. Göpel hatte eine andere Idee, wollte RB als Premiumsponsor des GRK-Events ins Boot holen. Motto: Eine Stadt, ein Turnier, ein Ziel.

Die RB-Bosse lehnten ab. Red Bull macht nicht mit, Red Bull macht selbst. Siehe Motorsport, Eishockey, Fußball, Fernsehen und so weiter. Wird 2018 in Leipzig wieder in kurzen Abständen gegolft? Hole in one ist anders.

RB-Abwehrchef Willi Orban schaute dem Treiben des ersten RB-Golfturniers interessiert zu. Willis Rekord auf der Driving Range: 200 Meter. Rollend zurückgelegt.

57. GRUND

Weil Kloppo tief in seinem Innersten ein Roter Bulle ist

Guido, hast du es wirklich getan? Mit Kloppo? Ja, wir haben zusammen gekickt. Von 1990 bis 1996 auf den Rübenackern in Mainz, Meppen, Unterhaching. Jürgen war kein großer Techniker, aber immer unterwegs, schnell, ausdauernd, kopfballstark. Jürgen hatte eine ziemlich dicke Halsschlagader und keine Zündschnur. Das bekamen Freund und Feind zu spüren. Nein, es war nicht immer die pure Freude, mit ihm zu kicken. Wir haben aus alter Verbundenheit einen Deal, der ein Interview pro Saison umfasst. Diesbezüglich hängt es seit Liverpooler Tagen etwas. Vielleicht finden wir ja via Naby Keita wieder zueinander. Jürgen ist ein wunderbarer Trainer und Mensch. Das Beste, was man über ihn sagen kann, ist, dass er sich nicht verändert hat.

Telefonate mit JK kannten keine Tabus, selbst das aufgeforstete Haupthaar fand Niederschlag in der *Leipziger Volkszeitung*. »In meinen Geheimratsecken hätte ich ein Sofa parken können.« Was würde der Trainer Klopp dem Spieler Klopp raten? »Eine andere Sportart.«

Als Symbol der Mainzer Provinzialität galt unsere alte Badewanne, die als Entmüdungsbecken diente. Klopp: »Ich bin der lebende Beweis, dass es Leben nach der verkeimten Badewanne gab und gibt.«

Das Thema RB Leipzig mussten wir zu Dortmunder Zeiten umdribbeln. Jürgen Klopp fuhr diesbezüglich auf einem anderen Dampfer als sein Vorgesetzter Hans-Joachim Watzke, hatte kein Problem mit dem neuen Mitspieler. Vor allem hatte er kein Problem mit Ralf Rangnick. Als Kloppo mit dem BVB 2009 1:4 bei Rangnicks Hoffenheimer Balljägern verliert, sagt er: »So will ich auch spielen.«

Das tut er alsbald, nachdem er Helden wie Alex Frei aussortiert hat. Klopps mitreißende Borussen werden 2011 und 2012 Meister. Sie sind nicht besser besetzt als die Bayern, haben aber eine Spielidee und Lust. Die Bayern haben weder noch.

Als Kloppo im Mai 2015 bei Borussia Dortmund aufhört und eine Saison pausieren will, klopft der auf Trainersuche befindliche Rangnick gar nicht erst an. 2. Liga hat sich Klopp ausreichend ans Bein gebunden. 16 Spielzeiten als Spieler und Trainer. Und er wusste, dass das Schicksal Großes für ihn bereithält. Im Oktober 2015 wird Klopp Trainer/Manager/Gott beim FC Liverpool. RB an der Anfield Road gegen Jürgens und Nabys Reds. Das hätte was.

58. GRUND

Weil die Streber-Combo prominente Unterstützer hat – auch Wolff Fuss

In den Chefredaktionen der *Bild*-Zeitung, der *Sport Bild* und auch in den Fluren des 1920 erstmals erschienenen Fachorgans *Kicker* herrscht Einigkeit: Erlaubt ist, was uns gefällt – und uns gefällt die Streber-Combo RB Leipzig, die Reibungsfläche, das Ende der bayerischen Beißhemmung! RB beflügelt Fantasien und Quote. Weil das Leben ein Geben und Nehmen und RB-Kommunikator Florian Scholz einer aus dem Leben ist, liegen die Flaggschiffe der deutschen Sportberichterstattung nie auf dem Trockenen. Exklusive Geschichten sorgen für Wasser unterm Kiel, stärken das Band der Sympathie. Scholz denkt auch an die Medien vor Ort in Leipzig. Auch der Deutsche Fußball-Bund war und ist happy über den neuen Funkturm im Osten, stand bei der Landung des Raumschiffs RB Leipzig 2009 mit Rat und Tat zur Seite. Wolfgang Niersbach fand nichts Verwerfliches am Engagement, sein Nachfolger Reinhard Grindel bläst in ein ähnliches Horn.

Mit dem Aufstieg in die 2. Liga 2014 fiel RB lizenztechnisch aus dem warmen Schoß des DFB und in die kühle Zuständigkeit der Deutschen Fußball-Liga. Die DFL-Größen Reinhard Rauball und Andreas Rettig waren nicht von Zuneigung durchdrungen, hätten die Lebensberechtigungskarte für RB wohl gerne in einer Schublade im Hinterzimmer einer Frankfurter Äppelwoi-Kneipe versteckt. Das ging nicht, weil der von RB beauftragte Sportrechtsanwalt Christoph Schickhard (Ludwigsburg) alle Kniffe und Kneipen kennt. Und weil er sich auch außerhalb der Sportgerichtsbarkeit, sagen wir, bewegen kann. Nach einem Scharmützelchen auf den Nebenkriegsschauplätzen Logo und Zugang für Mitglieder kam sie, die Lizenz.

Zur Freude von Sky-Star Wolff Fuss. Der ist Fußballliebhaber mit ausgewähltem Geschmack. RB Leipzig? »Nie langweilig, immer Vollgas. Gefällt mir.«

Glühender Verehrer der Roten Bullen ist Steffen Freund. Das ist jener Fighter, der 1996 sein Knie auf dem Altar des EM-Erfolges geopfert hat. Der auf allen seinen Stationen geliebt wurde. Brandenburg, Schalke, Dortmund, Tottenham, Lautern. Heute ist der Mann, dem täglich fast so viele Worte wie Reiner Calmund zur Verfügung stehen, gefragter TV-Experte. »RB finde ich sensationell. Ein Stadion mitten in der Stadt, kurze Wege in die Kneipen, jede Menge Familien auf der Tribüne, keine Ausschreitungen, super Scouting, klasse Fußball, vorbildliche Nachwuchsarbeit, die heimische Wirtschaft macht mit. Es hat mal jemand von blühenden Landschaften gesprochen. Hier in Leipzig ist eine.«

Dass RB nicht jeden Euro einzeln verabschiedet, bevor er ausgegeben wird, hebt Freund nicht an. »Geld ist nicht alles, aber ohne ist alles nichts.« Freund weiß, wovon er spricht und wie nah finanzielle Nöte gehen können. Als er 1999 von Schalke nach Dortmund wechselt, wollen ihm die Schalker und Dortmunder Fans ans Leder. Was keiner wusste: Schalke war pleite und auf die Ablöse aus Dortmund angewiesen. Freund musste leiden fürs königsblaue Missmanagement. Sehr viele Grätschen später hallte *Ein Freund, ein guter Freund* auch durchs Westfalen-Stadion.

Bei RB muss keiner gehen, weil Ebbe in der Kasse ist.

KAPITEL 9

PAPA ANTE PORTAS

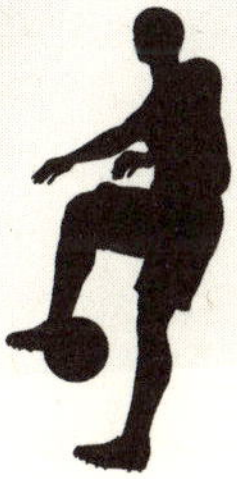

59. GRUND

Weil Matthias Gabler den Papadopoulos-Deal hautnah begleitet

Wer in Leipzig etwas auf sich hält und 10.000 Euro (plus Mehrwertsteuer) für einen Platz in der VIP-Loge der Red-Bull-Arena übrig hat, kann gar nicht anders. In ist, wer drin ist. Zum Kreis der Erlauchten gehört Matthias Gabler, ein Stahlbauer aus Brehna. Gabler ist kein typischer VIP, nicht nur zum Essen und Trinken da. Gabler liebt Fußball, hat Waden wie einst Günter Delzepich, spielt mit 54 noch Fußball. Und er liebt RB, hat den ersten chinesischen Fanclub gegründet. The Red Flying Bulls Kunming. Der Geschäftsmann jettet um den Erdball. Im Juni 2012 sitzt er im Flieger von Stuttgart nach Leipzig. Neben ihm sitzt Ralf Rangnick. Gabler fragt, wohin das mit ihm, Rangnick, und RB alles führen kann und soll. Rangnick spricht von Bundesliga und Champions League. Gabler dreht sich ein kleines Wodkafläschlein auf. Später am Abend werden die Fläschlein größer. Auf die Champions League.

Ende August 2016 fliegt Gabler von Düsseldorf zurück nach Leipzig, ruft abends in der Redaktion an. »Guido, im Flieger neben mir sitzt Papa!« Ich: »Dann wünsche ich dir und deinem Papa einen guten Flug.« Er: »Nicht der Papa, der andere Papa.«

Hat er zwei davon? Gabler pichelt im Flieger gerne ein Wodkalein, hat dann merkwürdige Anwandlungen. Ich will auflegen, da flüstert der doch nicht Stramme: »Nicht mein Papa. Papadopoulos aus Leverkusen!«

RB sucht nach dem Kreuzbandriss von Lukas Klostermann nach Spielern. Ralf Rangnick kennt Papadopoulos aus Schalke. Papa kann Bierkästen aus dem Strafraum köpfen. Die ersten und letzten Griechen, die das konnten, hießen Dimitrios und Pantelis Tsionanis. Die Brüder machten in den 80er-Jahren am Alsenweg zu Mannheim keine Gefangenen.

Papa wäre der erste Wolf unter Hasenhüttls Schäfchen. Neue Waffe? Papa ante portas? Aber ja doch. 40 Minuten später simst Gabler ein Foto mit sich und Papadopoulos am Leipziger Flughafen. Dazu die Info: »Papa unterschreibt in Leipzig einen Leihvertrag. Hat er mir eben gesagt. Gruß.« Die *LVZ* berichtet vor allen anderen vom aufsehenerregenden Deal. Papa wird in Leipzig nicht glücklich, wird nur einmal eingewechselt, geht zum HSV. Beim Hamburger 3:0-Sieg in Leipzig im Februar 2017 köpft der Grieche ein Tor, rennt Richtung Ralph Hasenhüttl und zeigt dem, was der bestimmt schon immer sehen wollte, seinen Bizeps. Beim 2:0 der Leipziger in Hamburg im September reibt sich Papa, mittlerweile HSV-Kapitän, an Timo Werner, bespricht ihn. Papa kann gut köpfen und böse gucken, aber nicht schnell laufen. Werner kann schnell laufen und nach dem Spiel fließend Griechisch.

Edel-Fan Gabler ist auch an anderen Stellen behilflich, besorgt Promi-Fotos für unsere Klatschspalte. Rudi Völler, Joachim Löw, Dietrich Mateschitz. Gabler ist schmerzfrei.

Gablers VIP-Freund und Geschäftspartner Günter Peters ist nicht nur figürlich der größte sächsische Verzinker. Peters kann es nicht leiden, wenn die RB-Spieler nicht rennen. Er nimmt keine Rücksicht darauf, dass es unten glühend heiß ist. Er bestellt sich nach fünf Minuten seine zweite Weißweinschorle und beschwert sich: »Zu wenig Bewegung.« Gabler mag es nicht, wenn Günnie so über RB redet. Dann sagt er: »Günnie, wenn man dich eine Minute bei der Hitze an den Mittelkreis stellt, fällst du um wie ein Sack Reis.« Günnie mag es nicht, wenn Gabler solche Sachen sagt, und bestellt dann seine dritte Weißweinschorle. Manchmal ist der Bär von einem Mann abgelenkt. Beispielsweise am 24. April 2015 beim Heimspiel gegen Darmstadt 98.

60. GRUND

Weil Verzinker Günter Peters das Tor der Tore verpasst

Es gibt Spiele, die man nicht vergisst.

- 1950, Maracanã, WM-Finale: Keeper Paulo Barbosa lässt das kurze Eck offen, Uruguay gewinnt 2:1, wird Weltmeister. Brasilien trauert und verzeiht Barbosa nie.
- 1954, Bern-Wankdorf: Boss Helmut Rahn müsste aus dem Hintergrund schießen und hört auf Herbert Zimmermann. Das Wunder von Bern.
- 1966, Wembley, lange vorm Videobeweis: Gottfried Bären-Dienst vertraut einem Sowjetrussen mit veritablem Knick in der Optik.
- 1974, München: Flankenlauf Rainer Bonhof, kleines und längst nicht mehr dickes Gerd Müller schießt. Torhüter Jan Jangbloed ohne Handschuhe und ohne Chance.
- 1982, Gijón, WM in Spanien: Deutschland gegen beziehungsweise mit Österreich. Kein Mut, kein gar nix. Peinlich hoch drei.
- 1990, Rom, WM-Finale: Die Erdanziehung holt sich Rudi Völler. Der Kaiser schreitet übers Feld. Titel und Hände im Sack.
- 2002, Yokohama, Titanschmelze, Fleischwerdung eines Olivers. Brasilien feiert.
- 2014, Belo Horizonte: 7:1, ohne Worte.
- 24. April 2015, Leipzig: RB gegen Darmstadt. Nachspielzeit, es steht 1:1, RB muss das 2:1 machen, um am Auspuff der Aufstiegsplätze zu drängeln. Keeper Fabio Coltorti hat Beine bis zum Boden, sortiert seine Ruten und rennt nach vorne zum letzten Eckball. Coltorti wirft einen Schatten wie eine Seilbahn in seiner Krienser Heimat, im Strafraum wird's dunkel. Dominik Kaiser tritt die Ecke, Omer Damari gewinnt ein Kopfballduell. Coltorti saugt den Ball mit links an und schiebt ihn mit rechts ein. 2:1, Abpfiff, das Waldstraßenviertel bebt. Auf der VIP-Tribüne gehen Rotweingläser zu Bruch, landen Zigarren auf dem Boden,

ein Immobilienmakler stimmt *Oh, wie ist das schön* an. Mittenmang: Günter Peters, der Verzinker. Der Fels in der Brandung hat Glas und Rauchware gerettet, singt nicht mit, zieht an seinem Stumpen. Derweil wird Coltorti von seinen Kollegen geschultert und in die Fankurve getragen. Dann stellt Günnie mir die Frage aller Fragen: »Warum haben die sich nach dem Tor eigentlich alle auf den Coltorti gestürzt?« 25.336 Zuschauer sind an jenem geschichtsträchtigen Abend zugegen, 25.335 im Bilde. Bis auf Günnie. Ein legendärer Typ mit der Sehkraft eines sowjetrussischen Linienrichters. Coltortis After-Work-Party beginnt weit nach Mitternacht. Nach zig Interviews lässt sich der Schweizer in der Vodkaria sehen. Selfies, Applaus, Autogramme, betreutes Trinken. Peter Pacult ist da, Stefan Kretzschmar, Esther Sedlaczek. Günnie fehlt entschuldigt.

61. GRUND

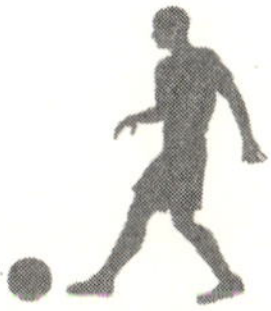

Weil RB die Kinder zu sich kommen und wieder gehen lässt

Während sich die hoch bezahlten Profis der Rasenballer 2011 und 2012 zwei Ehrenrunden in der Regionalliga leisteten, quälte sich die namenlose zweite Mannschaft über die Äcker der Bezirksliga, Sachsenliga und Oberliga. Der Masterplan bei RB sah vor, dass Team I irgendwann in der Bundesliga glänzt und von Team II, das dann 3. Liga spielen möge, befruchtet wird. 2015 steigt die U23 in die Regionalliga auf, im Februar 2017 senkt Ralf Rangnick den Daumen. Die U23 wird mit Ende der Saison 2016/2017 abgemeldet. Als Tabellendritter. Grund I: Ein schiefes Kosten-Nutzen-Verhältnis. Grund II: Keine Hoffnung auf Besserung. Um es anders auszudrücken: Weil kein U23-Spieler in der Lage ist, war und sein wird, im Profikader Fuß zu fassen, wirft der Club diese Kostenstelle von

Bord. Die U23 hatte zuletzt über drei Millionen Euro im Jahr verschlungen.

Neues Spiel, neue Cash Cow? RB setzt seit Sommer 2017 bei der Rekrutierung des Bundesligakaders auf Top-Talente der U17 und U19. Die Rasenballer wollen nicht da stehen beziehungsweise enden wie der FC Bayern München. Die letzten Talente aus eigener Bodenhaltung, die es nach oben schafften, hießen David Alaba, Philipp Lahm und Bastian Schweinsteiger. Die propagierte Durchlässigkeit ist das eine, die Umsetzung das andere.

Bei den Leipziger U23-Kickern löste das bevorstehende Aus hektische Betriebsamkeit aus. Eltern beschwerten sich bei der Chefetage, Fußballer und Berater gingen auf Vereinssuche, bei den RB-Spielen saßen zig Späher auf der Tribüne. Das Ganze hatte etwas von Leichenfledderei. Aber es war eine schöne Leich'. Exorbitante Ablösesummen waren mit den Männern um Urgestein Benny Bellot eigentlich nicht zu erzielen, der Wegfall der Geschäftsgrundlage nahm den für die U23 zuständigen Sportkoordinator Frank Aehlig eigentlich auch moralisch in die Pflicht. Wie gesagt: Eigentlich. Trotzdem schaffte es RB, einen unerwarteten Deckungsbeitrag an Land zu ziehen. Nach monatelangen Verhandlungen summierten sich die Erfolge an dieser Front auf über zwei Millionen Euro. Zum Vergleich: Als Bayer Leverkusen 2014 seine U23 aus ähnlichen Gründen wie RB abmeldete, musste Bayer Abfindungen in siebenstelliger Höhe abdrücken. Nur einer der 22 abgängigen RB-Talente hat ein Rückfahrticket. Mittelfeldmann Agyemag Diawusie, 19, wurde an Drittligist SV Wehen Wiesbaden lediglich ausgeliehen.

Als einer der letzten U23-Cracks verließ Bellot den Hof. Der Mann, der seit 2009 ein Roter Bulle war und mit der U23 die 3. Liga angreifen wollte, wechselte zu seinem Ex-Trainer Alexander Zorniger. Bei Brøndby Kopenhagen sitzt Bellot noch auf der Bank. Übrigens: Felix Beiersdorf war der erste Jugendnationalspieler der Rasenballer. Das einstige Aushängeschild wechselte mit 19 Jahren zum SC Wiener Neustadt. In die 2. österreichische Liga.

Die letzten U23-Spieler der RB-Historie und ihre neuen Vereine: Alexander Vogel: Innenverteidiger, 20 Jahre, FC Eilenburg (Oberliga Süd). Fridolin Wagner: Zentrales Mittelfeld, 19, FSV Zwickau (3. Liga). Sören Reddemann: Innenverteidiger, 21, SV Wehen Wiesbaden (3. Liga). Henrik Ernst: Defensives Mittel-feld, 30, Hannover 96 II (Regionalliga Nord). Vitaly Janelt: Defensives Mittelfeld, 19, VfL Bochum (2. Bundesliga). Gino Fechner: Defensives Mittelfeld, 19, 1. FC Kaiserslautern (2. Bundesliga). Alexander Siebeck: Offensives Mittelfeld, 23, Karlsruher SC (3. Liga). Timo Mauer: Mittelstürmer, 20, SC Paderborn (3. Liga). Hannes Mietzelfeld: Linker Verteidiger, 23, FC Oberlausitz Neugersdorf (Regionalliga Nordost). Felix Beiersdorf: Zentrales Mittelfeld, 19 Jahre, SC Wiener Neustadt (2. österreichische Liga). Dominik Franke: Linker Verteidiger, 18 Jahre, VfL Wolfsburg II (Regionalliga Nord). Anthony Barylla: Rechter Verteidiger, 20 Jahre, FSV Zwickau (3. Liga). John-Patrick Strauß: Defensives Mittelfeld, 21 Jahre, FC Erzgebirge Aue (2. Bundesliga). Federico Palacios Martinez: Mittelstürmer, 22 Jahre, RB Leipzig, Profis. Dominic Heine: Torwart, 21, FC International Leipzig (Oberliga). Benjamin Bellot: Torwart, 27 Jahre, Bröndby Kopenhagen (1. dänische Liga). Ken Gipson: Rechter Verteidiger, 21 Jahre, SV Sandhausen (2. Bundesliga). Florian Sowade: Torwart, 20 Jahre, FC Viktoria Köln (Regionalliga West).

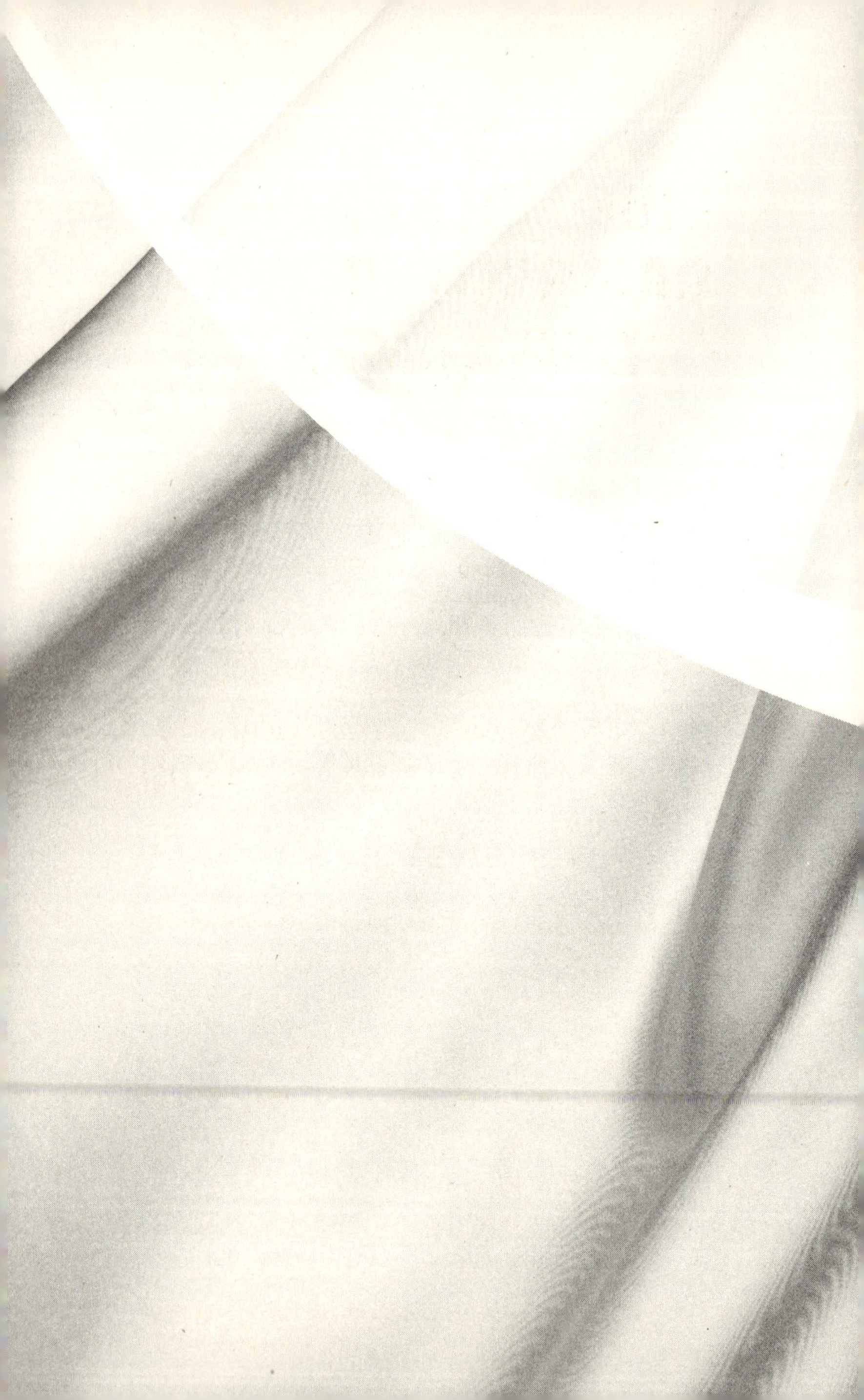

KAPITEL 10

UND ER BRACH DAS BROT UNTER DEN ARMEN

GLUTENFREI

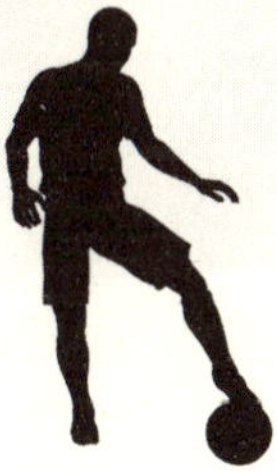

62. GRUND

Weil auswärts essen auch mal sein muss

Ab und zu reitet die RB-Stars der Wahnsinn, dann brechen sie aus und machen etwas Verrücktes. Dann gehen sie auswärts essen, statt es sich von RB-Starkoch Thomas Linke daheim im Trainingszentrum gratis besorgen zu lassen.

Linke war Küchenchef im Leipziger Steigenberger-Hotel, wurde 2015 von RB abgeworben. Als der Deal im April 2015 perfekt war, titelte die *Leipziger Volkszeitung*: »RB holt Weltklasse-Mann – Star-Koch Linke kommt ablösefrei vom Steigenberger Grandhotel!« Leser-Blatt-Bindung muss sein und Übertreibung veranschaulicht. Als RB-Koch musste sich der Starkoch um 180 Grad drehen. Schmecken sollte es nach wie vor, aber es musste vor allem das Sportlerbein stärken, Zerrungen verhindern, Botenstoffe aktivieren und die Champions League gewinnen. Zucker, Salz, Kammsteak und Baguette waren sodann des Todes. Und wo er schon mal beim Durchlüften war, setzte Linke seinen Beikoch Lutz H. Köhler vor die Tür. Wer einen Bauch hat und im Hauptfach ein Restaurant namens Goldener Hirsch in Dölzig leitet, hat im Profifußball nix verloren. Dass diverse RB-Kicker gerne im Hirschen einkehren, ist ein gut gehütetes Geheimnis.

Linke sorgt dafür, dass man in fünf Minuten durch ist, aufm Klo sitzt, eine Darmflora wie gemalt hat und 112 wird. Manchen sagt sogar der spröde Charme der RB-Kantine zu.

Auswärts besteht die Gefahr, dass der Fußballer beim Essen zunimmt. Auswärts wedelt der Kellner mit einem Fläschlein Roten. Südhang, super Abgang. Auswärts droht Darmträgheit. Auswärts lauern todbringende Seuchen, von denen keiner weiß, wie man sie ausspricht. Gluuuuten? Gluteeen?

Auswärts essen muss aber sein, weil am Nachbartisch eben nicht der Gipskopp aus dem Mittelfeld, sondern eine Schönheit aus Schkeuditz, Leutzsch oder Dölzig sitzt. Ist wie im wahren Leben: Heimspiel ist schön und gut, auswärts ist mehr Lametta.

Und hier treffen RB-Fans ihre Helden zur Abendbrotzeit: Goldener Hirsch (Dölzig), Bacco 36 (Waldstraße), B10 (Beethovenstraße), Vapiano, Hans im Glück (beide Augustusplatz), Brauerei am Thomaskirchhof (Thomaskirchhof), China White (Peterssteinweg). Herrn Sabitzer sieht man bei Vito Signorellos da Vito, dem ältesten Italiener der Stadt (Nonnenstraße). Die Revolution verspeist Köche und Kinder. Im Juli 2017 wurde Starkoch Thomas Linke gegangen und durch einen anderen Könner ersetzt. Philipp Fricke, vormals Chefkoch im Max Enk in der City, erläutert den Fußballern seitdem den Unterschied zwischen Serranoschinken und Ceranfeld.

63. GRUND

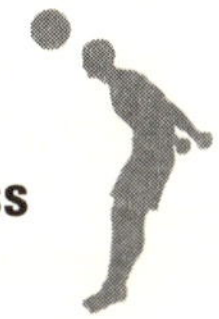

Weil die Bosse bei Trattoria-No.-1-Boss Babis Kirilidis speisen

Der Einkehrschwung der Bosse ist weniger variantenreich. Raus aus Büro und Stadion, rein ins Waldstraßenviertel. Piccola Italia (Rosentalgasse) und vor allem: Trattoria No.1 in der Waldstraße. Das Promi-Lokal der Heldenstadt. Gastgeber Babis Kirilidis hat wie alle Griechen außer Otto Rehhagel von Fußball keine Ahnung, redet wie alle Griechen trotzdem auch über Themen wie flache Neunen und abkippende Achten mit. Die No1 ist die verlängerte RB-Kantine für Ralf Rangnick, Oliver Mintzlaff, Frieder Schrof und Co. Thomas Gottschalk, Martin Walser, Wolfgang Niersbach, Christoph Metzelder, Florian Silbereisen, Stefan Kretzschmar, Michael Ballack, Axel Schulz und Roland Kaiser waren auch schon da. Manchmal bekommen die Gäste Kaisers Hit auf die Ohren und nehmen auch schon mal die falsche Frau/den falschen Mann mit nach Hause. »Manchmal möchte ich schon mit dir, diesen unerlaubten Weg zu Ende gehen.«

Trattoria-No.-1-Boss Babis Kirilidis sieht jünger als 60 aus. Könnte daran liegen, dass er 57 ist. Babis ist die Nummer eins in Leipzig und achtet auf Umgangsformen. Wenn sich jemand nicht gut benimmt, greift Babis ein. Das war so im Fall eines berühmten Wetterfroschs. Der sagte weder Guten Tag noch Guten Weg. Babis sagte, dass das in seinem Wohnzimmer so nicht geht. Der Wetterfrosch ward nie wieder gesehen.

Wer aus dem In-Restaurant Leipzigs wankt und noch keinen Knick in der Optik hat, kann das Dach der Red-Bull-Arena sehen. Vor und nach den Spielen der Rasenballer ist die Tratto ausverkauft. Die Tratto ist auch an Wochentagen ausverkauft. Babis sagt dazu: »Wir sind die Number One.« Dann lacht er und schmaucht an einem Montecristo-Zigarillo. Geraucht wird erst ab 23 Uhr. Wenn alle gegessen haben und Rangnick und Co. weg sind. Rote Bullen haben empfindliche Nüstern.

Babis war nicht immer die Number One. Es gab Zeiten, da rauchte er Zigarillos, die lichterloh brannten. Alle billigen Zigarillos brennen lichterloh.

Als Babis Kirilidis jung war, studierte er in Dortmund Informatik und jobbte beim Griechen. Babis bekam von der Rennerei mit schweren Souvlaki-Bifteki-Gyros-Tellern statt eines dicken Portemonnaies dicke Füße. Außerdem sah er neidvoll zu, wie die Ruhrpottlerinnen um den Restaurant-Boss scharwenzelten und ihn, den wild gelockten Adonis, ignorierten. Ein eigener Laden, mehr Kohle und Verehrerinnen mussten her. 1992 kam Babis nach Leipzig, eröffnete in der Waldstraße ein griechisches Lokal mit dem unglaublich fantasievollen Namen »Athen«. Leider hatte er übersehen, dass es in LE schon jede Menge Griechen gibt. Babis orientierte sich um, versuchte in der Vergnügungsmeile Barfußgässchen im Belinis sein Glück, fand es nicht und stand 1999 wieder vor Athen. Wieder Bifteki, Wasser im Bein und Sisyphos? No, Babis machte zu, dekorierte um und als Italiener wieder auf. Der Name, Trattoria No.1, entsprach Babis' Selbstwertgefühl. Der Anfang war steinig und schwer, die Suche nach einem Küchenchef stand ganz oben auf der Agenda. Im Mai 2000 wurde Babis fündig, stellte einen italienischen Koch ein. Alfredo kochte göttlich und sorgte dafür, dass die Tratto bei Warenbestellungen nicht mehr in Vorleistung gehen musste. Dass Alfredo großen Durst hatte, war eingepreist. Was ist im Gesamtzusammenhang schon ein Kasten Bier am Tag? Kritisieren durfte man Alfredo nicht. Auch wenn nach dem Filettieren einer Seezunge nur noch ein mikadostabgroßes Fischlein übrig blieb, war der Meister ganz bei sich. Irgendwann war Babis nicht mehr ganz bei sich und rannte Richtung Küche. Alfredo quittierte das Aufreißen seiner Tür mit einem Messerwurf. Alfredo wurde entlassen, ein sozialverträglicher Nachfolger gefunden.

Die No. 1 macht seit vielen Jahren ihrem Namen Ehre, ist Epizentrum von Stars, Sternchen und Normalos. Das Borchardts in volksnah zieht auch die RB-Bosse an. Ralf Rangnick wohnt um die Ecke, ist Stammgast und bekommt als solcher immer den Vierertisch hinten links. Manchmal führt Rangnick seine Gattin Gabi aus, meistens brütet er mit Gleichgesinnten über Neuzugängen. Geschäftsführer Oliver Mintzlaff spricht so leise, dass man schon auf seinen Schoß müsste, um ihn zu verstehen.

RB-Cheftrainer Ralph Hasenhüttl ist ein gern gesehener Gast, feierte mit Frau, beiden Söhnen und Freunden am 9. August seinen 50. Geburtstag in der Trattoria No.1. Das war jedenfalls der Plan. Kurz vor knapp sagte der Coach ab und dinierte mit seinen Eltern Gesine und Gilbert, Gattin Sandra und den Söhnen Patrick und Philipp im Max Enk im Städtischen Kaufhaus. Seinen 51. wird Hasi in der Tratto feiern. Hat er Babis hoch und heilig versprochen.

64. GRUND

Halleluja: Weil die RB-Party-Location nicht mehr wie eine Damenbinde heißt

Der VfB Leipzig steigt 1993 in die Bundesliga auf und 1994 wieder ab. Dass es so kommen muss, ist zeitig klar. Dass eine 22-jährige bleierne Zeit folgen würde, nicht. Franz Beckenbauer empfiehlt eine Fusion der Fußballer aus Probstheida und Leutzsch. Der Präsident des FC Sachsen, Thomas Till: »Eher springe ich vom Völkerschlachtdenkmal.«

Zum Aushängeschild der Sportstadt werden die Handballerinnen des HC Leipzig.

8. Juli 2016, 2:0 gegen Karlsruhe, Leipzig hat wieder einen Bundesligisten. OBM Burkhard Jung herzt Dietrich Mateschitz, Stratosphären-Baumgartner nimmt seine gut gebaute Begleitung in Manndeckung. Die Aufstiegshelden leeren in der Kabine Biere und gehen später im fünften Stock der Arena zum Schampus über.

Im Club L1 in der Königshaus-Passage laufen die Vorbereitungen auf eine lange Nacht. L1-Boss Sebastian Seifert hat für den FC Sachsen und Lok gespielt, ist dicke Tinte mit RB. 2013 wurde in Seiferts L1 die 3. Liga begossen, 2014 die 2.. Jetzt wird die Bundesliga gefeiert. Das L1 hieß zu DDR-Zeiten Femina-Bar, hatte die dickste Auslegware Leipzigs und machte insbesondere zu Messezeiten viel Westgeld. Nach der Wende ging es mit der Begegnungsstätte bergab. Erst mit Sebastian Seifert kam 2011 wieder Leben in die Bude. Seifert ist der Ralf Rangnick der Königshaus-Passage. Seiferts erste Maßnahme war die Umbenennung von Femina in L1. Jetzt hörte sich der Laden nicht mehr nach einer Damenbinde an.

Bevor die Helden Seiferts Refugium entern, stärken sie sich in der Brauerei am Thomaskirchhof. Die *Leipziger Volkszeitung* ist schon da, verteilt Sonderausgaben zum Bundesliga-Aufstieg. Die Fieberkurve der Saison, die Stars der Saison, die Bilder der Saison, Glückwünsche von prominenten Leipzigern. Wenn RB gegen den KSC nicht gewonnen hätte, wäre erst eine Woche später nach dem Spiel in Duisburg gedruckt worden. Der Optimismus hatte alle geeint. Chefredaktion, Anzeigenkunden, Reporter. Die RB-Profis blättern durch die 20 Seiten, suchen vor allem nach Fotos von sich. Beim Aufbruch Richtung L1 sehen die Festschriften aus wie gerupfte Hinkel.

Leipzigs Fußball ist im Mai 2016 zurück. Nach 22 langen Jahren. Über dem HC Leipzig ziehen dunkle Wolken auf. 2017 meldet der Club Insolvenz an.

65. GRUND

Weil Ralph Hasenhüttl am 6. Mai 2016 einem Zweitligisten zusagt

6. Mai 2016, RB Leipzig erzielt zwei Spieltage vorm Ende der Zweitligasaison Handelseinigkeit mit Ingolstadts Helden Ralph Hasenhütt. Der Grazer bringt mit dem Dreijahresvertrag bei RB seine Schäfchen ins Trockene. Die vorangegangenen Wochen haben alles vom Österreicher verlangt. Ganz oben auf der Agenda stand der Klassenerhalt mit Ingolstadt. Als der nicht mehr zu verspielen war, intensiviert Hasenhüttl den Flirt mit RB, trifft sich zu Ostern zum Salzstreuer-Verschieben mit Rangnick. Ingolstadts Sportdirektor Thomas Linke kämpft um seinen Cheftrainer. Kämpfen kann der Mann aus Sömmerda. Der Verteidiger hat mit Rot-Weiß Erfurt DDR-Oberliga und 2. Bundesliga gespielt, holte 1997 mit Schalke den UEFA-Cup, schoss den entscheidenden Elfer beim Champions-League-Sieg der Bayern 2001 gegen Valencia. Von März 2011 an war er für neuneinhalb Wochen Sportdirektor bei RB Leipzig, übernahm im November 2011 Zweitligist FC Ingolstadt und holte Hasenhüttl. Jetzt sitzt der auf gepackten Koffern. Linke inmitten der

Wirren um RB und Hasenhüttl gegenüber der *LVZ*: »Es ist normal, dass sich Vereine mit einem Mann wie Ralph beschäftigen. Nicht normal und absolut respektlos ist das Vorgehen von RB. Wenn sie Interesse an einem unserer Angestellten haben, wäre der normale Weg, zunächst beim Arbeitgeber dieses Angestellten anzufragen. Und zwar zu 101 Prozent. Ralph Hasenhüttl hat einen bestehenden Vertrag bis 2017. Wir haben bis heute nichts von RB gehört.« Und schließlich: »RB muss sich einen anderen Trainer suchen.«

Es kommt anders. Hasenhüttl wird Roter Bulle, Ingolstadt kassiert 1,5 Millionen Abfindung und holt KSC-Urgestein Markus Kauczinski. Hasenhüttl sieht davon ab, das Ingolstädter Tafelsilber mitgehen zu lassen. Weder ein Ingolstädter Fußballer noch ein Mann aus dem Trainerteam kommt mit nach Leipzig. Das Erreichen der Champions League hat das Gesamtpaket um einige Hunderttausend Euro wachsen lassen. Linke hätte gerne eine 3 vor dem Komma gesehen. Wäre Bundesliga-Rekord gewesen. Im Zuge beinharter Verhandlungen mit RB-Chef Oliver Mintzlaff, der einen Radiergummi für die gesamte Geschäftsstelle für auskömmlich hält, finden die Beteiligten einen Ausgang für Helden.

Hasenhüttl steht ante portas, jetzt muss RB nur noch durchs Tor zur Bundesliga gehen. Gegen den KSC mit Noch-Coach Kauczinski. Der könnte seinem neuen Arbeitgeber Ingolstadt am 8. Mai 2016 in der Red-Bull-Arena Gutes tun. Indem er RB in die Suppe spuckt.

Er ist kein Körnerpicker, erinnert figürlich und auch sonst an Ritter Sport: quadratisch, praktisch, gut. Fußballlehrer Markus Kauczinski steigt am Ende der Zweitliga-Saison 2015/2016 nach 15 Jahren und bei seinem Karlsruher SC aus und am 1. Juli beim FC Ingolstadt ein. Bundesweite Bekanntheit und Beliebtheit erfährt 2015 Kauzcinski nach dem Relegationsdrama gegen den HSV. Ein Freistoßpfiff von Manuel Gräfe zerstört den Bundesligatraum des KSC. Während halb Karlsruhe Herrn Gräfe gerne erwürgen würde, bleibt Kauzcinski Gentleman.

Die *LVZ* fragte vorm Hit RB gegen Karlsruhe nach.

Nach dem 3:0 gegen Sandhausen wurden Sie mit den Worten »bei uns ist etwas die Luft raus« zitiert. Darf sich Leipzig auf ein willfähriges Opfer und den Bundesligaaufstieg freuen?

Kauczinski: »Habe ich das wirklich so gesagt? Falls ja, kann ich Ihnen und Leipzig versprechen, dass ich bis Sonntag eine Luftpumpe gefunden habe und uns aufpumpen werde. Wir wollen uns schon aus Fairnessgründen teuer verkaufen, werden die beste Elf bringen. Wir wollen es Leipzig schwer machen, haben immer dann gut gespielt, wenn wir im Fokus standen. Und viel mehr Fokus als am Sonntag geht in der 2. Liga nicht.«

Der Tag der Tage beginnt für die RB-Spieler um elf Uhr im Trainingszentrum am Cottaweg. Geschlafen und gefrühstückt wurde daheim. Ganz im Geiste Otto Rehhagels, für den die beste Vorbereitung die bei der Herzdame war.

- 12 Uhr: Mannschaftssitzung und eine Sensation: Rangnick stellt Fabio Coltorti, 35, für Péter Gulácsi, 25, ins Tor. Keine Entscheidung gegen Gulácsi, sondern eine für Coltorti, sagt Rangnick später. Diese Logik hat sich für den Ungarn ganz bestimmt nicht erschlossen.
- 12.30 Uhr, Mittagessen. Danach spielen Yussuf Poulsen und Davie Selke eine Partie Billard, andere legen in ihren Zimmern die Füße hoch.
- 13.40: Der KSC-Bus startet vom Penta-Hotel aus Richtung Red-Bull-Arena.
- 14 Uhr: Der KSC trifft am Stadion ein. Fünf Minuten später ist der RB-Bus da.
- 14.30: Red-Bull-Chef Dietrich Mateschitz betritt die RB-Loge im sechsten Stock. Zur Entourage gehören die Formel-1-Männer Mark Webber und Daniel Ricardo sowie Ski-Ass Gregor Schlierenzauer und Beachvolleyballer Julius Brink und Abenteurer Felix Baumgärtner mit einer blonden Sünde.
- 14.50: Coltorti und Gulácsi betreten das Feld, Applaus. In zehn Minuten geht's los.

66. GRUND

Weil Hasenhüttls Kaffee am 8. Mai kalt wird

- 15 Uhr: Laut Stadionsprecher Tim Thoelke kann heute »eigentlich nichts passieren«. Danach flimmern alle Heimspieltore der Roten Bullen über die Anzeigetafel.
- 15.15 Uhr: Bayern-Jungstar Jo Kimmich schreibt Autogramme, wünscht das Beste. »Die Jungs schaffen das.«
- 15.30 Uhr: Vorm Stadion wickeln Schwarzmarkthändler ihre letzten Geschäfte ab. Es ist das erste Mal, dass sie in Leipzig ein Missverhältnis aus Angebot und Nachfrage antreffen und Kohle machen. Die Sonne scheint, Anpfiff. Im Unterhachinger Wohnzimmer der Familie Hasenhüttl sitzen Ralph und Sandra Hasenhüttl bei Kaffee und Kuchen.

In der 30. Minute steht KSC-Stürmer Dimitrios Diamantakos frei vor Fabio Coltorti. Der Hüne hält. In der 52. fliegt das Dach vom Stadion. Stefan Ilsanker flankt, Emil Forsberg hält den Fuß hin, 1:0. RB ist in diesem Moment erstklassig. Der KSC will den Ausgleich – und schießt ihn um einen Coltorti. Der klärt vorm einschussbereiten, aber nicht gänzlich entschlossenen Erwin Hoffer. Hoffer ist Österreicher und sich seiner vaterländischen Pflichten bewusst. In der 87. Minute macht KSC-Keeper René Vollath den Deckel drauf, lässt eine harmlose Flanke von Marcel Halstenberg ins Tor. 2:0, Abpfiff, Aufstieg. Ralf Rangnick zieht sich auf der Flucht vor Davie Selke eine Zerrung zu. Später humpelt Rangnick Arm in Arm mit Coltorti übers Feld.

In Unterhaching greift Ralph Hasenhüttl zum Kaffee. Der ist kalt. Hasenhüttl hat es geschafft.

Er ist jetzt bei einem Bundesligisten, der diese Liga nach menschlichem Ermessen nicht mehr verlassen wird. Doch was hat ihn qualifiziert für diese Weihen?

67. GRUND

Weil Ralph und Ralf ein Herz und eine Seele sind

In Ingolstadt war der Trainer der Star. Und Stars sind schwer zu halten. Ralph Hasenhüttl war irgendwann unhaltbar. Wie wichtig der Mann für den FCI war, zeigt der Blick auf die Tabelle. Die Zweitligatabelle. Hasenhüttl ist darüber nicht glücklich. Aber so ist das Geschäft. Er schwamm 2016 in dem kleinen Teich, in dem Ralf Rangnick angelte. Rangnick suchte einen Mann, der vorwärts denkt und verteidigt. Einer, der seine Untergebenen fördert und fordert. Und einen, der weiß: Die Air Force One heißt Rangnick. Wer einsteigt, wird durchgeschüttelt. Wer der Annahme ist, alles im Griff zu haben, fliegt zu langsam. Ralf und Ralph haben sich füreinander entschieden. Heute weiß man: et läuft.

Am Anfang ist Unsicherheit und Aufgeregtheit. Zumindest beim neuen RB-Coach. Der erste Arbeitstag ist der 11. Juli 2016. Hasenhüttls Nacht im Steigenberger war eine kurze, um elf Uhr beginnt das erste RB-Training. Hasenhüttl hat den FC Ingolstadt 2015 in die Bundesliga geführt und ihn dort gehalten. Der FCI spielt nicht schön, aber erfolgreich.

In Leipzig soll er schön und erfolgreich spielen lassen.

Bei den finalen Verhandlungen mit RB saß Guido Walter mit am Tisch. Walter war Geschäftsführer beim VfR Aalen, hatte Hasenhüttl 2011 verpflichtet. »Ich war in Unterhaching entlassen worden. Guido hat mir die Möglichkeit gegeben, wieder Trainer zu sein. Auf Guido kann ich mich 100-prozentig verlassen.« Hört man gerne.

Guido ist ein romanischer Name. Guido ist ein Mann des Waldes. Guido hilft gerne anderen Menschen. An einer Stelle kann Guido nicht helfen. Wie merkt man sich 25 Spielernamen?

»Das haben sich meine Jungs auch gefragt, als ich permanent Lukas Klostermann und Marcel Halstenberg verwechselt habe.«

Klosti und Halsti, das klingt halt ähnlich. Hasenhüttl lernt schnell. »Von nix kommt nix. Aber bei allem Ehrgeiz ist immer eine Spur Lockerheit dabei.« Das mögen die Menschen an ihm. Er will so bleiben, wie er ist. In jeder Hinsicht.

Hasenhüttl hat in Leipzig traumhafte Bedingungen. »Super Fachleute, tolle Menschen.« Harte Arbeit und der Blick über den Tellerrand garantieren keine Siege, erhöhen aber die Chancen darauf. Pflegt Ralf Rangnick zu sagen. Hasenhüttls Vorvorgänger Alexander Zorniger ist in seinen zweieinhalb Jahren sichtbar gealtert. Sind Trainerjahre Hundejahre? Hasenhüttl: »Das Wort ist mir zu negativ. Fakt ist, dass alles sehr intensiv ist und die Zeit schnell vergeht.«

Fußball über alles in der Welt? Hasenhüttl geht ohne Taktiktafel ins Bett. Gut zu wissen. Wenn er joggt oder Rad fährt, kommen ihm die besten Ideen. Und die haben fast immer mit Fußball zu tun. »Meine Gedanken kreisen sehr oft um meine Mannschaft.«

Hasenhüttl wurde mit »viel Liebe und zur Disziplin« erzogen. Hart und herzlich. Sind seine Söhne kleine Ralphs? »Das nicht, aber sie wissen schon, mit was sie mir nicht kommen müssen.« Z.B. Tätowierungen, Alkohol, Nikotin. Mitspracherecht bei den Freundinnen hat er nicht. Natürlich nicht. Der 50. Geburtstag ist nur eine Zahl. »Und die schreckt mich nicht.«

Manche 50-Jährige kaufen sich einen Porsche und halten nach einer jungen Freundin Ausschau. Manche. Glücklich? »Oh ja, ich darf mich nicht beschweren. Meiner Familie geht es gut, alle sind gesund.« Hasenhüttl hofft, dass er weiter die Kraft und die Gesundheit hat, seinen Beruf so auszuüben. »Ich liebe das, was ich tue.«

Träume hat er. Heli-Skiing in den Rocky Mountains, Surfen auf Hawaii. Davon hat er schon als junger Bursche geträumt. »Damals fehlte mir das Geld, heute die Zeit.« Irgendwann kommt beides zusammen.

Hasenhüttl war/ist glänzender Tennis- und Golfspieler und wurde Fußballer. »Das ist die Sportart, für die ich am wenigsten Talent hatte. Das Schöne beim Fußball ist: Du kannst selbst sche… spielen und gewinnst trotzdem.« Er kokettiert gerne mit seinem vermeintlichen Nicht-Können.

Hasenhüttl hat in 463 Profispielen 100 Tore erzielt. Gelaufen ist er nicht gerne. Auf die heute üblichen elf Kilometer pro Spiel wäre der Mittelstürmer nur gekommen, wenn er den Weg vom Hotel zum Stadion dazuaddiert hätte. Als er mit 37 mit dem Kicken aufhört, hat er nicht ausgesorgt, muss »hungrig und ehrgeizig« bleiben. Ein österreichischer Trainer bekommt in Deutschland nicht viele Chancen.

Leben in Leipzig. Hasenhüttl kann sich im Waldstraßenviertel frei bewegen. »Wenn jemand ein Autogramm oder ein Selfie will, mache ich das gerne. Für mich ist das keine Belastung, die Menschen sind freundlich und respektvoll.« Hasenhüttl liebt die Innenstadt, das Rosental, den Cospudener See, die Schladitzer Bucht, das Bacco 36, die Trattoria No.1. »Leider habe ich für all das selten Zeit.«

50 also. Über Falten macht er sich keine Gedanken, über seinen Körper schon. Der Coach ist jeden Tag mit austrainierten Sportlern zusammen und könnte als Besitzer einer Plauze nicht über Körperfettwerte referieren. Er achtet auf seine Ernährung, wird nur ab und zu bei Süßigkeiten schwach. Nervennahrung. Er ist gut in Schuss. Vorbilder? »Bei Ottmar Hitzfeld habe ich immer gerne zugehört. Ralf Rangnick ist eine ständige Inspiration und ein fantastischer Mensch. Grundsätzlich muss man aber auch seinen eigenen Weg finden.«

Wann erscheint ein Hasenhüttl-Buch? »Wenn eins erscheint, schreibe ich es selbst. Mein Deutschlehrer wird die Hände überm Kopf zusammenschlagen.«

Der Schüler Ralph war nicht gut, aber clever. Dass Donald Trump viel mehr als ein Frisurproblem hat, weiß Ralph Hasenhüttl. Ansonsten bleibt er bei seinem Leisten.

KAPITEL 11

DIE HEILIGEN DREI BIS FÜNF KÖNIGE

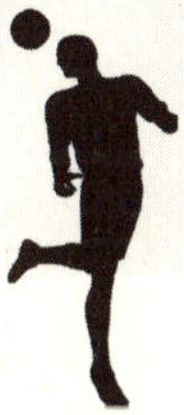

68. GRUND

Weil ein Stadionumzug in die Botanik vermieden wurde

Die RB-Bosse wissen, wann und wie man Unschönes aus den Schlagzeilen grätscht. 22. Dezember 2016: Einen Tag nach der 0:3-Pleite in München reichen sich RB-Chef Oliver Mintzlaff und Stadioneigentümer Michael Kölmel die Hände. RB kauft Kölmels Red-Bull-Arena und macht den Cineasten und Rechtevermarkter um 70 Millionen Euro reicher. Mintzlaff sagt später im kleinen Kreis, dass 70 »kein gutes Geschäft gewesen wären«. Also doch weniger? Die Annäherungen hatten im Restaurant Max Enk stattgefunden. Drei Minuten Fußweg von der RB-Geschäftsstelle. Gastgeber Dietrich Enk ist als VIP-Caterer in der Red-Bull-Arena auch sonst nah dran an den Granden rund um RB.

Die Stadion-News überstrahlt den misslichen München-Ausflug vom 21. Dezember. FCB gegen RB. 1875 Bundesligaspiele gegen 250. Emil Forsberg sieht Rot, Ralph Hasenhüttl und Ralf Rangnick sehen, dass sie umsonst ins Risiko gegangen sind. Sie hatten nichts unversucht gelassen, die angeschlagenen Naby Keita und Marcel Halstenberg fit zu kriegen. Dazu gehörten geheime Flüge nach Konstanz zu Physiotherapeut Kurt Mosetter. Beim Anpfiff standen Keita/Halstenberg auf dem Platz. Wobei »standen« wörtlich zu nehmen ist.

Schwamm drüber, das Stadionthema elektrisiert Leipzig.

Was wäre gewesen, wenn die Restaurant-Dates bei Herrn Enk ergebnislos geendet hätten? RB hätte für den Umzug aufs flache Land über 200 Millionen Euro in die Hand nehmen müssen und Kölmel sein Stadion mit dem deutschen Posaunentag bestückt.

Der Stadiondeal hat eine Vorgeschichte. Als die Heldenstadt 1999 nach einem Stadioninvestor sucht, um den von Steuergeldern aufs Gleis gesetzten Zug zum Fahren zu bringen, geben sich seltsame Gestalten die Klinke in die Hand. Zum Beispiel ein Araber mit Jeans und Pullover, aber ohne Geld. Die Stadt ist glücklich, als Kinowelt-Chef Kölmel Ja sagt.

Ein Jawort, das beide Parteien in einen Spagat zwingt. Das in Ermangelung eines potenten Hauptmieters defizitäre Zentralstadion wird querfinanziert durch Kölmels Einnahmen aus der Arena Leipzig. Die sprudeln aus viel mehr Konzerten, als der Betreibervertrag hergibt. Als der Medienunternehmer mit seiner Kinowelt pleite geht, verhilft ein Kredit der Sparkasse Leipzig zu einem Comeback. Man hilft einander.

Rathaus und Investor eint in all den Jahren die Hoffnung, dass der Fußball im WM-Stadion irgendwann nicht mehr walzt, sondern rollt. Das ist dank RB der Fall. Als es um Kauf oder Umzug geht, gibt OBM Burkhard Jung alles für Variante 1. Der GAU wird vermieden, aus dem Mieter RB wird der Eigentümer RB.

Ein Mieter hübscht seine Wohnung mit Auslegware auf, ein Eigentümer legt Parkett, denkt an altersgerechtes Wohnen. RB wird über 40 Millionen Euro in den Ausbau von 43.000 auf 57.000 Zuschauer stecken. RB bleibt in Leipzig. Die Fans trinken ihr Bier in Leipzig. Leipzigs Taxifahrer und Hotels profitieren. Alles bleibt da, wo es sein soll und muss.

Weniger schön: Der für Mai 2017 geplante Kauf zieht sich wie Kaugummi. Das Vertragskonstrukt ist komplex, der Amtsschimmel keiner von der fixen Sorte. Jetzt soll bis Weihnachten alles geregelt sein. Weihnachten 2017. Kölmel behält seine Gratis-Loge bis 2040. Dann ist er 86.

69. GRUND

Weil auch RB-Gegner zum Red-Bull-Döslein greifen

Wer sich nächtens in die Autobahn-Tanke schleppt, greift zu Dietrich Mateschitz' Zinnsoldaten aus Fuschl am See. Dosen in Reih und Glied. Silber-blau. Sündteuer. Recycelbar. Die erneuerbaren Energien kleben, helfen aber, die Glupschen im Auto offen zu halten. 2016 sind sechs Milliarden Red-Bull-Dosen über den Ladentisch gegangen. Das 0,25-Liter-Döslein kostet zwischen einem Euro (Großmarkt) und 2,60 Euro (Tanke). Das Aluminiummäntelchen ist teurer als der Inhalt. Mateschitz hat die Dose berühmt gemacht, die Dose hat Mateschitz reich gemacht. Red Bull ist Weltmarktführer.

Mit sagenumwobenen Rezepturen, einer einmaligen Wirkungsweise oder geschmacklichen Reizen hat das nichts zu tun.

Was drin ist, steht drauf. Koffein, Zucker, Taurin, Glucuronolacton, Aromastoffe, Wasser.

Dass man mit Red Bull besser durch die Nacht kommt als mit Black, Big Bear oder Monster ist Nonsens. Und es kann kein Mensch ernsthaft behaupten, dass Red Bull mundet.

Vor der Markteinführung der Dose 1987 senken Wiener TesterInnen den Daumen. 2001 bringt der Spiegel die 87er Gründertage, die Wiener Probanden und den Siegeszug der Dose so zusammen: »Als Getränk ist Red Bull eine Zumutung, als Idee einmalig.« (4)

Red Bull ist die Nummer 1, weil Mateschitz 25 Prozent seines Milliardenumsatzes ins Marketing steckt und wir der Dose und/oder ihren Botschaftern ständig begegnen. Ist RB Leipzig ein Marketinginstrument? Aber ja doch, auch das, ein hundsgemeines dazu. Selbst RB-Hasser greifen an der Tanke zu Silber-Blau. Weil auch gelb-schwarzes oder königsblaues Unterbewusstsein nicht anders kann. Steter Tropfen, prost.

Vor der deutschen Markteinführung 1994 wird die Dose in Mainz wie Goldstaub gehandelt. Liegt auch an den Geschichten, die meine Ski fahrenden Kumpels aus Ischgl, Sölden, Kitzbühel neben diversen Dosen mitbringen. Im Zentrum: Red-Bull-trinkende Skihasen, die nicht müde, aber rollig werden und gerne mit ins Hotel hoppeln. Zwischen Dichtung und Wahrheit passen der Große und der Kleine Watzmann plus das Watzmann-Haus. Habe die Storys alle geglaubt und die Schmuggelware teuer bezahlt. Fünf Döslein, 50 D-Mark. Dachte weniger ans Hoppeln, sondern an Leibesübungen der Mainzer Nummer 8 in der 2. Liga. Ein Schäfer ohne Red Bull war eine Maschine, einer mit würde zum Terminator. 1994, Heimspiel gegen Essen, ich leere ein Döslein, spiele wie eine Wurst. Die restlichen vier Dosen kriegt mein Mittelfeld-Kontrahent Ansgar Brinkmann. Muss ja irgendwie wieder in die Mannschaft kommen.

70. GRUND

Weil Dietrich Mateschitz unentschuldigt fehlen darf

Sie haben ein 250-Millionen-Dollar-Stadion gebaut, laden zu einer Eröffnungsparty und fehlen am Tag der Tage. Dann sind sie krank oder Dietrich Mateschitz. Der Oberbulle ist 2010 beim Grand Opening seiner Fußball-Arena der New York Red Bulls nicht zugegen. Dem Milliardär entgehen ein 3:1 gegen den FC Santos, Lindsay Vonn, der Kaiser. Leipziger Journalisten sind vor Ort, blicken sparsam aus der Wäsche. Keine Audienz beim Chef. Dietmar Beiersdorfer, der für Mateschitz seit November 2009 die Fußbälle in Salzburg, New York, Ghana, Brasilien und Leipzig als »Head of global soccer« orchestriert, umarmt Franz Beckenbauer. Der Kaiser hat Mateschitz zum Fußball gebracht. Sagt Beckenbauer. 2005 übernahm Red Bull den siechen SV Austria Salzburg, wurde achtmal Meister. Das ist außerhalb Österreichs uninteressant. Lothar Matthäus sagt, dass er Mateschitz den richtigen Fußball ans Herz gelegt hat. Den in Deutschland. Zugang zum Chef hatte er. Matthäus saß 2006/2007 auf der Bank von RB Salzburg, assistierte Giovanni Trapattoni. Beckenbauer und Matthäus reden viel, wenn der Tag lang ist. Ob sich Mateschitz das Grand Opening auf seiner Südsee-Insel reinzieht? Oder in der Steiermark? Mateschitz ist in Sankt Marein geboren. Ein Idyll, 2000 Einwohner. Im Sommer ist es hier noch ein bisschen heißer als in Rest-Österreich. Stolz sind die Steirer von Geburt an. Besonders stolz sind sie auf »den Arnie« und »den Didi«. Über Arnold Schwarzenegger reden sie immer und überall. Je erfolgreicher Red-Bull-Gründer Mateschitz wurde, desto schmallippiger wurden alle, die mit ihm zu tun haben und hatten. »Der Chef mag es nicht, wenn man plappert«, sagt Peter Pacult. Der Wiener wurde 2011 vom Chef zum Trainer von RB Leipzig gemacht. Zwölf Monate später begann die Ära Ralf Rangnick. Pacult bekam eine auskömmliche Abfindung. Mateschitz ist vieles, er ist auch ein Ehrenmann.

Anfang der 80er Jahre war Mateschitz Marketing-Direktor von Blendax, machte Bekanntschaft mit dem Energydrink Krating Daeng (Roter Stier) und greift 1987 mit dem Dosen-Geist den österreichischen Markt an. Heute ist Red Bull Weltmarktführer und fließt in 165 Ländern. Mensch Mateschitz: Als zwei Polizisten auf der Fahrt zum Derby RB gegen Lok tödlich verunglücken, bietet Mateschitz den Familien Hilfe an. Als Ex-RB-Assistenztrainer Lars Weißenberger die Diagnose ALS bekommt, werden von Mateschitz Ärzte und Herzenswünsche finanziert. Mit Kritik kann Mateschitz umgehen, sagt er in einem Interview mit der *Leipziger Volkszeitung*. »Fundierte Kritik ist uns wichtig, abwertende Kritik ist uns ziemlich egal. Wenn wir an ein Projekt und ein Ziel glauben, dann lassen wir uns nicht beirren.« Mateschitz zu Tradition und Fußball-Kultur: »Natürlich sind traditionelle Werte wichtig, vor allem in Bereichen wie Kunst und Kultur. Aber Tradition ist kein Verdienst, alt werden Dinge von selber. Der einzige Unterschied zwischen dem FC Barcelona, Bayern München und RB Leipzig ist in 500 Jahren, dass diese Clubs 600 Jahre alt ist und wir 500.« Königstransfer bei all seinen Fußballexpeditionen? »Ralf Rangnick«.

71. GRUND

Weil sich Rangnick beim Salzstreuer-Schieben verliebt

Am 9. August 1967 setzen Ingrid und Gilbert Hasenhüttl in Graz ihren Ralph in die Welt. Der Bub ist 4000 Gramm schwer, nimmt schnell zu, wird Fußballer, kickt in Wien, Fürth, Köln und bei den Bayern-Amateuren, ist seit 2016 Trainer der Rasenballer. Hasenhüttl feierte am 9. August 2017 seinen 50. Geburtstag. Hasenhüttl ist der berühmteste Hasenhüttl weltweit, hat Gotthold Hasenhüttl überholt. Der katholische Geistliche hatte 2003 evangelische Christen zum Abendmahl geladen und wurde suspendiert. Die beiden Hasenhüttls sind weder verwandt noch verschwägert. Wir wissen nicht, was Ralf Rangnick seinem Cheftrainer geschenkt hat. Wir ahnen aber, was in Rangnick an jenem 9. August 2017 vorgegangen ist. Das Ganze hat mit einem geheimen Geheimtreffen beim Heurigen in Österreich zu tun …

»Lieber Ralph, gerne denke ich an Deinem besonderen Tag an einen anderen besonderen Tag am Ostersamstag 2016 zurück. Unser Kennenlernen. Ich hatte mir wochenlang das Hirn zermartert, wo wir uns geheim treffen können, 23 Autobahn-Raststätten erkundet und festgestellt, dass dort 8,50 Euro für einem Teller Spaghetti bolognese aufgerufen werden. Das durfte nicht unser Rahmen sein. Ich wollte vor Dir nicht als Mann dasteh'n, für den Geld keine Rolle spielt. Meine rechte Hand Frank Aehlig kam dann auf die Idee mit dem österreichischen Lokal ›Am Platzl‹ in Lofer. Strukturschwache Gegend, flötete Frank, quasi Zonenrandgebiet. Frank behielt recht. Wo kriegt man heutzutage noch einen Teller Suppe mit einem Knödel für 3,90 Euro? Du, Ralph, hast die Karotten-Ingwer-Suppe für 4,20 Euro genommen. Oliver Mintzlaff war ein paar Tage vorher von einem Rodeo aus den USA zurückgekommen und hatte einen Tipp, wie wir möglichst unauffällig bleiben. Ich finde, dass Dir, Ralph, Dein Cowboyhut besser stand als mir meiner. Das mit uns zu Ostern war nicht weniger als love at first sight. Die Suppen, der Knödel, Du, ich, die Gratis-Ostereier, die Vierer-Kette. Als uns die Kellnerin einen Salzstreuer wegnahm, hast Du auf Dreier-Kette umgestellt. Weinzierl oder Tuchel hätten am Nachbartisch einen Salzstreuer geholt. Da wusste ich: Du bist es!«

72. GRUND

Weil Rangnick ein Besserwisser ist – und wirklich fast alles besser weiß

Fünf Jahre Ralf Rangnick. Es war nicht alles schlecht. Kennengelernt habe ich RR im Salzburger Hangar 7 Ende Juli 2012. Pressekonferenz mit dem neuen Herrn & Gebieter über die Red-Bull-Fußballstandorte Salzburg und Leipzig. Die österreichischen Journalisten nehmen wenig Rücksicht auf Schäfer und Leipzigs *Bild*-Reporter Stefan Krause, stellen 423 Fragen am Stück und ohne Luft zu holen. Sie sind allwissend, kritisch-besorgt, essen Bemmen, trinken Kaffee, sind von erstaunlichem Selbstvertrauen, kreisen um sich und Salzburgs Kicker. Nach einer knappen Stunde grätscht Schäfer dazwischen und besticht mit steilen Thesen. Österreich ist schön und gut, touristisch klasse erschlossen. Der 432. Titel der Mozart-Kugel ist sexy wie eine *Playboy*-Ausgabe ohne Bilder. Salzburg wird auf Sicht Leipzigs Werkbank. Solche Sachen. Wer die Wahrheit sagt, braucht ein schnelles Pferd. War hinterher flugs auf der Autobahn Richtung Leipzig. Habe später ein brauchbares Verhältnis zu meinen österreichischen Kollegen aufgebaut.

Fünf Jahre Rangnick, gute Zeiten, noch bessere Zeiten, zig Interviews. Dumme Fragen standen und stehen bei Rangnick auf dem Index. Ab wann eine Frage den Tatbestand der Dummheit erfüllt, bestimmt Rangnick. Der Sitz der Gürtellinie kann sich minütlich ändern. Rangnick kann charmant, aber auch ganz anders sein. Hier eine Sammlung aus unseren gesammelten Werken.

Thema Fluktuation – oder auch Hire and Fire: »Veränderungen erfüllen keinen Selbstzweck. Wir verfolgen eine Strategie. Gute, motivierte Leute schicken wir nicht weg.« (2012)

Über die ersten Wochen an den Großbaustellen Salzburg und Leipzig: »Wir haben in fünf Wochen so viel verändert wie andere Klubs in fünf Monaten. Wahnsinn.« (2012)

Neue Ernährung, neues Glück: »Erfolgsorientiertes Arbeiten und Freude am Leben müssen sich nicht ausschließen. Man muss auf sich aufpassen. Das tue ich. Ich ernähre mich gesund, esse regelmäßig, schlafe gut, bin energetisch auf einem sehr guten Level« (2014)

Über den Kontakt zu Dietrich Mateschitz und dessen Intention: »Er ist nah dran am Geschehen, verfolgt auch wirtschaftliche Interessen. Ich sehe da keinen Widerspruch.« (2015)

Über den Weg von der 4. in die 1. Liga: »Leipzig wird irgendwann Bundesliga spielen, das ist für mich klar. Als Verantwortlicher will ich, dass es möglichst schnell geht.« (2012)

Über den Durchmarsch von Hoffenheim von der 3. in die 1. Liga: »Dort lief am Anfang auch nicht alles rund. Nach vier Spielen in der 3. Liga waren wir Vorletzter, nach vier Spielen in der 2. Liga auch. Damals hat einer geschrieben: ›Die TSG ist von der Bundesliga so weit entfernt wie die Erde vom Mond.‹ Das stimmte, wir kickten vor 1.500 Zuschauern, legten einen schwachen Start hin. Da war es wichtig, seiner Linie treu zu bleiben, weiter den Fußball zu spielen, von dem man überzeugt ist. Das haben wir getan.« (2014)

Über Notlügen bei der Verpflichtung Carlos Eduardos und der Tatsache, dass die Sinsheimer Tankstelle die einzige Attraktion im Dorf war: »Als Carlos bei den Vertragsverhandlungen fragte, wie viele Einwohner Hoffenheim hat, habe ich gesagt, so ungefähr 1,5 Millionen. Mein Manager Jan Schindelmeister hat mir unterm Tisch ans Bein getreten – und Eduardo hat unterschrieben. Hätte ich Carlos sagen sollen, dass in Hoffenheim 3000 Menschen leben? Der kommt aus Porto Alegre, da wohnen 3000 in einem Wohnblock.« (2014)

Über Chinedu Obasis Kühe und Körner: »Wir haben Chinedu vom Frankfurter Flughafen abgeholt und sind mit ihm Richtung Hoffenheim gefahren. In Heidelberg und Umgebung war noch alles gut. Als wir dann in Sinsheim abgebogen sind, hat er zu mir gesagt: ›Hey, Coach, wo sind die Leute? Ich sehe nur Kühe und Korn.‹« (2014)

Über seine Rolle und die seiner Untergebenen: »Jeder ist wichtig, jeder soll sich einbringen. Aber keiner darf sich selbst zu wichtig nehmen. Auch ich nicht. Das ist Teamspirit. Ein Orchester braucht aber einen Dirigenten, ein Ballett einen Choreografen. Ein guter Orchesterleiter macht das Orchester besser.« (2017)

Über Ralf & Ralph: »Wir kennen uns jetzt auch schon eine Weile und sind auf einer Wellenlänge. Ralph ist einfach ein guter Typ. Er ist bei uns ein noch besserer Trainer geworden. Es ist eine Freude, sich mit ihm auszutauschen. Nicht nur über Fußball. Er passt einfach perfekt zu uns.« (2017)

Über die Rückkehr von Terrence Boyd auf den Fußballplatz: »Es ist ein großes Geschenk, dass Terrence nach dieser langen Zeit wieder Fußball spielt. Ich wünsche ihm von Herzen, dass er seinen Beruf noch viele Jahre ausüben kann und er sich für all die Mühen um eine Rückkehr belohnt.« (2017)

Über Glückshormone beim Jogger Rangnick: »Die melden sich bei mir nicht. Ich laufe, weil es gesund ist.« (2016)

Über Glück: »Gesundheit, Familie, Freunde, Freude am Beruf.« (2017)

Über den Fußballer Rangnick: »Ich war laufstark, willig und wissbegierig, hatte das Zeug für irgendetwas zwischen 3. und 2. Liga. Mehr war da nicht.« (2013)

Über sein Erweckungserlebnis als Trainer und die Begegnung mit einem sowjetrussischen Pressing: »Das hatte ich in den 80er-Jahren als Spielertrainer in Backnang bei einem Test gegen Dynamo Kiew.

Nach ein paar Minuten habe ich durchgezählt, ob die ein, zwei Leute mehr auf dem Platz haben.« (2014)

Über einen deutschen Meister, der RB Leipzig heißt: »Sagen wir es so: Ich konnte mir vor der Saison 2016/2017 nicht vorstellen, dass wir acht Bundesligaspiele hintereinander gewinnen. Mir fehlte die Fantasie, dass wir Mannschaften mit viel höherem Etat wie unter anderem Dortmund, Schalke, Gladbach oder Wolfsburg hinter uns lassen. Ich bin zwar unverbesserlicher Optimist und wusste, dass wir eine gute Truppe haben. Aber dass wir Zweiter werden, kam für mich genau so überraschend wie für alle anderen auch. Als Sportler lassen wir uns nicht beschränken, streben das Optimum an.« (2017)

Über die Dreifachbelastung Meisterschaft, Champions League, Pokal: »Wir haben uns einen Traum erfüllt, spielen europäisch. Warum sollten wir uns darüber beschweren? Unsere Spieler haben eine fantastische Mentalität. Der Wille, in jedem Spiel ans Limit zu gehen, hat uns weit gebracht. Und wenn wir an unser Limit kommen, werden wir auch in der Champions League für Aufsehen sorgen können.« (2017)

Über die nur kurze Freude über den 1:0-Sieg gegen Dortmund: »Lukas Klostermann hat sich danach im Training das Kreuzband gerissen. Ein Schock. Ralph und ich hätten sofort die drei Dortmund-Punkte gegen einen gesunden Lukas getauscht. Dass er uns eine komplette Saison ausfällt, hätten wir nicht gedacht. Lukas ist sozusagen unser erster Neuzugang.« (2017)

Über Davie Selke: »Heute wird gerne vergessen, dass Davie einen großen Anteil an unserem Bundesliga-Aufstieg hatte. Er hat zehn Tore gemacht und seinen Freund Yussuf Poulsen wunderbar unterstützt. Ich habe das so noch nie erlebt. Zwei Stürmer kämpfen um einen Platz und gönnen sich gegenseitig jedes Tor und jede Spielminute. Auch dieser Umgang miteinander kennzeichnet unseren besonderen Kader.« (2017)

Über seinen 2019 auslaufenden Vertrag: »Wenn der Verein den Wunsch hat, unsere Zusammenarbeit auszuweiten, setze ich mich mit Oliver Mintzlaff zusammen. Ich bin mit ganzem Herzen Leipziger und fühle mich in dieser wunderschönen Stadt pudelwohl.« (2017)

Über Nationalspieler Diego Demme: »Diego ist ein Paradebeispiel dafür, was man mit Mentalität erreichen kann. Fast ein modernes Märchen.« (2017)

Über den Ex-Stuttgarter Timo Werner: »Timo konnte auch vorher kicken, war schnell und gut vor dem Tor. Hier kam auch noch die große Wertschätzung für ihn dazu. Er hat sich, wie viele andere auch, bei uns fantastisch entwickelt.« (2017)

Über das 4:5 gegen die Bayern: »Direkt nach dem Spiel habe ich mich über das 4:5 geärgert. Niemand verliert schließlich gerne. Ich bin dann mit meinem Sohn essen gegangen und war mir zwei Stunden später sicher: Gut, dass wir nicht 4:2 gewonnen haben. Sonst hätten einige gedacht, wir sind schon eine große Mannschaft.« (2017)

Über Überforderung »Ich überfordere keinen. Aber klar ist auch, dass nicht jeder jede Entwicklung mitmachen kann und will. Wenn man sich trennt, passiert das bei uns auf möglichst einfühlsame Art und Weise.« (2016)

Über Erfolg: »Wenn du in diesem Job erfolgreich sein willst, darfst du nicht mit der Zeit gehen. Du musst der Zeit voraus sein. Wir müssen uns die Frage stellen, wie die Welt in ein paar Jahren aussieht. Mein Vater hatte noch nie einen Computer in der Hand. Mit 63 hat er sich einen Macintosh gekauft. Weil er neugierig war. Das ist er heute noch. Helmut Groß (Ralf Rangnicks Mentor; d. Red.) ist jetzt über 70 und sprüht vor Ideen und Tatendrang, ist im Herzen und in der Seele ein 30-Jähriger. Wenn du denkst, dass du alles im Griff hast, fährst du zu langsam.« (2017)

Über die Überlebensfähigkeit von RB ohne Rangnick: »Das ist auf jeden Fall mein Ziel. Deshalb ist mein Wissen kein Herrschaftswissen, sondern wird geteilt. Wenn ich eines Tages aufhöre, möchte ich ein in jeder Hinsicht bestelltes Feld hinterlassen.« (2016)

73. GRUND

Weil Rangnick und Hasenhüttl wahre Entertainer sind

Zur Leser-Blatt-Bindung der *Leipziger Volkszeitung* gehören exklusive Talk-Runden in der 300 Menschen fassenden Kuppel. Eduard Geyer war da, Béla Réthy, Alexander Zorniger, Wolff Fuss, Lothar Matthäus. Manche promoteten ihr Buch, andere sich und ihr Buch, wieder andere gaben sich als DFB-Präsident einfach mal so die Ehre. Wenn die Kartennachfrage ausnahmsweise durchhing, musste Moderator Schäfer in die Spur, seine Kneipenfreunde einsammeln, und schon war die Bude mit 300 Menschen brechend voll. Keinerlei Probleme mit der Befüllung gab es, wenn die Heroen der Rasenballer avisiert waren. Ralf Rangnick war viermal da und nach einer Stunde ausverkauft. Nur 30 Minuten lief die Online-Aktion in Sachen Ralph Hasenhüttl, dann war Schicht im Schacht. Die Vorbereitungen auf RB-Gastspiele haben etwas von einem G21-Gipfel. Sicherheitschef Uwe Matthias lotet aus, ob im Haus oder auf dem Parkplatz Gefahren lauern, und bringt wie immer den Kalauer, dass er seine Walter PPK untergeschnallt habe. Pressechef Benjamin Ippoliti nordet mich eine halbe Stunde vorher ein, welche Themen tabu sind. Es sind viele Themen tabu. Rangnick und Hasenhüttl eint im Sommer die Angst vor Hitzegraden unterm Kuppeldach. Wenn es zu warm ist, kommt das T-Shirt zum Einsatz. Sonst der Anzug. Sicherheitschef Matthias hat sowohl als auch dabei. Die Veranstaltungen werden live auf unserem Online-Portal Sportbuzzer übertragen und unterschiedlich bewertet. RB-Sympathisanten finden immer alles ganz wunderbar und sind von der Schlagfertigkeit und Volksnähe der Stargäste begeistert. Der Moderator wird tags darauf in der *LVZ* als »gewohnt launig« beschrieben, redaktioneller Running Gag. Kritiker sind gewohnt kritisch und monieren das Fehlen von Ernsthaftigkeit und journalistischer Distanz. Weil die

Welt ernsthaft und distanziert genug ist, bleibt alles, wo und wie es ist. Rangnick hat nach 35-jähriger Ehe immer noch nicht den Modegeschmack seiner Gattin durchschaut. Einmal hat er sündteure Schuhe mitgebracht. Beim Auspacken guckte Gabi, als würde sie Gummistiefel aus alten NVA-Beständen in Händen halten. Jahre später versuchte es Rangnick mit einem Kleid. Frau Rangnick guckte wie bei den Gummistiefeln.

Hasenhüttls erster Besuch fand Ende August 2016 nach dem 2:2-Auftakt in Hoffenheim statt. Die steirische Eiche riss erst das Gespräch, dann die Moderation an sich, trank zwischenzeitlich die von mir mitgebrachte H-Milch und meinte nach der finalen Zuschauer-Frage-Runde: »Endlich Fragen mit Gehalt.« Der zweite Besuch am 24. Mai 2017 toppte alles bisher Erlebte. Hasenhüttl kam als Champions-League-Trainer. Die ersten zehn Minuten: Standing Ovations. Die zweiten zehn Minuten: Gesänge im Sitzen. Danach griff Hasenhüttl das Mikrofon, dankte und fragte mich: »Hast du zugenommen?«

Als ich Lothar Matthäus vor unserem Talk am Leipziger Flughafen abholte und in meinen alten 7er BMW verfrachtete, wurde ich vom Weltfußballer Maß genommen. Loddar giftete, dass es in meiner Bude wie in einer Raucherkneipe müffelt und seine Gattin niemals in dieses Auto gestiegen wäre. Ein paar Wochen später stieg sie auch nicht mehr in Loddars Auto.

74. GRUND

Weil Frühsport mit Rangnick möglich, aber nicht sinnvoll ist

Die Medienarbeit von RB orientiert sich unter der Regentschaft Florian Scholz I. am Spielstil der Fußballer. Offensiv, attraktiv und so. Motto: Alle sitzen in einem Boot, alle rudern, keiner angelt. Auf dass sich die Berichterstatter geliebt fühlen und niemals die Worte Geld & Mops, Financial & Fairplay ins Feld führen. Wo sonst gibt es nach einer profanen Trainingseinheit einen Stehempfang mit Cheftrainer? Wo sonst werden Journalisten zu einem Hüttenabend mit Alleinunterhalter, Schinken, Obstler geladen?

Neu im Wohlfühl-Angebot während des Trainingslagers der Roten Bullen: Joggen mit Sportdirektor Ralf Rangnick. Wunderbare Vorstellung. Man rennt durchs österreichische Geäst, warnt einander vor Wurzeln, den *11Freunden* und Murmeltieren, sprintet am Ende Arm in Arm ins Ziel und quarzt dort eine Menthol-Zigarette in den Abendhimmel. Freiheit und Abenteuer. Offensiv und attraktiv. Ralf und Guido, der auch »Mister-56-Prozent-Körperfett« genannt wird und zwei künstliche Hüften hat. Und natürlich würden in diesem Klima des blinden Verständnisses sensationelle Storys rumkommen.

Das Ganze hat zwei Haken. Der Sportkamerad Rangnick läuft morgens um 7 vorm Frühstück los. Weil um diese Zeit besonders viel Fett verbrannt wird. Ich wusste das mit dem Fett nicht. Ich wusste auch nicht, dass man um diese Zeit überhaupt wach sein kann. Und selbst wenn man sich nachtschlafen aus dem Frottee-Schlafanzug geschält hat, ist die Fettverbrennung mit Rangnick für normale Menschen ein Ding der Unmöglichkeit. Der Mann geht auf sehnigen Beinen ab wie Nurmi, hängt jeden schon vor der ersten Wegbiegung ab.

Habe das Joggingangebot ausgeschlagen, warte auf andere Offerten. Deutschunterricht mit der zauberhaften Integrationsbeauftragten Raquel Rosa wäre beispielsweise klasse, Baguette mit Oliven und Uli Wolter wären super. Vorstand Wolter ist seit 2012 eine treibende Kraft bei RB, beackert mit wachsendem Erfolg die Themen Ticketing und Stadionausbau. Der gebürtige Bremer ist das einzige Mannsbild bei RB, das auch so aussieht.

Hüttenabende für Journalisten haben auch ihre Tücken. Im Sommer 2015 atme ich auf 2.500 Metern Höhe ein, zwei Obstler der

Sennerin ein und stelle fest, dass die Stimmung am Tisch ausbaufähig ist. Ich krame ein paar nahezu jugendfreie Witze aus meinem Repertoire. Die kommen nur bei mir riesig an. Kurz danach betritt ein Alleinunterhalter die Szenerie. Akkordeon, Lederhose. Drei Schäferstörungen später unterbricht Rangnick und verpasst mir einen Einlauf. Vorwurf: Null Respekt vorm Künstler. Rangnick hatte natürlich Recht. Obwohl: Charles Aznavour war das lederbehoste Akkordeon nun nicht gerade.

Hütten und Obstler auf 2.500 Meter sind mit Vorsicht zu genießen. Von wegen Höhenrausch.

75. GRUND

Weil es bei RB keine Flops gibt

Für erfolgreiche Menschen gilt: Wo ich bin, ist oben. Weil das so ist, hat sich Ralf Rangnick bei RB kein kostenintensives Missverständnis geleistet. Flop-Quote null. Angesprochen auf die marktwerttechnisch tief gefallenen Atinc Nukan und Massimo Bruno weist Rangnick auf eminent wichtige Beiträge beim Bundesliga-Aufstieg hin. Nukan kommt im Sommer 2015, kostet fünf Millionen Euro. Fünf Millionen für einen Verteidiger, wo man sonst dazu neigt, sich die zu schnitzen? Bei Nukans Vorstellung vermittelt Rangnick den Eindruck, dass halb Europa hinter dem gut aussehenden Mann her gewesen ist und man sich glücklich schätzen kann/muss, ihn bekommen zu haben. Fast zu schön, um wahr zu sein. Rangnicks Story und Nukan selbst. Eine Saison später hat Nukan zwölf Zweitligaspiele absolviert, diverse Frauenherzen gebrochen und ein Tor geschossen. Und auf jenes Tor, das er beim 4:2 gegen den MSV Duisburg am 6. Dezember 2015 macht, hebt Rangnick ab. »Ohne dieses Tor wären wir nicht in die Bundesliga aufgestiegen.« Der Zieleinlauf: 1. Freiburg 72 Punkte. 2. RB 67. 3. Nürnberg 65. Wenn man

Nukans Treffer subtrahiert, bleibt ein 3:2-Sieg und der Vorsprung zum Club. Rangnick: »Ohne Atincs 3:2 fällt das 4:2 nicht mehr.«

Das lassen wir jetzt mal so stehen und wenden uns Bruno zu. Der stößt über den Verschiebe-Bahnhof RB Salzburg zur Saison 2015/16 nach Leipzig. Gekickt hat er vorher eine Saison bei den Ösis, die 5-plus-x-Millionen-Euro-Ablöse an den RSC Anderlecht stemmt RB Leipzig. Geschmäckle. Die Vorschusslorbeeren sind voluminös. Bruno der Techniker. Bruno der Dribbler. Die Blumen welken, und der Italo-Belgier wird neu beschrieben. Bruno der Problembär. Der Begnadete wird einmal zum Problemlöser, trifft beim RB 3:1gegen Bochum doppelt. Rangnick: »Ohne Massimos Tore wären wir nicht aufgestiegen.« Mathematisch ist das so.

Bliebe Omer Damari. In der Saison 2015/2016 kommt er in Leipzig auf zehn Zweitliga-Einsätze, 598 Minuten, null Tore und null Gespräche mit seinen Kollegen. Dominik Kaiser: »Wir haben alles versucht, ihn zu integrieren. Aber das klappte nicht.« Von Leipzig aus geht es nach Salzburg, New York und Tel Aviv. Alles auf Leihbasis. Mit dem Bundesliga-Aufstieg hat sich der Vertrag des israelischen Stürmers bis 2019 verlängert. Damari ist dank RB Leipzig ein gemachter Mann.

Und er hat – es geschehen Zeichen und Wunder – auch zum Gesamtkunstwerk beigetragen. 24. April 2015, Heimspiel gegen Darmstadt. In der Nachspielzeit gewinnt Damari nach Kaiser-Ecke ein Kopfballduell, Keeper Fabio Coltorti saugt den Ball an, dreht sich und netzt zum 2:1-Sieg ein. RB ist dank Damari wieder im Aufstiegsrennen. Für eine Woche, aber immerhin.

Und Ante Rebic war tief in seinem Innersten ganz bestimmt auch bereit für Heldentaten. Lassen wir das, in Leipzig wird nicht gefloppt.

Übrigens: Die Aufstiegshelden Nukan und Bruno wurden ein weiteres Jahr an ihre Ex-Clubs Beşiktaş und Anderlecht verliehen. Ihre Verträge bis RB laufen noch bis 2020 beziehungsweise 2019. Nukan hat sich im Juli die Kreuzbänder gerissen. Gute Besserung.

76. GRUND

Weil Rangnicks geheimes Tagebuch jetzt nicht mehr geheim ist

Salzburg, Leipzig, Backnang, London und so weiter. Ralf Rangnick ist von 2012 bis 2015 Wandler zwischen den Welten. Am Anfang ist die Schmach von Düdelingen und die Bratwurst von Piesteritz. Später wird Rangnick vom Fachmagazin *FourFourTwo* zum besten Manager 2016/2017 gewählt. Ein Blick in Rangnicks geheimes Tagebuch von 2012 bis 2017.

- Juni 2012: »Stühle gerückt in Salzburg. Trainer, Mannschaft, Busfahrer, alle raus. Pressekonferenz im Hangar 7. Journalisten haben aus der Wäsche geguckt, wie John Wayne in Winchester 73. Danach Dietrich Mateschitz angerufen und erklärt, wer Roger Schmidt ist und wie man ihn ausspricht. Wo Düdelingen liegt und wie man das ausspricht, weiß der Chef schon.«
  Salzburg scheidet gegen das luxemburgische Topteam aus.

»Dietrich Mateschitz das Aus in der Champions League erklärt. Der Chef fragt, ob die drei Millionen Euro für Kevin Kampl und vier Millionen für Sadio Mané nicht ein bisschen viel sind.«

Viele Monde später wird Rangnick über 30 Millionen Euro für Kampl/Mane kassieren. Das ist für Mateschitz so, als würde er auf einen 500er Mercedes 33 Euro Rabatt bekommen. Aber die Geste zählt.

- Juli 2012, Leipzig. »6:1 in Piesteritz gewonnen, das Beste war die Wurst. Brauchen Spieler und die Wurst aus Piesteritz. Kaufe mir in Leipzig eine Wohnung. Wo ist der Bausparvertrag?«
- August 2012: »Meine Frau wegen des Bausparvertrags angerufen, sie hat mich an meiner Stimme erkannt.«
- Saisonende 2012/2013: »Mit Leipzig aufgestiegen. Werden Lotte die alten Alu-Tore abkaufen, könnten die später Tore zur Welt nennen. Wenn das mit den Toren nicht klappt, hole ich den Willers. Der weiß, wo das Tor steht.«

- Mai 2015: »Sachen in Salzburg gepackt, Dietrich Mateschitz erklärt, dass er einen neuen Sportdirektor braucht. Tuchel angerufen und aufgelegt. Mache es selbst.«
- Mai 2016: »Bundesliga und Muskelfaserriss. Bei Micha Preetz angerufen und gefragt, ob er nicht einen Stürmer braucht.«
- Ostersamstag 2016: »Geheimes Treffen mit Ralph Hasenhüttl. Er hat Ja gesagt. Habe vor Freude den Bewirtungsbeleg liegen gelassen.«
- Mittwoch nach Ostern: »Die Sport Bild hat geschrieben, was Ralph und ich so alles hatten. Muss die 26,60 Euro nur noch einreichen.«
- Mai 2017: »2000 Exemplare FourFourTwo gekauft. Gutes Magazin. Der Kicker hat angerufen. Gebe nur noch FourFourTwo Interviews. Oliver Hartmann kann eh kein Englisch.«
- 19. August 2017, Schalke: »Ich hasse Ballbesitz.«
- 24. August 2017: »Champions-League-Auslosung mit den Jungs am Cottaweg geguckt. Spinat-Tee von Diego Demme probiert. Nebenbei Oliver Burke verkauft und SMS an Klopp, Völler, Kampl geschickt. Anruf von Emils Berater weggedrückt.«
- 27. August, Spiel gegen Freiburg: »4:1, geht doch. Habe Naby in der Halbzeit gesagt, dass er zu Klopp darf. Emil sagte mir, dass er in der ersten Halbzeit gegen Freiburg doch auch schlecht war. Später Emils Berater weggedrückt.«
- 8. September 2017: »Im Portugiesischen Viertel 2:0 in Hamburg gefeiert. Wenn Dembélé 140 Millionen Euro wert ist, nehme ich für Timo 300. Emils Berater weggedrückt.«

77. GRUND

Weil Leipzig wieder einen Schwedenkönig hat

Als RB im Januar 2015 Emil Forsberg verpflichtet und drei Millionen Euro nach Malmö überweist, ist das eine Botschaft an die Konkurrenz im Bundesliga-Aufstiegskampf. Wir haben jetzt einen Vollstrecker und greifen an. Es kommt anders, der Neue nullt tortechnisch. Der Aufstiegszug fährt nach dem 0:1 auf St. Pauli ohne RB weiter. Ingolstadt und Darmstadt steigen auf, der KSC verliert die Relegation gegen den HSV. Ein Jahr, 32 Spiele, acht Tore und sieben Vorlagen später hat Leipzig nach dem VfB Leipzig 1993/1994 wieder einen Bundesligisten und nach Gustav Adolf wieder einen Schweden-König: Emil I. Der Mann gehört zu den Gesichtern des Aufstiegs 2016, der *Kicker* kürt ihn zum besten Zweitligaspieler. Dazu glänzt Forsberg in der schwedischen Nationalmannschaft an der Seite von Zlatan Ibrahimović und schafft die Quali zur EM 2016. Forsberg ist in aller Munde und RB verlängert den Vertrag bis 2021, macht ihn mit 2,5 Millionen Euro zum Spitzenverdiener. Nach der Bundesliga-Vorrunde und vielen Forsberg-Festspielen kommt die Akte Bimbes auf Wiedervorlage. Nach Verlängerung bis 2022 kratzt Forsberg mit 3,5 Millionen Euro die RB-Leitplanken. Forsbergs Berater Hasan Cetinkaya würde kurz darauf gerne mit seinem Klienten die Kurve kratzen. Hinaus in die noch größere Welt. Frechheit siegt nicht, Forsberg bleibt Leipziger. 2018 darf er gehen. Wenn die große weite Welt Schmerzensgeld an RB zahlt.

78. GRUND

Weil die Sport Bild ihren bissigsten Mann verliert – an RB

Wer bei der *Sport Bild* Karriere machen will, muss exklusive Geschichten ausgraben, die größte Sport-Illustrierte Europas in die Schlagzeilen bringen. Florian Scholz hat das getan, wurde x-mal zitiert, war Stammgast im *Doppelpass* von Sport1 und beim *Sky-90-Talk*. Er saß neben Jens Keller und machte dem Schalker Coach vor einem Millionenpublikum klar, dass seine Tage bei Königsblau gezählt sind. Kurz darauf wurde Keller entlassen.

Scholz, berühmt und berüchtigt, bestimmte den Sitz der Gürtellinie.

Der Chefreporter der *Sport Bild* wusste beim Hoyzer-Skandal mehr als Polizei und Staatsanwaltschaft zusammen, hatte dank Oliver Mintzlaff Zugang zu Mario Gómez. Mintzlaff war Berater des Nationalspielers. Mit Scholz und Mintzlaff trafen zwei chemisch Gereinigte aufeinander. Ein Waschgang mit Folgen.

Als Ralf Rangnick 2015 Cheftrainer der Rasenballer wird, weht der Wind of Change den Trainerstab um Torwarttrainer Perry Bräutigam und Athletik-Coach Tim Lobinger weg. Oliver Mintzlaff, zu dieser Zeit Fußballboss von Red Bull und Vorstandvorsitzender von RB Leipzig, bläst mit. Pressechef Sharif Shoukry weht es zu RB Salzburg. Für ihn kommt Benjamin Ippoliti. Den rührigen Deutschitaliener hat Mintzlaff bei Ferber-Marketing schätzen gelernt. Damit ist die Rochade noch nicht komplett vollzogen.

Mintzlaff will die Öffentlichkeitsarbeit auf ein neues Niveau heben, will, dass sich die Auster öffnet. Mintzlaff träumt von Schlüsselloch-Beiträgen über seinen Verein. Von einem Imagewandel. Weg vom Technokraten-Club, rein in die Fan-Herzen.

Mintzlaff erinnert sich an die Kämpfe und Krämpfe mit Scholz. An Storys, die seinem Klienten Gómez guttaten. Scholz, ein Schlaks mit Brille und schneller Auffassungsgabe. Ein glänzend vernetzter Boulevardjournalist, der zuallerletzt an sich selbst zweifelt. Ein Mann, der weiß, was in einem Sportler vorgeht. Scholz hat knapp 150 Hockey-Bundesligaspiele für Uhlenhorst Hamburg absolviert, wird 2002 Meister, kommt im selben Jahr unter Bundestrainer Bernhard Peters zu einem Länderspiel. 2002, 2:2 gegen Australien. Ein Tor durch Scholz.

Mintzlaff unterbreitet Scholz, der mittlerweile bei *Sport Bild* in der Chefredaktion sitzt, ein unwiderstehliches Angebot. Der sagt im Sommer 2015 Ja, wird Leiter der Kommunikations- und Medienabteilung. Und er lässt es wie vor ihm Rangnick und Mintzlaff winden.

Mit Sky- und ARD-Dokumentationen über das Fußballlabor RB Leipzig. Mit Mixed-Zonen nach dem Training. Jede Menge Futter für Presse, Funk, Fernsehen, Fans.

Die RB-Medienbeauftragte Christina Happel hat Probleme mit dem Führungsstil und der Erwartungshaltung des Neuen. Man trennt sich, nun ja, einvernehmlich. Scholz holt Silva Lone-Saländer. Eine ehemalige Fußballerin vom HSV.

Mintzlaff sieht, dass es gut war und ist, und erweitert die Kompetenzen des Kommunikations-Direktors am 1. Juli 2017 um die Posten Marketing und Events. Scholz-Tage dauern seitdem 36 Stunden.

79. GRUND

Weil nur die besten Ärzte Hand anlegen dürfen

Nur das Beste für die Besten – gilt auch an der Ärztefront der Roten Bullen. Siehe Hartmut Michalski. Der Professor war Hals-Nasen-Ohren-Chef der Uni-Leipzig, ist seit 2003 in der Praxisklinik am Johannisplatz aktiv und ist weltweit geschätzte HNO-Koryphäe. Boris Becker hinterließ einen Schnappschuss mit Widmung,

Rad-Ass Robert Förster lernte nach einem Eingriff die Vorzüge der Nasenatmung kennen, Oliver Kahn tauchte in geheimer Mission auf und wieder ab, René Adler ward ebenso gesehen. Auch RB Leipzig hat sich die Dienste des Star-Operateurs gesichert, lässt alle HNO-Geschichten von Michalski richten. Linksverteidiger Marcel Halstenberg und Abwehrchef Willi Orban wurden außerhalb der Geschäftszeiten bekurt. Terminprobleme gibt es keine. Anruf genügt, wie bei Jim Rockford.

Dieser Promibonus gilt auch an der dentalen Front.

In den Farben getrennt, in Sachen Kauleisten vereint. Thomas Barth ist Chef des zahnärztlichen Kompetenzzentrums Dentale in der Prager Straße, hält im Nebenfach die Altherren-Fußballer des 1. FC Lok zusammen, organisiert Spiele und Sauna-Abende, repariert zweite und dritte Zähne der Helden um Henning Frenzel und Wolfram Löwe.

Beruflich kümmert sich Barth auch ums dentale Wohlergehen der Roten Bullen. Zähne stehen bei Proficlubs unter Generalverdacht, können Zerrungen, Fieber und vieles andere befördern. Zähne können auch brechen. Nach dem 4:0 der Rasenballer gegen Freiburg stakste Barth eilenden Schrittes raus aus der Red-Bull-Arena und rein in seine Praxis. Dort verarztete er RB-Ass Diego Demme. Der mittlere Frontzahn ist missing in action.

Bei Muskelverletzungen geht es im Jet nach München zu Dr. Hans-Wilhelm Müller-Wohlfahrt. Der 75-Jährige hat das vollste Haar aller 75-Jährigen, die vollste Praxis aller 75-Jährigen, könnte auch als 75-jähriger Winnetou-Darsteller sein Geld verdienen. Wenn sich Muskelfasern voneinander entfernen, zieht Mull eine Spritze mit Kälberblut auf und drückt ab. Er drückt seit Generationen ab, hat sie alle gehabt. Franz Beckenbauer, Kalle Rummenigge, Klaus Augenthaler, Kalle del Haye, Sören Lerby, Wiggerl Kögl, Arjen Robben, Usain Bolt, auch Timo Werner. Der RB-Star verletzte sich im Länderspiel gegen England, holte sich tags darauf Kälberblut ab und war zwei Wochen später beim 3:2 in Mainz wieder dabei.

Der wichtigste Mediziner der Roten Bullen ist Clubarzt Frank Striegler. Sein Wort hat Gewicht. Und zuweilen setzt sich Ralf Rangnick nach Rücksprache mit Striegler ins Flugzeug und geht einkaufen.

80. GRUND

Weil Club-Arzt Frank Striegler alles, nur nicht kicken kann

Ab und zu tritt Frank Striegler im Trainingslager gegen den Ball. Vollspann, Breitseite, Außenrist gehören nicht zum Repertoire des Clubarztes. Striegler nimmt die Pike. Alle, die nicht kicken können, nehmen die Pike. Strieglers Schüsse haben sich eines bewahrt: die Streuung einer Schrotflinte. Manchmal wird der Ball nie wieder gefunden. Weil die Atlantik-Steilküste zu steil oder der Bayerische Wald zu bewaldet ist. Der Sport- und Unfallmediziner muss dann 70, 80 Euro zahlen. So viel kostet ein Ball im Einkauf. Striegler will nichts geschenkt haben, zahlt brav. Als er noch kein Rasenballer war, fuhr er dem Drittligisten FC Sachsen hinterher. Leipzig – wilder Westen – Leipzig an einem Tag. Im eigenen 5er BMW, auf eigene Kosten. Selbst das Tape für die arthrotischen Knöchel von Roman Müller und Co. brachte er Anfang 2000 mit.

2017 muss er keine Tape-Rollen mehr mitschleppen und zig Stunden Auto fahren, 2017 wird geflogen. Striegler sitzt im RB-Jet weit vorne. Er ist auch am Hofe Rangnicks weit vorne. Bevor die Brumas dieser Welt einen Vertrag bekommen, legt Striegler Hand an. Bevor Rangnick zum Last-minute-Shoppen fliegt, wird Striegler gehört. Der Mann ist Tag und Nacht erreichbar. Rangnick nutzt diesen Service gerne.

Striegler ist Mitinhaber der Leipziger Thonberg-Klinik und die gute Seele des Leipziger Fußballs. Bei ihm ist die Bündelung der

Kräfte vollzogen, geben sich die Fußballer jedweder Couleur die Klinke in die Hand. Blau-Gelbe, Grün-Weiße, Rot-Weiße. Striegler könnte Lok und Chemie zwischen zwei Sprechstunden zur Fusion bewegen.

Striegler kann gut mit Menschen, aber nicht gut Englisch. Im Juni 2017 testet er das Knie des Sportkameraden Bruma, lächelt, reckt den Daumen und sagt: »Welcome, mein Guter!«

Zuweilen bringt der Doc Tempo in Transferverhandlungen. Im Januar 2017 läuft Innenverteidiger Marvin Compper unrund und muss im Camp kürzertreten. Rangnick fragt Striegler, ob Compper bis zum Start im Februar wieder fit ist. Der Arzt äußert Bedenken, und Rangnick geht in die Luft. Geheimflug Lagos – Paris – Lagos. Spätabends kehrt Rangnick zurück ins Teamhotel, bestellt sich einen Rotwein. Er hat Dayot Upamecano gekauft. Für 15 Millionen Euro. Den jungen Franzosen wollte RB eigentlich erst im Sommer holen. Aber wenn der Doc sagt, dass Compper nicht kann, muss gehandelt werden. Striegler gesellt sich an jenem Abend zu Rangnick, gratuliert und macht einen Witz. »Du Ralf, Marvin trainiert morgen wieder voll mit …« Striegler darf das. Jeder andere wärc cntlcibt worden.

KAPITEL 12

STARS, STARS, STARS UND EIN STERNCHEN

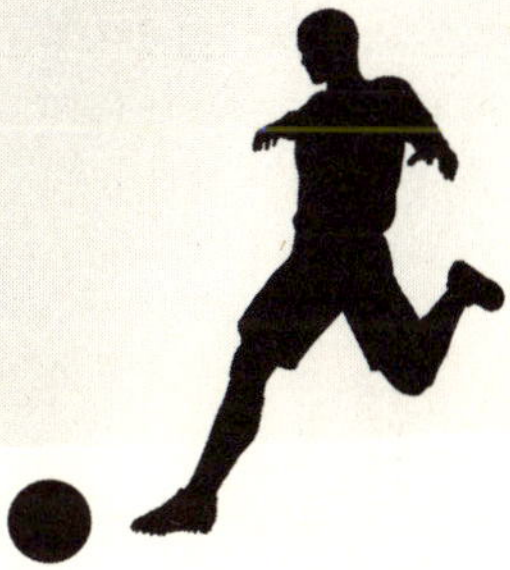

81. GRUND

Weil über RB der Geist von Ernst Happel schwebt

Wenn Ernst Happel (1925 bis 1992) über Fußball sprach, bekam sein HSV-Spieler Franz Beckenbauer glänzende Augen. Später nannte der Kaiser das Happel'sche Wissen »Evangelium«. Happel, der Wödmasta: 18 Titel mit sechs Mannschaften, der Vize-WM-Titel mit Holland 1978, Jahrhunderttrainer Österreichs. Grantler, Zocker, Hasardeur auf und neben dem Platz. Happel, der Unvergessene. Mit Vitrine im Fußball-Museum in Dortmund. Im Foyer weist ein Happel-Zitat den Weg: »Ein Tag ohne Fußball ist ein verlorener Tag.« Happels Enkelin Christina Happel war von 2014 bis 2015 stellvertretende Pressesprecherin bei RB Leipzig, kehrte danach nach Wien zurück und ist heute Medienberaterin.

Der Geist von Ernst Happel schwebte nur ein gutes Jahr lang über den Rasenballern. Warum eigentlich?

Zweitligaaufstieg 2014, alles wächst. Auch öffentliches Interesse und Medientermine. RB-Pressechef Sharif Shoukry nimmt Christina Happel mit ins Sommer-Trainingslager nach Schladming. Probetraining. Die attraktive 30-Jährige ist gerade bei Sky ausgestiegen, genießt einen Ruf wie Donnerhall. Einzige Österreicherin, die den Fußball liebt und versteht. Einzige Sky-Moderatorin, die von Giovanni Trapattoni und Ralf Rangnick akzeptiert wird.

Shoukry will mehr erfahren über die Enkelin von »Opa Hamburg«. Trägt sie seine guten Seiten oder auch die anderen in sich? Der legendäre Coach fand Journalisten spannend wie Trainingslager ohne Casino-Anschluss. Er lächelte nur zu ausgesuchten Angelegenheiten. Nachdem er dem HSV 1981 einen Super-Vertrag abgerungen hat. Nach dem 83er-Landesmeister-Endspiel gegen Juve. Nach der Geburt von Christina. Er rauchte wie ein Schlot, Belga, abscheuliches Kraut.

Der erste Eindruck in Schladming: Frau Happel lächelt öfter als ihr Opa. Der zweite Eindruck: Die Dame ist resolut. Wer das Trainings-Grün mit Straßenschuhen entweiht, hat ein Problem. Wer zu spät zum Interviewtermin kommt, hat ein Problem. Wer die Intimsphäre von Spielern, Trainern, Chefs verletzt, ist kurz vorm Verlust der Lebensberechtigungskarte.

Wer lieb ist, bekommt irgendwann ein Busserl zur Begrüßung und darf mit ans Lagerfeuer in Schladming. Dort gibt es wunderbare Geschichten über Opa Hamburg. Der Ernst war alles, nur nie Oma Elfriede treu. Lieb war er zu den Enkelkindern, hatte bei seinen Wien-Besuchen immer Geschenke dabei. Dass der Opa eine Zigarette nach der anderen qualmte, ist Klein-Christina anders erinnerlich. »Ich dachte, das war immer dieselbe, die nie ausgeht.«

Eine Packung Belga liegt in der Vitrine im deutschen Fußball-Museum in Dortmund. Außerdem: ein Pass, eine Silbermünze vom Europapokalsieg 1983, taktische Anweisungen, ein riesiger Swarovski-Aschenbecher. Damals der größte der Welt – angefertigt für Happel und Cesar Luis Menotti.

Die wertvollsten Exemplare des von Christina gehegten Happel-Nachlasses lagern in einem Wiener Bankschließfach. Ein in Bronze gegossener Schuh. Ein Fußball von der WM 1954. Unbezahlbar. Als Ernst Happel 1992 stirbt, ist Christina neun. Die Beerdigung wird im Fernsehen übertragen, Bundeskanzler Franz Vranitzky, Franz Beckenbauer, Günther Netzer und Co. drücken der kleinen Christina die Hand.

Nach etwas mehr als einer Saison ist im September 2015 das Kapitel RB Leipzig für Christina Happel beendet. Der neue Kommunikations-Direktor Florian Scholz will einen Neuanfang, bringt Silva-Lone Saländer aus Hamburg mit. Ausgebusselt.

82. GRUND

Weil Ralph Hasenhüttl Beethovens 7. spielt

Während sich Heerscharen von Trainern auch nach Feierabend mit flachen Sechsern beschäftigen, sitzt Ralph Hasenhüttl in seiner 3-Raum-Wohnung an einem Blüthner-Flügel und spielt Beethovens 7. Zur geschichtlichen Einordnung: Flache Sechsen verdichten das defensive Mittelfeld, Beethoven 7. setzt sich mit Napoleons offensivem Russland-Feldzug auseinander.

Dass Hasenhüttl Klassik liebt und sich vom ersten Leipzig-Gehalt einen Weltklasse-Flügel zugelegt hat, gehört(e) zu seinen Geheimnissen. Angriffsfläche bieten die Roten Bullen ausreichend, ein sündteurer Flügel mit Beethoven II auf der Trainerbank muss nicht sein.

Feingeister sind im Profifußball nicht vorgesehen. Echte Männer jagen nach dem Training Moschusbullen/Weibchen, lassen den Sportwagen tiefer legen und blättern im *Kicker*.

Als Nationalspieler Manuel Friedrich zugab, das Fachorgan nur vom Hörensagen zu kennen, drohte Exkommunikation. Als sich Thomas Broich mit Gitarre ablichten ließ, bog das Australien-Ticket um die Ecke.

Hasenhüttl wusste: Nach drei, vier Niederlagen würde ihm der Boulevard Feuer unterm Flügel machen, Bäume besteigen, durch die Ado-Gardine fotografieren, um ihn, den Fehlgeleiteten, abzuschießen. Und falls es nix wird mit einem Exklusivfoto, spitzen Karikaturisten den Bleistift. Hasenhüttl mit Beethoven-Zopf am Flügel. Untenrum Adiletten. Im Hintergrund die windschiefe Bundesliga-Tabelle.

Text: »RB ist Weltklasse … leider nur am Blüthner!«

All das bleibt dem Hausmusiker erspart. Weil er an den Wochenenden gewinnt.

Die Pianofabrik Blüthner wurde 1853 in Leipzig gegründet, die Kundenorientierung ist legendär. So stand im Zeppelin LZ 129

Hindenburg eine Light-Variante aus Aluminium. Mit Hasenhüttls 300-Kilo-Koloss wäre der Zeppelin nicht hochgekommen. Des Trainers Sonderanfertigung passte gerade so durchs Treppenhaus, wurde von Piano Transporte Böhme & Partner GbR angeliefert.

Blüthner Boss Christian Blüthner-Haessler und Hasenhüttl hatten sich in der Trattoria No.1 kennengelernt. Im Blüthner-Showroom in Großpösna wählte Hasi zwischen Europa-League und Champions League. Es wurde an jenem Tag und am 6. Mai 2017 die Königsklasse.

Hasenhüttls Nachbarn bekamen schnell mit, was sich der Mitbewohner zugelegt hat. Während der Anlieferung und danach. Beethovens 7. braucht Verve und schallte fortan durchs sanierte Gemäuer. Auch am späten Abend, wenn die Helden der Arbeit im Bett lagen und Napoleons Feldzug verfluchten. Aber wer soll beim Supermann des Waldstraßenviertels klingeln und ihm sagen, dass er ein toller, aber lauter Hecht ist? Und was steht eigentlich auf der Klingel? Ein R. Hasenhüttl existiert nicht. Zieht der Promi, der das Haus schmückt und immer für einen Plausch zu haben ist, am Ende aus? Ein Nachbar überbringt die Botschaft des Treppenhauses. Bitte ab 23 Uhr leiser bzw. gar nicht spielen, lieber Herr Hasenhüttl.

Der bekommt neuerdings ab 23 Uhr die volle Dröhnung ganz alleine ab. Via Kopfhörer. Jetzt, da es spät abends still ist im Waldstraßenviertel, vermissen sie die 7. ein bisschen. Ralf Rangnick spielt in seiner nicht vorhandenen Freizeit übrigens Boccia.

83. GRUND

Weil Oliver Mintzlaff Non zu Monsieur Henry sagt

Als »Head of Global Soccer« fliegt Oliver Mintzlaff von 2014 bis Anfang 2017 zwischen den Red-Bull-Fußball-Standorten Leipzig, Salzburg, New York und Brasilien hin und her. Höllentempo,

Höllenpensum, Jetlag. Immer auf der Suche nach Synergien, Optimierung, Entwicklung. RB Leipzig hat 2012 70 Vollzeit- und Teilzeitangestellte, 2017 sind es über 350, Tendenz steigend. Der globale Mintzlaff will Erfolg. Aber: Aufwand und Ertrag müssen korrespondieren. Red Bull New York krempelt er auf links. Zu teuer die Combo, zu ungleich die Gehälter und Motivationslage. Der französische Weltmeister Thierry Henry kassiert von 2010 bis 2014 sieben Millionen Dollar im Jahr, der Rest des Teams knabbert Brotkrumen. Mintzlaff verlängert den Vertrag mit Henry nicht, macht die New Yorker Betriebsmannschaft jünger, gieriger – und erfolgreich.

Henry ist um knapp 30 Millionen Dollar reicher und nicht sauer, bleibt der Dose verbunden. Mintzlaff, erfahren im Showgeschäft und in Sachen Vermarktung, will die Strahlkraft des Superstars nutzen, fliegt ihn im Mai 2015 zum Heimspiel gegen Sandhausen ein. Der frühere Arsenal-Stürmer geht kurz vorm Anpfiff in die Kabine, wünscht Glück. Den RB-Fußballern geht es während des Spiels so wie ganz Paris: Sie träumen von der Liebe. Und so spielen sie auch. Gedankenverlorenes 0:4 gegen ein Team, dessen Name dem Star-Gast auch nach dem zwölften Versuch nicht von den Lippen geht. S a n d h a u s e n. Das 0:4 bedeutet das finale Leipziger Aus im Aufstiegsrennen. Am Tag danach organisiert Mintzlaff eine Besichtigung des im Werden befindlichen Trainingszentrums. Ich bin dabei und lerne einen höflichen Henry kennen. Die wirklichen Stars ruhen in sich. Die anderen lassen etwas heraushängen, was nicht ins Freie hingehört. Der Besuch der Ikone beim Zweitligisten RB Leipzig zeigt, dass dieser Verein in anderen Zusammenhängen denkt/funktioniert und nicht mehr lange zweitklassig sein wird.

2017 ist Henry TV-Experte der BBC. Der Trainer des 0:4-Debakels, Achim Beierlorzer, trainiert Zweitligist Jahn Regensburg. Mintzlaff hat aus dem feisten Etat-Krösus Red Bull New York einen sexy Übernahmekandidaten gemacht und ist Anfang des Jahres als »Head Of Global Soccer« zurückgetreten. Beim FC Chelsea sind sie heute noch not amused über Mintzlaff. Der hat dem Premier-

League-Club im Januar 2016 den New Yorker Innenverteidiger Matt Miazga aufs Auge gedrückt. Für eine Ablöse von 4,6 Millionen Euro. Mehr als die New Yorker Roten Bullen bis dato seit 2006 zusammen generiert hatten. Miazga war im Januar 2015 zur Probe bei RB Leipzig, übte im Doha-Camp mit. Alexander Zorniger hatte keine Verwendung für den langen Ami.

Mintzlaff sitzt immer noch oft im Flieger. Diesmal Richtung Fernost. Die Auslandsvermarktung steht weit oben auf seiner und der Agenda des dafür federführenden Jochen Schneider. Show must go on.

84. GRUND

Weil Enzo Demme seinen Sohn Diego nennt

Als 1991 Nachwuchs unterwegs ist, kommt es zu Verwerfungen im Hause Demme. Der Fakt an sich ist kein Streitpunkt bei Enzo und Petra Demme, beide waren bei der Zeugung und Niederkunft zugegen und sind mit sich und der Welt im Reinen. Die Namensfindung sorgt für Diskussionen im Herforder Einfamilienhaus. Je näher die Niederkunft rückt, desto mehr wünscht sich die Mama ein Mädchen. Der Papa, ein feuriger Deutschitaliener, der in niederen Amateurklassen Fußball spielt, hat sich längst festgelegt: Junge oder Mädchen ist egal, Hauptsache der Bub ist gesund!

Und der Bub soll, auch daran lässt der stolze Kalabrese keine Luft, Diego heißen. Wie Diego Maradona. Es kommt, wie es kommen muss, am 21. November 1991 schlüpft ein Bübchen. Ein Diego. 4000 Gramm. Zuckersüß. Babyspeck wie beim ganz frühen und ganz späten Maradona. Enzo nimmt den Wonneproppen in seine Arme, schaut sich Diegos Füßchen an und denkt: Den Bub erzieh ich beidfüßig. Zumindest deutet Petra den gedankenversunkenen Blick ihres Gatten so.

Es kommt noch einmal, wie es kommen muss. Bevor Diego seinen Babyspeck los ist, bringt ihm Enzo Bälle mit. Viele davon. Kleine, große. Frühkindliche Prägung. Als Diego einigermaßen unfallfrei laufen kann, geht es zum Kicken in den Garten. Der Zwerg, nach Enzos Beobachtung ein Rechtsfuß, muss den linken einsetzen. Und Enzo nimmt seinem Bub die Angst vorm Kopfball mit spärlichem Haarwuchs. Die Nachbarn behaupten noch heute steif und fest, dass Diego der einzige Eineinhalbjährige war, der den Ball mit der Brust stoppen konnte.

Als Enzo nach Fußballschuhen für den Dreijährigen Ausschau hält, verhängt Petra ein Trainingsverbot. Das dauert drei Tage. Danach geht alles ganz schnell. Enzo meldet Diego in der Pampersliga bei der Spielvereinigung Hiddenhausen an und trainiert die Kleinen der Einfachheit halber selber. Nächster logischer Karriereschritt: Die E-Jugend des SV Sundern. Trainer: Papa Enzo.

In und um Herford hat der kleine Techniker mit dem großen Herzen schon als Grundschüler einen Namen, 2004 holt ihn Arminia Bielefeld. C-, B- und A-Jugend, Training unter Profibedingungen. Aus dem Wonneproppen wird ein einziger Muskel, ein junger Mann mit großem Willen und Lungenvolumen. Am 4. Dezember 2010 steht der 19-jährige Abiturient in der Startelf der Zweitliga-Partie Bielefeld gegen Greuther Fürth. Abends entkorkt Enzo im Herforder Einfamilienhaus ein Fläschlein Rotwein und stößt mit seiner Petra an. Die Mühen im Garten, in der Pampersliga, die Autobahn-Kilometer zu den Spielen und zum Training. All das hat sich gelohnt. Ein emotionaler Moment. Die Mama hat Tränen in den Augen. Und der Papa denkt: Gut, dass es ein Bub geworden ist.

Diego ist an jenem geschichtsträchtigen Abend früh schlafen gegangen. Er geht immer früh schlafen.

85. GRUND

Weil es Diego in Jogis Garten Eden schafft

Diego Demme kickt bis 2011 bei Arminia Bielefeld. 2. Liga, Abstiegsangst, Wasserstand Oberkante Unterlippe. Das unschöne und von Arminia provozierte Ende wird vorm Arbeitsgericht verhackstückt. Bis 2014 saugt und klopft Demme im Mittelfeld des SC Paderborn. 2. Liga, Aufstiegskampf, Bayern und Dortmund im Fernglas.

Im Januar 2014 besteigt DD den Paternoster nach unten, wechselt zu RB Leipzig. 3. Liga. RB ist ambitioniert und pulverisiert Demmes bisherige Bezüge. Aber 3. Liga? Stößt sich mit Ralf Rangnicks Mantra von den logischen Karriereschritten. Oder auch nicht.

Die Rasenballer überweisen 600.000 Euro an den SCP, weiterführende Verabredungen beinhaltet der Deal keine. Warum besteht Paderborn nicht auf einer Nachzahlung von, sagen wir, zwei Millionen Euro, für den Fall, dass Demme Nationalspieler wird? Weil den Paderbornern und allen anderen Fußballexperten die Fantasie fehlt. Demme und Jogi? Nicht in diesem Leben.

Demme erntet im Januar 2014 Hohn und Spott. Die Schmähungen wären explodiert, wenn die Geifernden gewusst hätten, dass der Herforder einem kommenden Bundesligisten den Rücken kehrt. Im Mai 2014 steigt Coach André Breitenreiter mit Paderborn auf.

Wenn wahr ist, dass die ersten Schritte den Weg weisen, geht die junge Liebe RB & Diego in die Binsen. Der Rückrundenstart mit Neuzugang DD – 0:1 gegen den Tabellenletzten aus Burghausen. Coach Alexander Zorniger: »Ich werde keinen meiner Spieler erschießen.« Danach steht es in Duisburg bis kurz vorm Ende 1:1, ehe Kingsley Onuegbu zum 2:1 trifft. Zorniger: »Bis auf das Ergebnis hat alles gestimmt.«

Danach wird es auch ergebnistechnisch besser.

Zweitliga-Aufstieg 2014 mit einem unverzichtbaren Demme. Platz fünf in der Saison 2014/15 mit Diego Dauerbrenner. Platz zwei und Bundesliga-Aufstieg 2015/16 mit Diego Durchbeißer. Das erste Spiel unter Coach Ralf Rangnick gewinnt RB am 25. Juli 2015 1:0 beim FSV Frankfurt. Demme steht nicht im Kader, nimmt beim Waldlauf im Clara Zetkin Park Druck vom Kessel. Rangnick sieht schnell ein: Kampfmaschine Diego muss spielen. Und er spielt gut, steigt auf.

Geht es noch besser, noch unglaublicher? Aber ja doch. Demme wird Bundesliga-Star, läuft pro Spiel über zwölf Kilometer, ist diesbezüglich Nummer eins bei RB und unter den Top Five der Liga. Gegen Freiburg feiert er sein erstes Profi-Tor. Der Leipziger Ex-Bundesligaprofi Torsten Kracht ist Demme-Fan und stellt nach dem 4:0 gegen Freiburg fest: »Diego ist der meistunterschätzte Spieler bei RB. Für mich ist er seit Jahren der stabilste Faktor im Spiel. Wenn ein Sebastian Rudy von Jogi Löw eingeladen wird, hat es Diego längst verdient.«

Bevor Löw in sich geht und Demme beruft, weitet Ralf Rangnick den Vertrag des Dauerläufers und Vorzeige-Balljägers laufzeittechnisch (2021) und eurotechnisch (über zwei Millionen Euro im Jahr) aus.

Am 6. Juni 2017 steht Diego beim Spiel in Kopenhagen im Kader der Nationalmannschaft. Enzo und Petra Demme sitzen in Brøndby auf der Tribüne. Sie sitzen immer auf der Tribüne, wenn ihr Bub spielt. Diesmal spielt der Veganer, der auf dem Balkon Kresse und so weiter anbaut, nicht. Löw hat sieben Neue dabei und verhilft sechs zu ihrem ersten Mal. Am 10. Juni 2017 darf auch Diego ran, wird beim WM-Qualifikationsspiel gegen San Marino in Nürnberg eingewechselt. Im Leipziger Brauhaus am Thomaskirchhof bricht Jubel aus. Diegos Fanclub feiert.

86. GRUND

Weil sich Pep in Jo verguckt

Januar 2015. Der ausgeliehene Joshua Kimmich ist 19, spielt eine gute Zweitligasaison und soll, na klar, bei den Roten Bullen bleiben. Für immer oder so ähnlich. Das ist der Plan von Ralf Rangnick. Der Sportdirektor ist sich seiner Sache sicher. Aus Gründen.

Er war es, der Kimmich im Sommer 2013 aus der Jugend bzw. den Fängen des VfB Stuttgart befreite und dem unglücklichen Jüngling eine Perspektive im Männerfußball gab.

Er ist es, der einen glänzenden Draht zu Kimmichs Berater Uli Ferber hat. Er ist Rangnick.

Er wird sich mit Ferber über Kimmichs Gehalt einigen, dem irrlichternden VfB ein paar Millionen Euro rüberschieben und mit Jo die Bundesliga angehen.

Er hat die Rechnung ohne einen Mitbewerber gemacht. Das Vieraugengespräch mit Ferber hat man sich so vorzustellen: Rangnick zu Ferber: »Uli, wir wollen Jo kaufen. Vorher müssen wir beide uns einig werden.« Ferber: »Ralf, es gibt da ein Problem.« Rangnick: »Ein anderer Club?«

Ferber: »Ja.« Rangnick geht die infrage kommenden Vereine durch. »Frankfurt, Mainz?« – »Nee, höher.« – »Gladbach, Schalke?« – »Noch höher, Ralf.« Dortmund also, Tuchel/Watzke/Zorc, gelb-schwarzer Stachel im Fleisch der europäischen Talente-Jäger. Rangnick will gegen den BVB kämpfen. Mit Einsatzzeiten, Nestwärme, guten Worten, Geld. Dann sagt Ferber: »Es ist auch nicht Dortmund, es sind die B…«

Bayern München. In diesem Moment verabschiedet sich Rangnick von Kimmich. »Ich konnte dem Jo ja schlecht sagen, dass er die Finger weglassen soll, weil der Pep keine Ahnung vom Fußball hat. Pep hatte Jo detailliert gesagt, was er mit ihm vorhat.« Keine Stammplatz-Garantie, aber etwas, was sich so anhört – und später auch so anfühlt.

Rangnick beglückwünscht Ferber, ruft danach Kimmich an und freut sich mit. Später spricht er von einem Fußballmärchen. Bedenkenträger heben den Zeigefinger und sind sicher: Kimmich wird bei den Bayern durch den Fleischwolf gedreht, kann froh sein, wenn er ab und an neben Hermann Gerland sitzen darf. Gerland ist Zugehfrau von Pep Guardiola.

Es kommt anders. Kimmich wird Stammspieler bei Guardiola und bei Joachim Löw, lernt auch in der nicht ganz so prachtvollen Zeit unter Carlo Ancelotti dazu.

Das mit Jo & Pep kommt so: August 2014. Pep Guardiola sitzt beim Leipziger 3:0 bei 1860 München auf der Tribüne und verliebt sich. In Jo. Der kleine, passsichere Mittelfeldspieler erinnert Pep an den kleinen und passsicheren Pep. Der sich beim FC Barcelona durchsetzte, weil er schneller als andere dachte. Jo & Pep sind Brüder im Geiste.

Jo hebt nach seiner weltweit beachteten Debütsaison in der Bundesliga nicht ab, ist regelmäßig in Leipzig. Auch bei den Aufstiegsfeierlichkeiten im Sommer 2016.

Red-Bull-Arena, VIP-Etage fünf. Korken knallen, Männlein und Weiblein feiern den Bundesliga-Aufstieg der Rasenballer. Wer hier anstößt ist wichtig. Nicht alle Wichtigen kennen sich aus mit Fußball. Und so bahnt sich ein junger Mann im weißen T-Shirt unerkannt seinen Weg durch die Feiernden.

Ist auch mal ganz schön, keine Autogramme schreiben zu müssen. In München geht das nicht mehr.

87. GRUND

Weil die RB-Helden gut und günstig residieren

Als Joshua Kimmich 2015 aus der Leipziger WG mit Yussuf Poulsen auszieht, fließen Tränen. Tränen der Freude, weil Kimmich einen Vertrag beim FC Bayern unterschrieben und seinem Kumpel Yussuf einen Bayern-Wimpel versprochen hat. Tränen der Trauer, weil Jo & Yussi gerade eine Einbauküche angeschafft und die noch nicht eingeweiht haben.

Poulsen ist ein Jahr lang allein zu Haus, verläuft sich auf seinen 300 Quadratmetern Parkett und zwischen den beiden Villeroy & Boch-Bädern, verliert außerhalb der Bude Zug zum Tor und Stammplatz. Den schnappt sich die WG Davie und Teddy Selke. Schöner Wohnen, besser spielen.

2016 zieht Poulsens Freundin zum entwurzelten Dänen, erklärt ihrem Herzblatt den Unterschied zwischen Serranoschinken und Ceranfeld und fahndet mit Hingabe nach verschwundenen Socken. Yussi ist wieder bei sich, glücklich und spielt auch so Fußball.

Und Jo? Als sich Kimmich In München auf Wohnungssuche begibt, geben ihm die Augen Wasser. 25 Euro für einen gemieteten Quadratmeter in Altbogenhausen oder Nymphenburg hört sich nicht viel an. Wenn man nur ein paar davon braucht. Wenn man 300 braucht, die Nebenkosten und den Gärtner dazuaddiert, steht eine insbesondere für Schwaben Eier abschreckende Summe unterm Strich. Kimmich denkt über das günstigere Zonenrandgebiet in der Nähe Österreichs nach, verwirft diesen Gedanken nach einem Blick auf seine erste Gehaltsabrechnung wieder. Außerdem hat ihm Pep viele Spiele versprochen. Viele Spiele bedeuten viele Siege und viele lange Scheine. Also: Augen zu und durch, rein ins pralle Münchner Leben. Manchmal schwelgt Jo in Erinnerung an Leipzig, an Yussi und an den WG-Quadratmeter zu 9,50 Euro.

Die RB-Helden residieren gut und günstig. Ralf Rangnick, Ralph Hasenhüttl und Diego Demme trifft man beim Bäcker im Waldstraßenviertel, Marcel Sabitzer und Marcel Halstenberg sind Hingucker im Musikerviertel. Emil und Shanga Forsberg bringen Glanz in die Südvorstadt, Konrad Laimer ist in der Nähe der Alten Messe in der Goldschmidtstraße sesshaft geworden.

Marvin Compper wohnt nicht Tür an Tür mit Alice, aber mit dem Kollegen Bernardo. Bernardo ist Nachmieter von Atınç

Nukan, der zurück nach Istanbul gegangen ist. Der türkische Innenverteidiger hing offenbar sehr an seinem Leipzig-Domizil und stellte die Mietüberweisungen erst nach mehrfacher Aufforderung des Vermieters ein.

Die Villa in der Karl-Heine-Straße gehört Trockenbauer Thomas Niehoff. Der ist gebürtiger Mainzer, war Mainz-05-Fan und bereiste mit dem Dritt- und Zweitligisten Metropolen wie Dudweiler, Salmrohr, Homburg und Meppen. Niehoff folgte den Nullfünfern auch 1992 in ein Trainingslager an den Gardasee, traf beim Kneipenbummel volltrunkene Mainzer Profis an und wusste fortan, warum die bei Morgeneinheiten immer so krank aussehen.

In Leipzig und bei RB ist alles anders, sehen alle Fußballer immer gut aus. Wenn Niehoff zum Fußballgucken in seine rustikale Stube im Untergeschoss bittet, halten sich Bernardo und Compper an stillem Wasser fest. Niehoff findet das mit dem Wasser toll, hat in diesen Momenten Tränen der Rührung in den Augen und gönnt sich zwei bis zwölf Kurze.

Dass Compper/Bernardo zum Eindrehen einer Glühbirne zwei Handwerker brauchen – geschenkt. Schöner Wohnen in Leipzig.

88. GRUND

Weil Marcel Sabitzer immer kann

Nein, Leipzig war ganz und gar nicht der Sehnsuchtsort von Marcel Sabitzer. Der Double-Sieger von RB Salzburg wollte im Sommer 2015 hinaus in die große weite Welt, lange Scheine verdienen, erstklassig kicken. Das mit den Scheinen und der Weltstadt hat dann ja einigermaßen hingehauen. RB zahlte auch in der 2. Liga sensationell – und Leipzig ist zumindest laut Stadionsprecher Tim Thoelke die schönste Stadt der Welt. An der Ligazugehörigkeit haperte es 2015 noch. »So gut, wie ich dachte, bin ich wohl doch nicht«, sagte er zum Dienstantritt. »Sonst würde ich nicht in der 2. deutschen Bundesliga spielen.« Bei RB nahm ihm diese Philippika keiner übel. Sabitzer eiert nicht herum – auf dem Rasen und außerhalb. Der Mann tat alles dafür, der Zweitklassigkeit zu entrinnen. »Sabi funktioniert bei plus 20 und minus 20 Grad, er macht sich keinen Kopf«, lobt Ralf Rangnick den Mann, der nach eigener Einschätzung noch nie einen Fehlpass gespielt hat und auch nie einen spielen wird. Bundesliga, Herr Sabitzer? »Kein Problem, die dürfen sich auf uns freuen.« Gedacht hat er im Sommer 2015: Auf m i c h freuen, Freunde der Nacht! Sabitzer lieferte, war in den Spielzeiten 2015/2016 und 2016/2017 mit je 32 Spielen und acht Toren tragende Säule, konnte und wollte immer. Coach Ralph Hasenhüttl kann und will nicht mehr ohne seinen Landsmann sein: »Sabi ist mein komplettester Offensivspieler.« Einer, der kratzt und beißt, schnell und ausdauernd ist, Tore macht und Tore vorlegt. Sabitzer ist eine Mischung aus dem Jenaer Helden Peter Ducke und der Dresdner/Leverkusener Ikone Ulf Kirsten. Ducke setzte nach vier erfolglosen Dribblings fröhlich zum fünften an, legte sich gerne mit Gegenspielern an, sucht auch den Diskurs mit den Schiedsrichtern. Und Sabitzer ist wie Kirsten angstfrei, provoziert in den Abwehrreihen Gespräche wie: »Also den Sabitzer nimmst du« – »Ach nee, lieber du.«

RB-Teamkollege Stefan Ilsanker sagt über seinen Nationalmannschaftskollegen: »A Hund isser scho.« Gilt im Ösi-Land und in Bayern als Heiligsprechung. Und was sagt Sabitzer selbst über sich? »Fußball ist ein einfaches Spiel. Ich geh auf den Platz und will gewinnen.« Und er ist einer, der nie verletzt ist, ein einziger Muskel ist. Dazu kommt eine Gabe, die schon seinen Fußball spielenden Papa ausgezeichnet hat: Sabitzer zweifelt nie an sich selbst.

89. GRUND

Weil Konrad Laimer ein Schnäppchen und Jean-Kevin Augustin Walter Frosch reloaded ist

Transferperiode im Sommer 2017. Die halbe Bundesliga und Premier League jagt Konrad Laimer. Weil er rennen und kicken kann, erst 20 ist und mit fünf Millionen Euro Ablöse geradezu vom Wühltisch kommt. Die Mittelfeld-Maschine von Red Bull Salzburg entscheidet sich für Leipzig. Laimer ist keine Ergänzung, er ist eine Verstärkung mit Champions-League-Potenzial. Jung, dynamisch, gierig. Die in einer Ausstiegsklausel fixierte Ablöse – ein Schnäppchen. Der Mann ist jetzt schon weit über zehn Millionen Euro wert. Im Fall eines Weiterverkaufs partizipiert Salzburg am Mehrwert. Geld lindert Trennungsschmerz.

Der beste Kicker der österreichischen Bundesligasaison 2016/2017 ist ein Vorzeige-Produkt des Salzburger Fußballlabors. Als zehnjähriger Bub unterschrieb er seinen ersten Passantrag bei RB Salzburg, war seitdem in jedem Jahrgang Klassenbester. Ein Roter Bulle reinsten Wassers. Ein Balljäger und -sammler. Österreich war schön, es war Zeit für ihn zu gehen.

Salzburgs Coach Marco Rose ist gebürtiger Leipziger, hat Laimer schweren Herzens ziehen lassen. Beraten wird der Salzburger Laimer von Andreas Sadlo. Sadlo war 2009 erster RB-Leipzig-Präsident, ging nach einem Richtungs- und Kompetenzstreit mit Gesamt-Fußball-Chef Dietmar Beiersdorfer am 14. Januar 2010 von Bord. Seitdem kümmert er sich wieder ausschließlich um die Karrieren von Fußballern. Zu seinen zufriedenen Klienten gehören Vedad Ibišević (Hertha), Georg Teigl (Augsburg), Naby Keita und ebenjener Laimer. Laimer ist ein Abräumer wie Diego Demme/Stefan Ilsanker und lässt sich dazu gerne in der Nähe des gegnerischen Tores blicken. Laimer passt perfekt ins Anforderungsprofil von RB-Sportdirektor Ralf Rangnick und Coach Ralph Hasenhüttl. Rangnick: »Mit seinen Fähigkeiten im Umschaltspiel und in der Balleroberung wird er unser Mittelfeld verstärken.«

Laimer: »Seit über einem Jahr bin ich im regelmäßigen Austausch mit Ralf Rangnick, und dabei haben mich die Argumente und die Entschlossenheit überzeugt, dass RB Leipzig der richtige Schritt für mich ist.« In Salzburg hat er das Mittelfeld zusammen mit Naby Keita bespielt, war auch mit zwei Gipsbeinen gesetzt. In Leipzig wird er schon eingedenk der Dreifachbelastung nicht jedes Spiel machen. Es geht die Legende, dass Laimer nach dem Frühstück zehn Kilometer rennt und dann zum Training geht. Kollege Stefan Ilsanker: »Er ist eine Maschine.« Laimer: »Stefan ist mein Vorbild.«

Manchmal lässt Ralf Rangnick einen gucken und hilft bei der Spurensuche nach Neuzugängen. Geburtstagskind Rangnick gab am 29. Juni (er wurde 59) bestens gelaunt zum Besten, dass er an einem 18-jährigen Stürmer dran ist. Europäische Liga. Name: Hans. Topstory, wenn man sie aufreißt. Hanse gibt es in Europa viele. Zum Beispiel Hans Marius Davidsen von den Färöern, Hans Nunoo Sarpei vom VfB Stuttgart, Hans Nicolussi Caviglia von Juventus Turin. Und mit etwas Fantasie hätte es auch Hannes Wolf aus Salzburg sein können. Hans Vilhelm Aabech spielte bei Yussuf Poulsens Club Lyngby BK, passte mit 68 Jahren vom Alter her nicht ganz ins Profil. Irgendwann hatte ich genug von Hans und gab auf. Am 6. Juli stellte Rangnick Jean-Kevin Augustin vor. Kostenpunkt: 13 Millionen Euro. Abgebender Verein: Paris St. Germain. Hatte bei der Pressekonferenz gerade kein deutsch-französisches Wörterbuch dabei, wurde aber von Rangnick erhellt. Jean ist der französische Johannes. Und Johannesse gehen in Deutschland als Hans durch. Dass Rangnicks Hans 19 und nicht 18 war – geschenkt. Ja, darauf kann man kommen. Man kommt ganz sicher auch eines Tages dem Zodiac-Killer auf die Spur und spürt nebenbei das Bernsteinzimmer auf.

Jean-Hans ist ein sensationeller Fußballer, hat alles, was ein Stürmer braucht. Beim 4:1 gegen Freiburg ersetzte er den verletzten Yussuf Poulsen und beförderte mit einer Top-Leistung den Heilungsprozess des Dänen. Wenn er sein erstes Tor für RB schießt, ist die Überschrift »Hans im Glück!« gesetzt. Gleich dahinter: »Augustin trifft auch im September!« Augustin wurde kurz nach seiner Verpflichtung 20 und reiste Ende August zur französischen U21-Nationalmannschaft. Nach dem 1:1-Test gegen Chile am 1. September bekam er sein Rückflug-Ticket nach Leipzig in die Hand gedrückt. Grund des Rausschmisses: Despektierliches Verhalten bei seiner Auswechslung zur Halbzeit. Was genau vorgefallen ist, hat Augustin Raquel Rosa, Integrationsbeauftragte von RB, erzählt. Frau Rosa hat die Herren Rangnick und Ralph Hasenhüttl auf den Stand der Dinge gebracht. Irgendwann wird es auch die Öffentlichkeit erfahren. Wahrscheinlich muss man sich der Bundesliga-Koryphäe Walter Frosch nähern, um zu ermessen, was im Kopf von Jean-Kevin vorgegangen sein könnte. Als der St.-Pauli-Haudegen eine Einladung zur B-Nationalmannschaft bekam, sagte Frosch: »Ein Walter Frosch spielt nur A-Nationalmannschaft oder Weltauswahl.« Nix drunter.

Was soll Augustin in der U21? Augustin ist Walter Frosch reloaded.

Der deutsche Frosch heißt in Frankreich übrigens grenouille, Herr Rangnick.

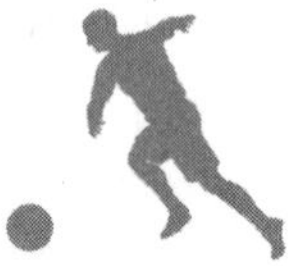

90. GRUND

Weil Willi Orban Briefmarken sammelt und insgesamt eine hat

Junge Männer erinnern sich gerne an ihr erstes Mal. Willi Orbans Erstlingswerk datiert vom 27. August 2011 und dauert drei Minuten. Bälle sieht der Pfälzer Bub keine, und trotzdem ging an jenem Tag ein Kindheitstraum in Erfüllung. Der gebürtige Kaiserslauterer

Orban feiert 18-jährig sein Bundesliga-Debüt im Lauterer Trikot gegen den FC Bayern München.

Willi über sein erstes Mal: »Ich habe seit meinem 4. Lebensjahr für den FCK gespielt, kickte sonst vor 200 Bäumen und ein paar Zuschauern im Grünen. Über 40.000 auf dem Betzenberg und dann auch noch gegen Robben, Ribéry, Gómez und Co – da ist ein Kindheitstraum in Erfüllung gegangen.« Über ausbaufähige Ballkontakte: »Gerannt bin ich viel, den Ball habe ich nur von Weitem gesehen. Die Bayern lagen durch drei Gómez-Tore 3:0 vorne, haben den Ball laufen lassen. Und mich. Ich hatte null Ballkontakte.«

Über sein Vorbild auf dem Betze, die grätschende Locke: »Mein Idol war Harry Koch. Seine Frisur hat mich weniger beeindruckt. Seine Präsenz und sein Wille haben mich inspiriert und fasziniert. Er war ein knallharter Arbeiter und nicht umsonst Publikumsliebling. Ein Vergleich mit Harry Koch würde mich nicht stören. Ich bin fokussiert auf meinen Beruf, habe keine großartigen Hobbys, will ein besserer Fußballer werden.« Willi sammelt Briefmarken. Er hat insgesamt eine.

Über Ralf Rangnicks Rolle beim 2015er Wechsel vom FCK zu RB: »Er hat die entscheidende Rolle gespielt. Als er mir sagte, dass er RB-Trainer wird, war mir klar: Das mache ich.«

Und wieso heißt Willi Willi? »Mein Vater hat ungarische Wurzeln und mein Geburtsname ist Vilmas Tamas Orban. In Deutschland wurde das dann eingedeutscht in Willi Thomas Orban.«

Der Wechsel nach Leipzig ist geräuschvoll, obwohl die Eckdaten anderes vermuten lassen. Orban hat eine Ausstiegsklausel. Und wer die mit Leben, sprich zwei Millionen Euro, füllt, ist im Rennen. Am Ziel ist der Club, der die Kohle hinblättert und sich mit Orban und dessen Berater Roger Wittmann einigt. RB erfüllt alle Voraussetzungen und guckt zunächst trotzdem in die Röhre. Der FCK lässt RB und Orban zappeln und die Spielerlaubnis erst rüberwachsen, als RB ein paar Hunderttausend Euro drauflegt. Hintergrund: die Definition der Ablöse. Sind die zwei Millionen

Euro brutto oder netto gemeint? Der FCK will zwei Millionen plus Mehrwertsteuer. Mathematik in einem Land, in dem Bares Bimbes genannt wird. Irgendwann kam man zueinander, und Willi wurde Leipziger.

Die Lauterer Fans waren auf 180. Zu Recht, so FCK-Chef Stefan Kuntz. Der sagt Spox.com: »Heutzutage wechselt mit Willi Orban ein Kind des Vereins zu einem von den Anhängern nicht akzeptierten Liga-Rivalen. Es gibt kaum einen stärken Dolchstoß in den Stolz eines FCK-Fans. Man muss es ihnen dann nachsehen, wenn als Reaktion kommt: Das hätte ein Briegel nie gemacht! Damit haben sie auch recht, nichtsdestotrotz müssen wir das akzeptieren - ob wir wollen oder nicht. Was soll denn auch ein Verein, der sich mit allen verfügbaren Mitteln bis an die finanzielle Decke streckt, einem Spieler sagen, der woanders das Vierfache verdienen kann? Bleib doch bitte beim FCK, weil ... - da hat man einfach sehr wenige Argumente. Und das ärgert die Fans.« (5) Das, was die Fans Orban am 24. April am Betze antun, ist widerlich.

Vorm RB-Spiel in Kaiserslautern sagt Orban: »Ich habe dem FCK viel zu verdanken, ein reines Gewissen, wollte den nächsten Schritt in meiner Karriere gehen. Es gab eine festgeschriebene Ablöse, die hat RB gezahlt. Ich habe beim FCK immer meine Leistung gebracht, war schon in jungen Jahren Kapitän. Ich freue mich auf das Spiel und viele bekannte Gesichter.« Die Freude wird ihm vergehen.

91. GRUND

Weil Willi Rot sieht und seinen FCK trotzdem liebt

RB Leipzig und Orban auf dem Betzenberg. Zweitliga-Spieltag 31 wird finalisiert. Abgerundet passt nicht, rund ist hier nur der Ball. Das Spiel endet 1:1 und wird von FCK-Anhängern zur Randerscheinung gehasst.

Im Epizentrum: Orban. Fadenkreuz-Plakate, »Judas«-Rufe, »Alle-auf-die-vier«-Rufe – der Mob tobt, die Leipziger Nummer vier läuft Spießruten. FCK-Legende Fritz Fuchs verscheucht nach dem Abpfiff FCK-Anhänger vom RB-Bus, wartet auf RB-Coach Ralf Rangnick und entschuldigt sich. Für seinen FCK, der nicht mehr sein FCK ist. »Ich schäme mich.« Marcel Reif ist FCK-Fan und ebenfalls angewidert, spricht gegenüber der *Leipziger Volkszeitung* von »heuchlerischem, läppischem, unreflektiertem Populismus«. Die Roten Teufel haben drei Spiele vor Ultimo 24 Punkte weniger als die Roten Bullen gesammelt, den Klassenerhalt kurz vorm Wiedersehen mit Orban gesichert. Klassenerhalt in einer Liga, die eine Zumutung für den FCK-Fan ist. Wikipedia-Eintrag und Selbstwertgefühl des Anhangs sind eins: »Das Gründungsmitglied der Bundesliga zählt mit vier Meisterschaften und zwei Pokalsiegen zu den erfolgreichsten Fußballvereinen der Republik.«

Kaiserslautern wäre ohne Fußball, ohne Helden wie Fritz Walter, Fritz Fuchs, Ronnie Hellström oder Olaf Marschall nicht der Rede wert. 2016 sind die Anhänger in ihrem Stolz gekränkt, haben eine kurze Zündschnur. An der wird gezündelt. Auch von der Chefetage und der Erfolglosigkeit.

Die FCK-Fußballer und ihr junger Cheftrainer Konrad Fünfstück, 35, wollen ein Pflaster auf eine miese Saison kleben. Vor allem für ihre Fans. Interviews von FCK-Werktätigen beginnen und/oder enden mit Elogen auf die Anhänger.

Das größtmögliche Pflaster heißt an jenem Montagabend: Sieg gegen die Dose. Sieg gegen die neue Fratze des Kapitalismus: Willi Orban.

Fritz Fuchs hat von 1969 bis 1975 168 Bundesligaspiele für den FCK absolviert, war auch beim legendären 7:4 gegen Bayern München am 20. Oktober 1973 dabei. Fuchs: »Das Verhalten der FCK-Fans gegen Willi war beschämend. Willi ist ein Pfälzer Bub, wunderbarer Fußballer und Mensch. Er trägt den FCK auch nach seinem Wechsel im Herzen.«

Als Fuchs am späten Montagabend daheim ist, sagt er zu seiner Frau: »Das ist nicht mehr mein FCK. Ich gehe nicht mehr hoch.«

Ex-FCK-Profi Andreas Buck, 48, ist zugegen und schreibt via Facebook: *Da wird ein 23-jähriger Spieler der Meute zum Fraß vorgeworfen. Alle beim FCK hatten die Wahl: Entweder man zeigt Größe und empfängt einen echten Lauterer, wie es sich gehört, oder man gibt ein solch beschämendes Bild ab. Und für alle, die solche Hasstiraden immer mit Tradition bzw. fehlender Tradition rechtfertigen: Wenn Ihr Euch schon auf solche Werte und auch auf Fritz Walter beruft – glaubt ernsthaft irgendjemand, dass Fritz Walter so etwas wie heute Abend gewollt hätte? Er hätte sich heute Abend genauso geschämt.* (6)

Orban fliegt an jenem 24. April 2016 nach gut einer Stunde vom Platz. Gelb-Rot. Seinen FCK liebt er immer noch.

92. GRUND

Weil nur Rani Khediras Briefkastenschlitz irgendwie enger wird

Als Zeitungsmann will man, dass die eigene Zeitung gelesen wird. Auch von jenen, über die man sich jeden Tag das Hirn zermartert, die man jeden Tag ins Blatt (d)rückt. Problem an dieser speziellen Abo-Werbefront: Zeitungen kommen in der Bedürfnispyramide von Fußballprofis nicht vor. Schon gar keine komplette Zeitung mit Kultur, Politik, Wirtschaft, Gedöns und Sport. In der Kabine der Rasenballer kreist jeden Tag eine einsame, todgeweihte *Leipziger Volkszeitung*. Die wird morgens vom ersten User filetiert. Der Legende nach auf der Toilette. Danach fallen sie nacheinander über den Sportteil her, gucken nach Bildern (von sich), Artikeln (über sich) und Noten (den eigenen). Irgendwann werden die zerfledderten Einzelteile entsorgt. Von einer Reinigungskraft. Fußballer spielen Fußball, machen sonst nicht viel.

Dabei wäre der Blick über den Tellerrand wertvoll für diese jungen Menschen. Raus aus der Parallelwelt Fußball. Raus aus dem edel gekachelten Entmüdungsbecken. Raus aus der Clubkantine mit Sternekoch. Rein in die schönste Stadt der Welt. Rein in die legendäre *LVZ*. Wie jung ist noch gleich die Gattin von OBM Jung? Kann eine Versteigerung von zwei RB-Trikots die mit einer Million Euro verschuldeten HCL-Handballerinnen retten? Weshalb wirft Orang-Utan Bimbo mit Bananen nach Zoochef Jörg Junhold? Was ist eine Pizza, und wie schmeckt die?

Ich konnte in all den Jahren nur zwei RB-Kicker zu einem Blick über den Tellerrand bewegen. Der eine war Rani Khedira. Wunderbarer Typ. Wohlerzogen, freundlich, vielseitig interessiert. Weil Rani Schwabe ist, interessierte er sich vor dem Abo für ein Werbegeschenk. Ich sagte ihm eine Kaffeemaschine zu, Übergabe am Trainingszentrum. Rani war happy. Ich war happy. Wahrscheinlich würden sich Heerscharen seiner Kollegen anschließen und die *LVZ* ordern. Ist ja kein Zustand mit dem vagabundierenden Sportteil, an dem sich jeder seine Flossen reibt.

Nun, es schlossen sich nicht viele an. Genauer gesagt: einer. Und der, Kapitän Dominik und ebenfalls schwäbisch sozialisiert, wählte die günstigere E-Paper-Variante. Khedira bat übrigens ein paar Wochen später, die Zustellung einzustellen. Sein Briefkasten sei irgendwie zu eng geworden. Der erste Briefkasten der Welt, der irgendwie enger geworden ist. Die Kaffeemaschine hat er mit nach Augsburg genommen. Vielleicht haben die Kollegen der *Augsburger Allgemeinen* mehr Glück. Mit Rani und dem Schlitz im Briefkasten.

Bei den Bossen fällt die Jagd nach Kunden leichter. Coach Alexander Zorniger versprach in der 4. Liga, dass er ab Liga 2 Abonnent wird. AZ hielt Wort und wurde zum eifrigen Leser. Eines Tages fragte er mich süß-sauren Blickes, wer bei uns die Einzelkritik verfasst. Ich: »Ich, Alex, ich. Diesmal waren wir unter Zeitdruck, und ich hab die schon vorm Spiel geschrieben.« Kam super an. Jedenfalls fast. Zornigers Vorgänger Peter Pacult ließ sich von mir den

Staubsauger Vampyr in eine City-Kneipe bringen und machte sich Stunden später mit dem Teil auf der Schulter auf den Nachhauseweg. Bild für die Götter. Ralf Rangnick ist schuld daran, dass Pacult nicht lange mein Abonnent war. Rangnick setzte Pacult im Mai 2012 vor die Tür und zierte sich selbst ewig, ehe er Ja zur *LVZ* sagte. 2016 war es so weit. Und, es geschehen Zeichen und Wunder: Der schwäbischste aller Schwaben fragte nicht nach einem Werbegeschenk. Sauge seitdem auch mit dem AEG-Modell Vampyr. Ab und zu droht Rangnick mit der Kündigung seines Abos. Aber wirklich nur ab und zu.

Ein nahezu leichtes Opfer war Ralph Hasenhüttl. Der bat nach meinem vertikalen Vorstoß um ein paar Wochen Aufschub, wollte Stil und Klasse des Autors testen. Dann kam eine SMS. *Du schreibst gar net so schlecht, bitte Zeitung an …*

KAPITEL 13

VON HYMNEN UND WASCHBÄREN

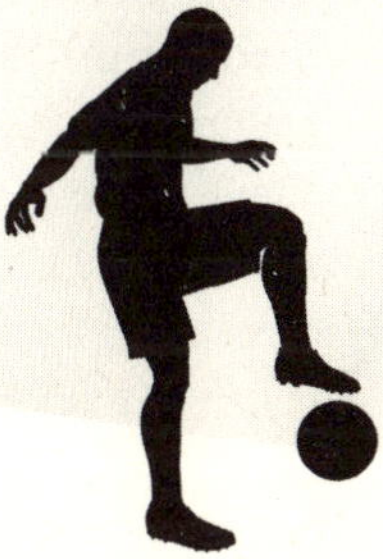

93. GRUND

Weil nur bei der RB-Hymne Hochkultur & Sport zusammenkommen …

… und den Beweis antreten, dass einer der beiden immer zu früh beziehungsweise gar nicht kommt.

Irgendwann fällt den RB-Bossen auf: Wir haben alles, nur keine Tradition. Und ein Clublied haben wir ooch nüsch. Das mit der Tradition lässt sich nicht über Nacht regeln, das Thema Hymne wird Mitte 2015 angepackt. Doch was soll in der Red-Bull-Arena gesungen werden? Rock, Ballade? Und wer soll's tun? Während der dafür zuständige RB-Vorstand Ulrich Wolter eine Hymnen-Findungskommission zusammenstellt, kann die *Leipziger Volkszeitung* nicht an sich halten und ruft zum Contest auf. Leipzig sucht die Super-Hymne. *LVZ*-Chefredakteur Jan Emendörfer hoffnungsfroh: »Genug Poeten, Dichter, Komponisten und Musiker leben doch in dieser Stadt.« Die haben aber offenbar alle keine Zeit.

Diverse Liedlein bleiben ungedruckt. Beispielsweise jenes, das den Ortsnachbarn aus Probstheida im Refrain besingt. »Ihr kriegt uns nie, f... euch ins Knie …« Andere schaffen es ins Blatt, irgendwie. Motto: Reim' dich oder ich fress' dich. »Saisonbeginn, ein Riesenspaß, jetzt machen wir die Gegner nass« – »Leipzigs Fußball lag am Boden, Rote Bullen wir jetzt loben« – »Ein großer, starker Bulle zeigt Leipzig sein Gesicht. Die Heldenstadt im Osten, sie ist auf Fußball ganz erpicht.« Erpicht, gewiss.

Die Fußballhymne schlechthin ist *You'll Never Walk Alone* von Gerry & the Pacemakers. 1963 intonieren die Fans des FC Liverpool diesen Chart-Hit erstmals zu Tausenden. Mittlerweile wird die Hymne als europäisches Allgemeingut angesehen, wird in Glasgow, Dortmund und in Mainz am Rhein gesungen. Der Song kommt super rüber, die deutsche Übersetzung ist weniger sexy. »Wenn du durch einen Sturm gehst, halte deinen Kopf oben und fürchte dich nicht vor der Dunkelheit. Am Ende des Sturms ist ein goldener Himmel und das süße, silberhelle Lied einer Lerche.« Silberhell, brrr.

In Leipzig kommt derweil hymnenmäßig Druck auf den Kessel.

94. GRUND

Weil die RB-Hymne das Badnerlied um Längen schlägt

Die RB-Hymnen-Kommission findet sich, besteht aus Ulrich Wolter, Chef Oliver Mintzlaff und zwei Damen von der RB-Geschäftsstelle. Wolter spricht im Sommer 2015 beim berühmtesten Leipziger Barden vor. Sebastian Krumbiegel. Der hat jede Menge Hits produziert, ist RB-Fan und legt los. Als durchsickert, dass der Ex-Thomaner seine Nachnachfolger bei der Produktion der Hymnen-CD mitsingen lassen will, finden das die Chorchefs nicht gut. Krumbiegel flüchtet zum Dresdner Kinderchor. Gedichtet hat er da schon. »Meine Stadt ist meine Lieblingsstadt – So wach, so prachtvoll anzuseh'n – Deine Musik, deine Kultur – Du bist so bunt rund um dic Uhr – Wir werden niemals, niemals, niemals auseinandergeh'n -

RB Leipzig – du bist mein Verein – RB Leipzig – was auch geschieht, das wird nie anders sein – RB Leipzig – was kann schon passier'n – RB Leipzig – ich bleib dir treu – Du und ich, wir werden uns nie verlier'n.«

Die Hymne hat nicht die Power der Puhdys und *Hey, wir wollen die Eisbären sehn'!* Sie provoziert weder Adrenalin-Ausschüttung noch ausgebeulte Lederhosen, ist kein Gassen-Hauer. Sie ist eine Ode an die Stadt und RB. Leise, intelligent. Sie ist anders, manche sagen: unpassend. Und sie trifft nicht auf ungeteilte Gegenliebe. Beim Test im August 2016 gegen Sevilla gibt's Pfiffe, beim Spiel gegen Dortmund hört keiner zu, erst gegen Gladbach machen die Fans ihren Frieden mit der abgespeckten und mithilfe von RB-Fans intonierten Version. Das Warm-up der RB-Stars wird seit Gladbach von der Hymne untermalt. Und wer beim Einmarsch der Helden pfeift, dem fallen die Hände ab. Und überhaupt: Wer Sebastian Krumbiegels Hymne nicht toll findet, der möge sich Hoffenheims *Badnerlied* zu Gemüte führen. Dann lieber nix zu Weihnachten.

Kleiner Tipp an Stadion-Irrwisch Tim Thoelke: Einfach mal *Football's Coming Home!* spielen. Der Fußball kommt nach Hause! Auf Irrwegen nach England zur Europameisterschaft 1996. Klingt gut, ist unvergessen. Die deutsche Entsprechung *Fußball ist unser Leben* (1974) ist auch unvergessen. Weil sie so peinlich ist. *Football's Coming Home* hat die englischen Fußballer nicht nach vorne gebracht. Die haben ihn mit krummen Füßen getreten. Deutschland wurde Europameister, weil Oliver Bierhoff den Beweis antrat, dass es auch mit dem Wendekreis eines Gelenkbusses geht.

Football's Coming Home gehört uns. Zu Germany. Genauer gesagt: Zu Leipzig. 20 Jahre nach Wembley 1996 ist die Stadt der Helden zurück in der Bundesliga. Das kann kein Zufall sein. Keine andere Stadt hat den Fußball so vermisst. Nirgendwo sonst ist er besser aufgehoben. *Football's Coming Home* ist Weltklasse. Wie Leipzig, Gewandhaus, Nikolaikirche, Timo Werner. 90 Prozent des Solis wurden in der Innenstadt verbaut, die Türklinken von Auerbachs Keller sind aus purem Gold.

Also, her mit *Football's Coming Home* und rein in Tim Thoelkes Bauchladen.

95. GRUND

Weil Mitbestimmung völlig überbewertet ist

RB hat 17 stimmberechtigte Mitglieder. Die sind handverlesen und stehen dem Verein und Oberboss Dietrich Mateschitz loyal gegenüber. Ein bekannter Leipziger Gastronom bewirbt sich in festen

Abständen um eine Mitgliedschaft und erhält in festen Abständen die gleiche Antwort/Empfehlung: Werden Sie Fördermitglied, lieber Herr K. Fördermitglieder zahlen bis zu 800 Euro im Jahr, bekommen eine Urkunde und haben vorfristigen Zugriff auf Eintrittskarten. Die mittlerweile 400 Fördermitglieder fördern und werden in festen Abständen auch gehört. Beispielsweise zu so elementaren Themen wie der Herkunft der Stadionwurst und der Vielfalt an Fan-Artikeln. Dass der rote Nagellack aus dem Merchandising-Sortiment der Roten Bullen verschwunden ist, könnte am Votum der Fördermitglieder gelegen haben.

Echte Mitbestimmung hat bei den Roten Bullen keinen Platz. Weder in Salzburg noch in Leipzig. Wer die Kapelle bezahlt, bestimmt DJ, Lieder und Liedfolge. Als sich Mitte 2016 bei Servus TV ein Betriebsrat konstituiert, kündigt der TV-Sender auf Geheiß von Chef Mateschitz an, den Stecker zu ziehen. Als die Betriebsratsgründung vom Tisch ist, hat Servus TV wieder Kraft und Saft. Mateschitz braucht Mitbestimmung und Bedenkenträger wie ein Loch im Kopf. Wenn der Selfmademilliardär 1987 auf Probanden eines Wiener Testmarktes gehört hätte, wäre Red Bull nie auf den Markt gekommen. Wenn Mateschitz vorm Einstieg in die Formel 1 den Trägern der ganz engen Wollmützen vertraut hätte, wäre nie ein Red-Bull-Bolide betankt worden. Mateschitz vertraut seinem Instinkt – und einem kleinen Kreis. Zum Kreis gehört Ralf Rangnick. Der Schwabe hat eine Eigentumswohnung im Waldstraßenviertel, nahm unlängst an einer Eigentümerversammlung teil. Es ging um die Anzahl der Mülltonnen und die Vertreibung eines Waschbären aus selbigen. Jeder Eigentümer hatte dazu so einiges beizutragen. Nennt sich: Mitbestimmung. Es vergingen sechs Stunden. In sechs Stunden hätte Rangnick nach New York fliegen, vier Spieler verpflichten oder den Miteigentümern die Viererkette erklären können. Das Waschbärproblem wurde via Lebendfalle gelöst.

Bei RB ist immer Dampf auf dem Kessel, wird nicht ewig diskutiert. Wenn Rangnick der Überzeugung ist, dass Oliver Burke den Sherwood Forest gegen den Clara-Zetkin-Park tauschen muss, ruft er Mintzlaff an. »Brauche 15 Millionen Euro.« Mintzlaff: »Reichen 14?« Rangnick: »No.« Und schon war er on the way nach Leipzig, der Burke.

Mitbestimmung ist völlig überbewertet.

96. GRUND

Weil RB in ist – auch für den Schwarzmarkt

RB ist sexy, zieht an. Fans, Spieler, Spielerfrauen, Spielervermittler, Immobilienhaie, Medien, Sponsoren, Bratwürste. Auch geldgeile Schwarzmarkthändler. Diesbezüglich hat es RB Leipzig in den Kreis der Fußballvereine mit Nachfrageüberhang an der Ticketfront geschafft. Zu den Profiteuren und dem Kampf der schnellen Eingreiftruppe der Rasenballer kommen wir gleich.

Seit RB in ist, schickt der Club in regelmäßigen Abständen Pressemitteilungen, die von neuen Unterstützern künden. Die CG-Gruppe hüpfte auf den Trikotärmel, Rauch ist Fruchtsaft-Partner, auch die Solar-Cracks von Hanwha Q Cells, der Media Markt, die Leipziger Gruppe, H-Hotels und Michael Klemmers Vicus Group machen mit. Die Errungenschaften der von Michael Drotleff geführten Hauptabteilung Sales machen die Abhängigkeit von der Dose in homöopathischen Dosen kleiner, die flankierenden Mitteilungen haben etwas von Nietzsches ewiger Wiederkehr des Gleichen. RB-Geschäftsführer Oliver Mintzlaff adelt den wunderbar am Markt positionierten und fantastisch zu RB passenden Sponsor. Der revanchiert sich und benutzt ein ähnliches Vokabular. Danach fragt man sich, wie die beiden vorher ohne einander leben konnten.

Geräuschvoll, heiß und fettig ging es an der Wursttheke zur Sache. RB wechselte nach nur einer Saison die Stadionwurst von Schalke-Boss Clemens Tönnies aus und die von Dirk Meemken ein. Es soll vornehmlich um Lokalkolorit und Geschmack gegangen sein. Der schwerreiche Tönnies war jedenfalls schwer enttäuscht und erst wieder happy, als Schalke RB zum Bundesligastart 2:0 schlug. Wobei sich die Frage stellt, ob das Thema Wurst nicht von wichtigeren Bedürfnissen überstrahlt wird. In der Halbzeit muss sich nicht nur der RB-Fan entscheiden: Wurst oder Toilette? Sowohl als auch lassen die Schlangen auf DDR-Niveau nicht zu.

Wie lukrativ der Wechsel von Tönnies zu Meemken für RB war? Möglich, dass der neue Lieferant den Club pro Wurst beteiligt. Denkbar ist auch eine jährliche Signing Fee, die Meemken an RB abdrückt. Premiere feierte die neue Stadionwurst der Rasenballer beim 4:1-Heimspiel-Sieg gegen den SC Freiburg am 27. August. Es gab keine Beschwerden. Vorher übrigens auch nicht.

Der Erfolg bereitet auch Schmerzen. Wenn die Nachfrage das Angebot übersteigt, schlägt die Stunde von Abzockern, die mit der begrenzten Ressource Tickets Kohle machen. Auf dem Schwarzmarkt. Den will RB-Vorstand Ulrich Wolter trocken legen. Der Mann ist tief drin in der Materie, hat mit einer von Sicherheitschef Uwe Matthias angeführten Eingreiftruppe mehrere Geheimtreffen in einem Leipziger Innenstadthotel gesprengt. Dort sollten Eintrittskarten zu Mondpreisen verkauft werden. Der Verein hat zweckentfremdete Dauerkarten eingezogen und die Geldvermehrer auf den Index gesetzt. Diverse Gerichtsurteile haben die Rechtmäßigkeit des Leipziger Vorgehens bestätigt. Uli Wolter kämpft weiter.

KAPITEL 14

DIE ZUKUNFT MIT APOSTEL GRINDEL

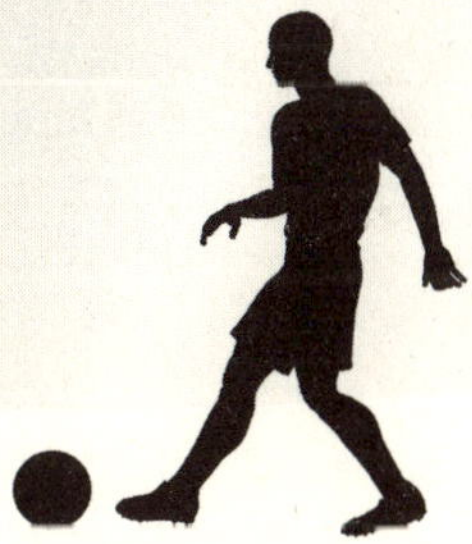

97. GRUND

Weil die Saison 2017/2018 die beste wird

Alle Jahre wieder geht die Fußballsaison als Sexiest Season Alive an den Start. Die Spielzeit 2017/2018 könnte Wort halten. Spannung ganz oben, der 222-Millionen-Euro-Neymar, die sich partout nicht einstellende Tradition bei den Roten Bullen.

Die Schale: Wenn der Sportkamerad Usain Bolt einen 100-Meter-Lauf verlieren kann, können auch Teams, die nicht Bayern München heißen, die Schale holen. RB Leipzig? Wer mitten in der Saison den Chefkoch aus Leistungsgründen wechselt, hat Großes vor. Der BVB ist mit in der Verlosung. Auch ohne Thomas Tuchel. Der war beim BVB ähnlich erfolgreich wie Jürgen Klopp, aber sonst ganz anders. Klopp ging nach dem Spiel mit Aki Watzke Rotwein trinken und eine Fluppe quarzen. Tuchel fummelte da schon wieder an seiner Taktiktafel. Jetzt soll es Peter Bosz richten. Der Holländer mag Rotwein. Schalke Meister? *Sport Bild*-Chef Alfred Draxler würde eine komplette Ausgabe seinen Schalkern und Domenico Tedesco widmen. Der ist knapp über 30, hat Erzgebirge Aue 2017 zum Klassenerhalt gecoacht. Tedescos Ausstiegsklausel kostete Schalke 500.000 Euro. Dafür konnten sie in der Vorsaison Klaas-Jan Huntelaar bezahlen. Einen Monat lang.

Die 222-Millionen-Euro-Ablöse und ein dickes Ding: Reiner Calmund hat sich im Pool seines Nachbarn fit gemacht, ist neu bei Sky und wird auch den 222-Millionen-Euro-Rekord für Monsieur Neymar besprechen. Für 222 Millionen könnte man sich zweimal die Red-Bull-Arena oder Essen für Calli auf Lebenszeit kaufen. Für Paris-Boss Nasser Al-Khelaif und die Qatar Sports Investments sind 222 Millionen Euro Peanuts und Schwungmasse. Bis zur WM 2022 in Katar wollen die Katarer zeigen, dass sie Fußball können. Da wäre ein Champions-League-Titel mit PSG dienlich.

Financial Fair Play? Ausgetrickst von Neymar. Der hat die Ablöse selbst an den FC Barcelona überwiesen. Weil er die Scheine nicht zwischen seinen Tennissocken fand, half der ehemalige 995. der Tennis-Weltrangliste, Al-Khelaif, aus. Der Gute soll Schwächen bei den Themen Vorhand, Rückhand, Volley und Aufschlag gehabt haben.

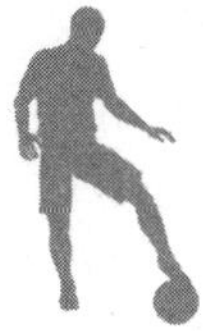

98. GRUND

Weil Ousmane Dembélé schon auf dem Weg nach Leipzig war

Die Ausläufer des einstigen 995. der Tenniswelt schwappten bis ins Dortmunder Mietshaus von Ousmane Dembélé. Dort saß das suspendierte BVB-Talent und hatte keine Ambitionen, seine Bude aufzuräumen. Könnte Vermieter Jürgen Klopp interessieren. Dembélé stapelt vor seinem inneren Auge die Geldbündel, mit denen Barça wedelt. Dembélé denkt, dass er sich von der Kohle eine Zugehfrau leisten kann. Eine, die die Pizzapappen entsorgt. Dembélé war bei einem Club, der von echter Liebe durchdrungen ist, nicht mehr vorzeigbar. Ab nach Barcelona. Ist Dembélé ein Schmutzfink? Ja. Ein Gierhals? Nö. Wer sich explosionsartig verbessern kann, muss kein Fußballer sein, um die Mietwohnung zu vernachlässigen.

Dembélé ist jetzt bei seiner großen Liebe, dem FC Barcelona. 2015 war der junge Mann schon mal verknallt – in Red Bull Salzburg. Und wohin der Weg aus Salzburg führt, ist bekannt. Der Stürmer kickte für Stade Rennes, war 18 und handelseinig mit Red-Bull-Scout Gérard Houllier. Problem: Stade Rennes sagte: Non merci – und Dembélé spielte eine formidable Debüt-Saison in der Ligue 1. Das war schön für ihn und unschön für Salzburg. Gegen die jetzt wach gewordene Konkurrenz aus Dortmund hatte der 623-fache österreichische Meister keine Chance. Dembélé wurde Dortmunder.

Als Ousmane Dembélé beim FC Barcelona vorgestellt wird und den Ball auf dem Fuß jonglieren soll, schafft er das nicht öfter als der Busfahrer von Barça. Hat Aki Watzke, der alte Fuchs, den Spaniern Ousmanes Bruder verkauft?

99. GRUND

Weil Reinhard Grindel am 12. Mai 2018 einen Pyro aus der Hose kramt

Letzter Spieltag der Saison 2017/2018, die Hertha empfängt RB Leipzig. Hier und heute wächst zusammen, was zusammengehört. Fans und DFB, Feuer und Flamme. DFB-Boss Reinhard Grindel steht an diesem 12. Mai 2018 mit Helene Fischer am Mittelkreis, greift sich das Mikro und sagt: nix. Warmer Applaus der 80.000. Dann fummelt Grindel etwas aus seiner Hose, das bei der Security vorher als 18 Zentimeter lange Tanzmöhre durchgegangen ist. Grindel entflammt einen Bengalo, rennt mit dem Bolzen eine Stadionrunde und entsorgt das Teil in der Leni-Rinne. Sehr warmer Applaus. Der Stadionsprecher klärt unter jetzt tobendem Applaus auf, dass Bengalos in der neuen Saison erlaubt sind. Einer pro Spiel und Stadion. Abgefackelt wird das Modell »Reinhard Light« vorm Anpfiff am Mittelkreis. Vom vierten Assistenten. Wenn der bei den Schulungsmaßnahmen der Sinsheimer Freiwilligen Feuerwehr nicht aufgepasst hat und sich den Kittel entzündet, kann das Spiel trotzdem stattfinden. Die Sinsheimer sind neuer Premium-Partner des DFB, der Slogan »Feuer & Flamme & Fußball« umspielt in weißen Lettern die Motorhaube der 18 roten Feuerwehrautos, die Dietmar Hopp spendiert hat.

Sky-Experte Ewald Lienen brummt später, dass das nicht mehr sein Fußball ist und er Autogrammkarten asozial findet. Lienen wohnt jetzt in einem Baumhaus auf dem Sky-Gelände in München-Unterföhring. Am Mittelkreis greift Helene Fischer zu einem Weizenbier und trinkt es auf ex aus. Dann greift sie zum

Mikro und macht ein Bäuerchen. Das Stadion brodelt. Kurz vorm Anpfiff marschieren Gesangsvereine aus Dortmund und Gelsenkirchen auf und singen *Fußball ist unser Leben.*

Danach wird angepfiffen.

100. GRUND

Weil man sich auch nachts mit einer Tagesdecke zudecken kann

Die Bayern stellen einen Startrekord auf. Elf Spiele, neun Siege, vier Unentschieden, eine Niederlage. Ralph Hasenhüttl meldet Zweifel an. Karl-Heinz Rummenigge findet das zynisch. Ralf Rangnick sagt, dass sein Trainer als Trainer gesprochen hat. Rummenigge findet das unsolidarisch. Frage der Woche bei Jörg Wontorra: »Kann man mit vier Mann eine Dreierkette spielen?«

Aki Watzke ruft an und sagt, dass er zum Frühstück zwei Eier und ein Hörnchen hatte. Und neue, wasserabweisende Autogrammkarten hat er auch. Sky-Experte Ewald Lienen sagt, dass ein Hörnchen am Morgen Betrug am Publikum ist. Autogrammkarten findet Ewald unabhängig von der Beschichtung asozial. Lienen denkt darüber nach, auf St. Pauli die Keilschrift einzuführen.

Neben Lienen sitzt Didi Hamann. Hamann ist auch Sky-Experte. Sky hat auf den Boom an der Abo-Front reagiert und alle arbeitslosen ehemaligen Bundesligatrainer/-spieler zu Sky-Experten gemacht. Wer nicht schnell genug auf den Bäumen ist, ist fällig. Wer schon in der Baumkrone hangelt, wird von Sky-Sportchef Burkhard Weber runtergeschüttelt.

Kurz vor der Winterpause wird Uli Hoeneß dabei beobachtet, wie er eine Lederhose im Starnberger See versenkt. Vorangegangen ist ein 0:1 gegen Mainz 05. Hasan Salihamidžić ist schuld, weil er wenige Minuten vor der Partie aufgehört hatte, dazwischenzuhauen.

Eurosport-Experte Matthias Sammer lästert, dass man sich auch zwölf Fremdsprachen knicken kann, wenn keine Sau zuhört. Salihamidžić sagt nix und haut wieder dazwischen.

Die Bayern fangen dank Hasan wieder an zu gewinnen und fahren als Herbstmeister ins Wintercamp nach Doha. Dort zieht sich Arjen Robben seine 50. Zerrung im Bayern-Trikot zu. Hans-Wilhelm Müller-Wohlfahrt überreicht ein goldenes Halskettchen mit »50«-Anhänger. Robben verpasst Mull eine Kopfnuss. Schuld ist Salihamidžić. Obwohl der gerade in der 150-Grad-Sauna sitzt und dazwischen haut.

Die Rasenballer sind hinter den Bayern Zweiter und schon am 31. Dezember Richtung Algarve geflogen, feiern im Teamhotel Silvester. Ralf Rangnick entkorkt eine Flasche Rotkäppchen und schenkt jedem ein Schlücklein ein. Die Physios und der Busfahrer lutschen am Korken.

2018 ist schnell erzählt. Bayern fliegt im Viertelfinale der Champions League raus und entlässt während des Banketts in Donezk Hasan Salihamidžić. Leipzig wird Meister, Champions-League-Sieger, Pokalsieger und wirft den Chefkoch aus Leistungsgründen raus.

Der HSV zieht sein Ding durch und steigt ab.

101. GRUND

Weil sich Naby Keita nichts aus schnellen Autos macht ...

... aber drei davon fährt. Als RB 2016 die Fühler nach Naby Keita ausstreckt, melden Bedenkenträger Bedenken an. Bedenkenträger kennen nur halb leere Gläser und werden mit erigiertem Zeigefinger geboren. Im Fall des RB Salzburg Stars sind die engen Wollmützen sicher: 15 Millionen Euro sind für einen Mann aus den Bergen zu viel, wer unterm Großglockner überragt, ist noch lange keiner für Deutschland. Siehe Roman Wallner. Der war in Österreich gefürchtet, fällt in Leipzig vom Fleisch. Omer Damari war Wiener Überflieger, startet/landet in Leipzig wie ein Albatros. Yordi Reyna war in Grödig eine Waffe und bei RB eben keine.

Beim Leipziger 2:3-Pokal-Aus in Dresden wirkt Neuzugang Naby Keita wie ein A-Jugendlicher unter Männern, beim Bundesliga-Auftakt in Hoffenheim fehlt Keita. Darauf einen Hieb Staatlich Fachingen aus dem halb leeren Glas. Ralph Hasenhüttl und Ralf Rangnick glauben weiter an den jungen Mann. Und der an sich. Siegtor beim 1:0 gegen Dortmund, Gala und zwei Tore beim 3:1 gegen Bremen, Traumtor in Freiburg, Dribblings und Vorlagen vom anderen Stern, Stammplatz, internationale Schlagzeilen und ein *Kicker*-Interview. Dem verehrten Kollegen Oliver Hartmann sagt Keita, dass er keinen Luxus und vor allem keine schnellen Autos zum Glück braucht. Nach dem Gespräch mit dem Chefreporter des Fachorgans steigt Keita in einen braunen Porsche Panamera. Mittlerweile fährt Keita, der immer mit großer Entourage aus seiner Heimat Guinea unterwegs ist, drei Sportwagen. Keita darf das, weil er gut trainiert, gut Fußball spielt und einer ist, »den man ständig knuddeln will« (Rangnick).

Dazu muss man wissen, dass es in Hoffenheim unter Rangnick ungeknuddelt bergab ging, als die Ferraris lauter als die Traktoren wurden. »Damals«, so Rangnick, »kam uns die Harmonie abhanden, kamen Neid und Missgunst auf.« Keita wird in Leipzig geliebt. Von den Fans, den Trainern, fast allen Mitspielern. Diesem Keita neidet keiner ein bis drei Autos.

102. GRUND

Weil Oliver Burke auch Porsche fahren will

Andere sind genau so teuer wie Keita, spielen weniger gut, wollen aber auch Porsche fahren.

Zum Beispiel Oliver Burke. Der Schotte kommt 2016 für 15 Millionen Euro aus Nottingham, hat einen furchterregenden Körper und wird von Ralf Rangnick »Naturereignis« genannt. Weil auch das Ungeheuer von Loch Ness eine Art Naturereignis und aus Schottland war, musste irgendwann ein Zeitungsartikel mit Nessie & Burke her. Habe das selbst in die Hand genommen. »Burke taucht im Spiel so oft auf wie Nessie unter der Woche …« Ja, böse.

Burke 2016/2017 ist schnell erzählt. Er legt Keitas 1:0 gegen Dortmund auf, schießt ein Tor beim 1:1 in Köln, assistiert einmal beim 2:0 in Darmstadt und ist sonst auffällig unauffällig. Als Burke einen Porsche 911 kaufen will, schickt Rangnick seinen Sport-Koordinator Frank Aehlig in die Spur. Auftrag: Kaufvertrag zerreißen, Burke einnorden für die wichtigen Dinge des Lebens: Ballan- und -mitnahme, rechtzeitiges Loslaufen, Rückwärtsbewegung. Botschaft an den muskelbepackten Athleten: Bringe du endlich deine vielen PS auf den Rasen, Olli, dann kannst du dir zwölf Porsche kaufen! Olli gehorcht und kauft sich keinen 911er. Das grämt den Porsche-Verkäufer, der als RB-Fan aber die erzieherische Wichtigkeit schätzt und auch ohne diese eine Provision über den Monat kommt.

Ein paar Tage später fährt Burke mit einem röhrenden V8 von Mercedes Benz am Trainingszentrum vor. War Aehligs English so bad oder hat Burke not all slats on fence? Nicht alle Latten am Zaun? Rangnick ist auf 180, die Marketingabteilung von Porsche gleich mit. Porsche ist Auto-Partner der Roten Bullen. So viel war da schon sicher: Burke wird nicht alt bei RB Leipzig.

Im August 2017 wechselt Burke für 16 Millionen Euro zu West Bromwich Albion. Danach mussten sie bei RB nicht mehr so tun, als würden sie bei der Bespielung der Burke'schen Festplatte stündlich Fortschritte machen. Burkes Hardware ist Weltklasse, die Software eher weniger. Den freien Kaderplatz bekommt Kevin Kampl auch ohne Probetraining zugewiesen. Ralf Rangnick und Ralph Hasenhüttl kennen Kampl aus dem Effeff. Rangnick hat Kampl 2012 dem VfR Aalen abgekauft und Red Bull Salzburg zugeführt. Kampl kostete über drei Millionen Euro. Aalens Trainer hieß Hasenhüttl und der war sauer. KK spielte in Salzburg grandios und wechselte im Januar 2015 zu Borussia Dortmund und Jürgen Klopp. Für zwölf Millionen Euro. Später war Klopp entfallen, was er an Kampl so gut fand. Ein paar unerquickliche Monate später flüchtete Kampl aus Dortmund und schloss sich Bayer Leverkusen an. Bayer zahlte elf Millionen Euro. Das ist insofern eine Menge, als Kampl bei Bayer alle Jugendmannschaften durchlaufen hatte und 2010 vom Hof gejagt worden war. RB legte für Kampl bis zu 20 Millionen Euro hin. Rekordtransfer. Kampl kann in der Offensive auf vielen Positionen spielen. Auch auf der des scheidenden Naby Keita.

103. GRUND

Weil der 24. Juli 2017 Liebe, Sünde und Batman vereint

Nidum, Hotel der RB-Stars im Trainingslager, 35 Sterne, rund um die Uhr bewacht. Habe den Verdacht, dass der Tiroler Tourismus verband den Roten Bullen zumindest die Kurtaxe erlassen hat. Der ganze Laden ist Spielwiese der RB-Delegation. Cheftrainer Ralph Hasenhüttl wird das achttägige Camp hinterher als in jeder Hinsicht gelungen bezeichnen. Auch wettertechnisch. Es habe nur einmal geregt. Ja, immer. Ich schmauche nach Audienz beim Wetterfrosch einen Zigarillo auf der Terrasse des Nidum. Ein Security-Mann fragt mich, ob ich dazugehöre. Ich: »Wozu?« Er: »RB.« Der Typ muss aus dem Seefelder Stadtteil Alt-Mösern stammen. Kein Rasenballer hat je geraucht, wird je rauchen, raucht. Und keiner sieht aus wie der späte Hulk Hogan. Ich sage: »Ja, ich gehöre dazu, ich bin der Busfahrer.« Der Security ist weg und kehrt mit dem Busfahrer zurück. Jetzt hat der Club zwei Busfahrer und Quarzer Schäfer ein Problem. Ich werde wortlos und energisch zum Ausgang geleitet. Dort warten ein paar RB-Fans und fragen mich nach Autogrammen. Nein, Forsberg und Co. haben mir keine mitgegeben.

Security-Typen sind fast alle gleich, beißen nach der Geburt die Nabelschnur durch, springen wie Batman vom Tisch des Kreißsaals und landen breitbeinig. Da bleiben sie stehen, bis ihnen jemand schwarze Handschuhe, schwarze Jacke, schwarze Hose und schwarze Schuhe hinstellt. Subjekt, Prädikat, Objekt gehören nicht zum Repertoire, im Zweifelsfall reicht ein Blick. Der variiert zwischen unfreundlich und desinteressiert.

Wenn ein Security nicht mehr weiß, wer oder was er ist, guckt er sich die Rückseite seiner Jacke an.

Der 24. Juli ist noch nicht vorbei …

104. GRUND

Weil bei RB Grätschen auf dem Index stehen – eigentlich

Wir sind immer noch beim 24. Juli 2017 in Seefeld. Ortswechsel, Training der Roten Bullen. Ein Security schließt die Tür zum Stadion auf. Wortlos. Grimmig. Es gießt wie aus Eimern.

Die benachbarten Bauarbeiten zur Nordischen Ski-WM 2019 ruhen. Kein Bagger, kein bierseliger Polier soll auf dem Weg in eine besondere Bullen-Saison stören.

Um 11.20 Uhr grätscht Diego Demme Naby Keita um. Nationalspieler Demme hält eine Entschuldigung für überflüssig. Um 11.21 grätscht Naby Keita Diego Demme um. Nationalspieler Keita hält eine Entschuldigung für überflüssig. Grätschen stehen bei RB Leipzig eigentlich auf dem Index. Aus pragmatischen und philosophischen Gründen. Weil, so RB-Vordenker Ralf Rangnick, Foul Pressing bricht und das Ausschwärmen seiner Balljäger ad absurdum führt. Früher brach Foul Bein. Das nur der Vollständigkeit halber.

Keitas Grätsche ist einen Zacken schärfer als Demmes und führt dazu, dass der drei Wochen nicht wie ein Fußballer trainieren kann, das DFB-Pokalspiel in Aalen gegen Dorfmerkingen (5:0) und das 0:2 auf Schalke verpasst. Beim 4:1 gegen Freiburg kehrt der kleine Mann mit dem großen Herzen zurück ins Team, startet von 0 auf 100 durch, kassiert ein Sonderlob von Coach Ralph Hasenhüttl. Die Experten vom Fachorgan *Kicker* rücken nur Note 3 raus, hatten offenbar mit einer Nebelwand zu kämpfen.

Zurück zu Keitas Revanche-Foul. Der Boulevard bläst die Grätsche zur Mutter aller Grätschen auf. Das wird Vinnie Jones, Karlheinz Förster, Eric Cantona und Roy Keane nicht gerecht. In der Bundesliga hätte Keita dunkelgelb gesehen, in der Premier League Applaus vom Schiri bekommen. Der FC Liverpool will Keita. Will der sich aus Leipzig wegtreten?

Die Hauptabteilung Kommunikation der Roten Bullen trifft sich im Nidum zum Krisengespräch. Nachmittags meldet sich Demme in einem Videoclip zu Wort. Der Nationalspieler liegt auf einer Pritsche im Halbdunkel und sagt, dass alles halb so schlimm und er in guten Händen ist. Dann zieht der Kameramann auf und zeigt: Naby Keita. Der lacht und legt Hand ans Bein seines Opfers. Hätte nur noch gefehlt, dass sie im angeschlossenen Wellnesstempel gemeinsam ins Cleopatra-Bad (165 Euro in der Nebensaison) tauchen.

105. GRUND

Weil sich Ralf Wrongnick aus der Liverpooler Achsel befreit

Ralf Rangnick ist mit allen Wassern gewaschen. In Sachen Naby Keita und Liverpool sagte der Englischlehrer gebetsmühlenartig: »No, No, No, not for Sale! Wir verkaufen nicht!« Not for 75 Millionen Euro, not for 175 Millionen. Weil eine Saison in der Champions League ohne Keita möglich, aber sinnlos wäre. Die Fans des aufrichtig interessierten FC Liverpool hatten ein neues German Feindbild: Rangnick. Nickname: Wrongnick. Wenn Wrongnick ein Liverpooler Pub aufgesucht hätte, hätte der grobschlächtige Besitzer, der vorher grobschlächtiger Hafenarbeiter war, abgeschlossen und den Schlüssel (mit Fuchsschwanz-Schlüsselbund) zusammen mit einem Guinness und zwei Klosteinen runtergeschluckt. Anschließend hätte er sein Trägershirt gelüftet und Wrongnick erklärt, dass einige dieser Tattoos im Knast entstanden sind und er sich in Kürze Naby Keita auf die Brust stechen lässt. Nabys stechender Blick sei platztechnisch/brusttechnisch schon vergeben. An zwei Schusswunden. Wrongnick hätte die Zeichen der Zeit richtig gedeutet und Keita an Klopp verkauft. Via Münzfernsprecher. Im Schwitzkasten des Trägershirtträgers.

Raus aus Achsel und Zwängen, rein in die Realität: Am 30. Juli 2017 wurde der Unverkäufliche verkauft. An die Reds. Der Wechsel greift 2018, die Engländer drücken 70 Millionen für Keita ab. 55 Millionen Euro für die Ausstiegsklausel, der Rest läuft unter signing fee und schlug im September auf dem RB-Konto ein. Weil Rangnick und Geschäftsführer Oliver Mintzlaff schon jetzt Yes zu Keita/Klopp gesagt haben.

Der Deal ist ein Notausgang für Helden und mit feinstem Hermelin ausstaffiert. Keiner stößt sich die Birne, es ist für jeden etwas dabei.

Der Spieler: Keita hat mit dem Fünfjahresvertrag und konservativ geschätzten 25 Millionen Euro netto bei den Reds ausgesorgt. Das ist schön für Keita, der mit seinem Leipzig-Gehalt (3,5 Millionen brutto) doch sehr eingeschränkt war. Das 1,2-Millionen-Euro-Haus, dass sich Keita in Leipzig-Leutzsch gekauft hat, fußt wahrscheinlich auf Bausparverträgen, die Keita in Salzburg und Istres abgeschlossen hat.

RB: Keita spielt noch ein Jahr in Leipzig. Das ist schön für die Roten Bullen, die keine Chance auf eine Vertragsverlängerung hatten und die Kröte Ausstiegsklausel 2016 schlucken mussten. RB hat 15 Millionen an Salzburg abgedrückt, kassiert 70 Mios. Kann und muss man so machen.

Klopp: Im Sommer 2018 hüpft Keita an die Brust des Liverpooler Teammanagers Jürgen Klopp. Das ist schön für Klopp und unschön für José Mourinho, Zinédin Zidane und Pep Guardiola.

Keitas Berater: Andreas Sadlo ist Chef der Arena 11 Sports Group, muss nach dem Deal nie mehr früh aufstehen, könnte auch ganz liegen bleiben.

Und was sagte Keita zu alldem? »Mein Engagement bleibt für den Rest meiner Zeit bei RB Leipzig genauso stark wie bisher. Seit ich das Trikot trage, habe ich immer alles gegeben – und das wird auch bis zum letzten Pfiff in meinem letzten Einsatz so bleiben. Meine Zukunft ist jetzt geklärt, und ich kann mich voll darauf konzentrieren, RB Leipzig zu helfen, um unsere Ziele in dieser Saison zu erreichen.«

So weit der Pressetext. Gedacht hat Keita: Weiß der Klopp, dass er mir viermal am Tag über die Fontanelle streichen muss? Hat Liverpool goldenes Tape? Wie kriege ich meine vier Autos rüber? Und wem vermiete ich meine Bude in Leutzsch?

106. GRUND

Weil Coltorti die Sonne grüßt und Diego Demme Spinatblätter presst

Hobbys und Eigentümlichkeiten lassen bei den Roten Bullen tief blicken. Die einen legen beim Reifenwechsel selbst Hand an, andere führen riesige Hunde aus, pressen Spinatblätter und dehnen sich in die Kobra-Stellung. Und dann gibt es noch jene Herren aus der Führungsebene, die das Thema Hintergrundgespräch mit Journalisten auf ein neues Level heben.

Keeper Fabio Coltorti ist Yogi, grüßt dreimal die Woche die Sonne, macht den Baum und die Kobra. Liebt das Lokal seines australischen Freundes Paul Berry (B10, Beethovenstraße). Hat sich von der Bundesliga-Aufstiegsprämie einen VW Bus aus den 70er-Jahren gekauft, fährt damit irgendwann nach Hause zu Frau und Kind nach Marbella. Ruht in sich, trinkt abends gerne einen Rotwein. Einziger aktueller RB-Profi, der noch von Peter Pacult geholt wurde.

Stürmer Davie Selke fuhr zum Shoppen immer von Leipzig nach Berlin. Hat seit 1. Juli 2017 kürzere Wege, spielt bei der Hertha. Spitzname: Langer Lachs. Wohnt mit Papa Teddy, der auch sein Berater ist, zusammen. Vadder & Sohn haben einen großen und schweren Hund. Teddy hat viele Muskeln und ist ein Frauenschwarm. Davie rüstet diesbezüglich auf.

Linksfuß Anthony Jung ist Hip-Hop-Fan und hat einen Sixpack. Ausgeliehen an Brøndby Kopenhagen. Wird beraten vom Schwarzen Abt, der auch Klaus Gerster genannt wird. Gerster arbeitet schon länger nur noch aus Spaß an der Freud. Sein Klient Andreas Möller hat ihn in Frankfurt, Dortmund, Schalke und Turin reich gemacht.

Verteidiger Marvin Compper spricht fünf Sprachen und damit fünf mehr als das Gros seiner Kollegen. Hat sich einen roten Ferrari zusammengespart und wohnt nicht Tür an Tür mit Alice, aber mit dem Teamkollegen Bernardo. Der vergisst ständig seine Schlüssel und ist froh, dass ihm geholfen wird. Compper ist zweifacher Familienvater. Weiß, wie es geht, ist Rangnick-Intimus und wird nach seiner Karriere ins Management wechseln.

Stürmer Yussuf Poulsen springt hoch wie ein Pferd und ist schnell wie eines. Außerdem war Skat- und Golfspieler Poulsen Hotelzimmer-Spezi von Selke, unterdrückt jetzt den biegsamen Linksverteidiger Marcel Halstenberg. Mitbesitzer des Kopenhagener Cafés »Social«. Demnächst wird Social II eröffnet.

Diego Demme riecht Gluten zehn Meilen gegen den Wind. Pflanzt Kresse und andere Köstlichkeiten an, presst morgens Spinatblätter aus. Hundeliebhaber. Wie viele Liegestütze er schafft? »Alle.« Wird Naby Keita nicht zu seinem Geburtstag einladen. Wird von Papa Enzo beraten und steht hoch im Kurs bei Joachim Löw.

Bruma liebt Uhren, die so groß wie Kuckucksuhren sind. Geht nie ohne seinen besten Kumpel vor die Tür. Schießt aus unmöglichen Positionen. Hobby: Selbstvertrauen. Wiegt 67 Kilo mit Uhr, 65 ohne. Muss dringend ein paar Kilo zunehmen, der Leipziger Winter ist hart und böig.

Naby Keita ist im Nebenfach Physiotherapeut. Besorgt sich seine Patienten vorzugsweise selbst. Ab Sommer tut er das beim FC Liverpool. Hat sich ein Haus in Leipzig-Leutzsch gekauft. Bevorzugte Wohngegend.

Stefan Ilsanker duscht kurz vorm Spiel eiskalt und leert eine Dose Red Bull auf ex. Wenn er nicht spielt, duscht er auch eiskalt und leert eine Dose auf ex. Wenn er nicht spielt, ist er, wie die Dose schmeckt: ungenießbar. Hat sich eine Drohne zugelegt, die schöne Bilder aus den österreichischen Bergen macht. Papa Herbert war Torwart bei Mainz 05. Der Bub wird seine Karriere nicht in Leipzig beenden, die Premier League reizt. Dass Stefan zum Tee Bienen kaut, statt Honig einzurühren, ist ein Gerücht.

Torhüter Péter Gulácsi ist der wahrscheinlich freundlichste Profi unter der Sonne. Bei allen Mitspielern beliebt, sozialverträglich, treusorgender Ehemann und Papa. Der ungarische Nationaltorhüter gehört auf den ersten 30 Metern zu den Schnellsten im RB-Kader.

107. GRUND

Weil Hasenhüttl Patriot ist und Regenwürmer mag

Ralph Hasenhüttl ist Österreicher und wie alle Österreicher Patriot. Sagte nach dem 2017er Sommer-Camp im österreichischen Seefeld, dass das österreichische Wetter wunderbar war. War es, für österreichische Regenwürmer und den Grundwasserspiegel in Hasenhüttls Heimat. Hasenhüttl ist ein Naturbursche, hat der Legende nach den Elektromotor am E-Bike mit einem Handkantenschlag zerstört und querte dann den Großen Watzmann.

Ralf Rangnick trug in jungen Jahren einen Schnauzer und beherrschte die altdeutsche Grätsche. Ist ständig auf Suche nach Platten für seine 60er-Jahre-Jukebox. Hat nur noch zwei Mercedes-Oldtimer, den dritten hat er mit nahezu unanständigem Gewinn verkauft. Fährt im Sommer mit seiner schwarzen Vespa zum Training. In der DDR hieß eine Vespa Schwalbe.

Timo Werner spielt in der ehemaligen DDR Fußball. Im DDR-Fußball gab es keine Schwalben und auch keine Bevorzugung für den BFC Dynamo. In der DDR gab es auch keine Arbeitslosen, keine Kriminellen, keine dicken Kinder. Und bis auf Willi, Walter und Erich gab es auch keine Götter. Mario Gómez ist Werner-Fan und nahezu glücklich über seine Reservisten-Rolle im DFB-Team. Werner ist schnell wie ein Gepard. Bei RB spielt ein weiterer Gepard.

Im Januar-Trainingslager an der Algarve legte Werner den Ball an Dayot Upamecano vorbei und rannte los. Nach zehn Metern überholte Upamecano Werner. In der Bundesliga wurde Werner noch nie überholt. Werner: »Ich habe noch keinen schnelleren Innenverteidiger gesehen. Dayot kann so gut wie Jérôme Boateng werden, wenn er weiter an sich arbeitet.« Upamecano ist 18 und ein Sonnenschein.

RB-Vorstand Ulrich Wolter ist Fan von Hintergrundgesprächen. Die finden vorzugsweise im China White im Peterssteinweg statt. Wolter sagt vor und während des Dreigangmenüs kein Wort, bedankt sich hinterher für die Einladung und geht. Aus dem Hintergrund müsste jetzt nicht nur Rahn schießen. Bremer Humor.

Kommunikationsdirektor und Marketingchef Florian Scholz bittet gerne zu fortgeschrittener Stunde zu Hintergrundgesprächen, vorzugsweise ins Piccola Italia in die Rosentalgasse. Scholz erzählt dann von seinem früheren Leben als *Sport Bild*-Reporter und Heldentaten beim Aufreißen von Storys. Dankt ganz am Ende fürs Zuhören. Aus dem Hintergrund müsste … wohl Hamburger Humor.

Hintergrundgespräche mit Boss Oliver Mintzlaff wären bestimmt aufschlussreich, wenn sie denn stattfinden würden. Wenn der Mann in einer Stadt dieser Welt ins Taxi steigt und gefragt wird, wo es hingeht, sagt Mintzlaff: »Egal, ich werde überall gebraucht!«

Mintzlaff hat es zu einem der wichtigsten Männer im deutschen Fußball gebracht, trinkt keinen Alkohol, joggt fünfmal die Woche und hat Körperfettwerte des jungen Nurmi.

Pressesprecher Benjamin Ippoliti ist Deutschitaliener und ehemaliger Drittligaspieler. Rennt in seiner nicht vorhandenen Freizeit durch Feld, Wald, Wiese, telefoniert auch währenddessen. Könnte jederzeit im defensiven Mittelfeld eingesetzt werden. Fleißigster unter vielen Fleißigen im Räderwerk. Hat mal angefangen, Briefmarken zu sammeln. Hat zwei. Das ist eine mehr als Willi Orban.

Integrationsbeauftragte Raquel Rosa ist ein Hingucker. Integriert leider nur Fußballer, keine Journalisten. Spricht noch mehr Sprachen als Marvin Compper. Raquel? Ten points! Neuerdings integriert auch Ex-Profi Per Nielsen. Bruma soll darauf bestanden haben, von Raquel integriert zu werden.

Physiotherapeutin Anja Strobel ist seit 2009 dabei, hat sie alle gehabt. Christian Mittenzwei, Timo Rost, Stefan Kutschke, Omer Damari, Tim Sebastian, Davie Selke und und und. Mit Abwehrmann Thomas Kläsener war sie ein paar Jahre liiert, man geht seit geraumer Zeit getrennte Wege. Urgestein Strobel kümmert sich neuerdings um den Nachwuchs der Roten Bullen.

108. GRUND

Weil die Frauen von Emil und Co. keinen Socken aufgeben

Mehmet Scholls Vorstellung von einem noch besseren Leben geht so: Hund bei Uli Hoeneß. Labrador Kuno war 14 Jahre lang bester Freund der Bayern-Ikone. Wenn Kuno hüstelte, hatte die Familie Hoeneß 42 Grad Fieber. Wenn Kuno Hunger hatte, wurden Kunos Lieblingsspeisen serviert. Dass Kunos Gusto Schwankungen unterlegen war, sei hier nur am Rande erwähnt.

Weil nicht jeder Hund am Hofe Hoeneß sein kann, müssen Abstufungen bei der Leichtigkeit des Daseins hingenommen werden. Nah an Kuno ist die Spielerfrau. Doch wie findet man eine Spielerfrau? Lothar Matthäus verfährt nach der wissenschaftlichen Methode Versuch und Irrtum, trial and error. Seine Erfolge sind so wechselhaft wie Kunos Geschmack. Es geht auch anders. So experimentierte der US-amerikanische Zoologe Robert Mearns Yerkes mit Regenwürmern, die beim Falschabbiegen leichte elektrische Schläge verpasst bekamen. Nach 20 bis 100 Versuchen wusste der Wurm: Ich biege jetzt mal besser links ab. Matthäus hat also noch einige trials, um richtig abzubiegen. Übrigens beschäftigte sich auch ein österreichisch-britischer Philosoph mit dem Phänomen Versuch und Irrtum. Sein Name: Sir Karl Raimund Popper.

Zurück zu den Spielerfrauen und ein Blick in die Bundesliga-Gründerzeiten. Damals war der Beruf der Spielerfrau noch kein Ausbildungsberuf. Damals waren Spielerfrauen Ehefrauen, kochten Knorr-Suppen, sortierten die Stutzenstrümpfe unter Kochwäsche ein und wunderten sich längst nicht, wenn der Olle erst nachts heimkam, obwohl das Training im Stadion Rote Erde oder in der Glückauf-Kampfbahn um 19 Uhr zu Ende war. Damals traf der blutjunge Gerd Müller seine Uschi beim Bäcker und blieb ihr ewig treu. Damals traf der angehende Versicherungskaufmann Franz Beckenbauer seine Brigitte im Büro und … okay, schlechtes Beispiel.

In jüngerer Vergangenheit werden Fußballer gejagt und erlegt. Von Frauen, die Spielerfrauen werden wollen. Ein Beispiel aus dem Leben: Oliver K. betritt 2003 das P1, ist als Titan unterwegs und denkt beim Blick ins künstliche Lagerfeuer übers Leben nach. Genauer gesagt, denkt er über sich und seine Heldentaten nach. Der Titan spürt ein Ziehen im Nackenbereich und vermutet, dass der schwere Kronleuchter des P1 auf ihn niedergekracht sein könnte. Der Titan irrt sich, es sind die Blicke einer jungen Frau. An jenem Abend kommen O. und V. zusammen. O. verliert alsbald das Auge des Tigers und ist 2006 Ersatzmann hinter einem Lehmann.

Wir lernen: Spielerfrauen kosten Geld und Stammplätze.

Nach dieser Annäherung an ein vermintes Feld kommen wir zu den Spielerfrauen der Rasenballer. Die sind ganz anders als ihre Berufskolleginnen unterwegs. Shanga Forsberg kannte ihren Emil schon, als der mit der Rassel um einen schwedischen Christbaum gerannt ist. Ähnlich gelagert ist der Fall bei den Eheleuten Cathrin und Marvin Compper. Juliane ist Dominik Kaisers Dauerfreundin, Maria ewig mit Yussuf Poulsen zusammen. Lukas Klostermann wird demnächst seine Laura heiraten. Franziska Halstenberg wurde in der Sommerpause von Marcel vor den Traualtar geführt. Und sie geben keinen einzigen Socken auf.

DAS sind Spielerfrauen.

109. GRUND

Weil RB einen historischen Fehlstart hinlegt

19. August 2017, 0:2 auf Schalke, Platz 16, das Horn der Roten Bullen hängt auf halb acht, das Ende des Abendlandes naht. Und plötzlich hat RB doch so etwas wie Tradition. Das Fachorgan *Kicker* ist nach dem ersten Bundesligaspieltag historisch im Bilde und stellt fest, dass die Rasenballer noch nie und in keiner der bisher durch-

messenen Ligen 5 bis 1 auf einem derart niederen Platz dümpelten. Platz 16 unterbietet den Tiefstand aus der Viertliga-Saison 2010/2011, als man sich nach zwei Remis zu Beginn auf Platz zwölf wiederfindet.

Es kommt noch schlimmer. Das 0:2 an jenem 19. August markiert die erste Startniederlage seit Gründung 2009. Ralph Hasenhüttls Vorgänger Ralf Rangnick, Alexander Zorniger, Peter Pacult. Tomas Oral und Tino Vogel ergatterten zum Saisonbeginn mindestens ein Unentschieden. Schalke also. Null Punkte für RB, drei für S04. Wenn man den Experten glauben darf, war Schalke super und RB das Gegenteil. Tenor: perfekte Umsetzung eines perfekten Matchplans. Falls wirklich ein Matchplan in der Schalker Kabine hing, muss der mit Galileo Galileis Trägheitsgesetz zu tun gehabt haben. »Aufgrund seiner Masse bleibt ein Körper in Ruhe, wenn die Summe der auf ihn wirkenden Kräfte null ist.« S04 hat 31 Prozent Ballbesitz, lässt RB in Ruhe – und träge und fehlerhaft werden. 31 Prozent in einem Heimspiel. Kann man mal so machen. Wenn RB-Monsieur Dayot Upamecano den Elfer gegen Franco di Santo nicht verursacht, geht es mit 0:0 und Pfiffen in die Kabine. Die Führung taucht die Veltins-Arena in ein lebensbejahendes Licht, das jede königsblaue Grätsche historisch bescheint und auflädt. Wie selbstvergessen die Schalker Fans sind, zeigt das Beispiel jenes jungen Mannes, der sein Auto beim RB-Spiel im Parkhaus seinem Schicksal überließ – mit laufendem Motor. Stadionsprecher Dirk Oberschulte-Beckmann: »Ich weiß nich, wat mit dir los ist, Kollege. Dein Fahrzeug läuft, ist geparkt und der Schlüssel steckt.« Beim Europapokal-Aus gegen Amsterdam hatte sich DOB in einer anderen wichtigen Angelegenheit gemeldet: »Achtung, Andreas S.! Melde dich mal zu Hause. Ich glaube, du bist Vater geworden.«

Sämtliche Werte sprechen an jenem geschichtsträchtigen 19. August für RB. Torschüsse, Ecken, Passquote. Auch die Rubrik, die mit Maloche zu tun hat. RB läuft 115,9 Kilometer, Schalke 114,7. Punkte schauen keine herum, weil Willi Orban kein Französisch spricht.

»Laufen lassen, Dayot!« heißt »Laissez-faire, Dayot!« Punkte gibt es keine, weil Naby Keita 423 Ideen, aber keine Lösung, keinen topfitten Diego Demme und Emil Forsberg hat.

Bei den MDR-Onlinern hatte jemand am 19. August 2017 einen dicken Daumen/Finger: »Nur einmal hatten die 2.500 mitgereisten Anhänger den Torschrei auf den Lippen, doch Keita schiss aus Nahdistanz direkt ins Gesicht von Fährmann.« (7). Das i lauert auf der Tastatur direkt neben dem o.

Nach dem zweiten Spieltag war RB auch schon wieder vorbei an den Schalkern. S04 verlor 0:1 in Hannover, RB gewann 4:1 gegen Freiburg.

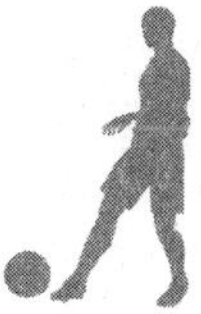

110. GRUND

Weil sieben Trainer in acht Jahren der Schnitt eines Traditionsteams ist

RB? Null Tradition, null Stallgeruch, kann weg! Dabei gehören die Roten Bullen an manchen Stellen längst zur Liga der besonderen Gentlemen. Beispielsweise an der Trainerfront. Sieben Trainer in acht Jahren. Das sind Dimensionen, die nah dran an Kultclubs wie 1860 München sind. RB von 2009 bis 2017. Von Vogel bis Hasenhüttl.

2009, Tino Vogel. Der Sohn des legendären Nationalspielers Eberhard Vogel ist Mann der ersten RB-Stunde, wird vom damaligen RB-Chef Andreas Sadlo zum ersten Cheftrainer der Rasenballer gekürt. Vogel gehört wie die Herren Ronny Kujat, Michael Lerchl, Frank Räbsch und Co. zu den Quoten-Markranstädtern. Vogel führt RB 2010 zum souveränen Aufstieg in die Regionalliga und erfährt auf der Aufstiegsparty von seiner Abberufung.

2010, auf Vogel folgt Tomas Oral. Der leicht entflammbare Hesse hat beim FSV Frankfurt mehrere Aufstiege hingelegt und sich damit nach Einschätzung von Red-Bull-Fußballchef Didi Beiersdorfer für den Job in Leipzig qualifiziert. Problem dieser Zusammenkunft: Beiersdorfer setzt dem neuen Coach einen fixen Kader vor, Orals Gestaltungsspielraum ist null. Orals Stuhl nimmt in der Saison 2011/2012 der Österreicher Peter Pacult ein.

2011, Peter Pacult übernimmt. Weil Dietrich Mateschitz es so will. Mateschitz' Herzenswunsch bekommt ein Bundesligagehalt und weitreichende Kompetenzen. PP holt in Wolfgang Loos einen weit gereisten Sportdirektor. Ein 2:2 gegen die Wolfsburger U23 beendet alle Träume. Pacult plant seine zweite Saison. Dann kommt es nach dem Abgang des Salzburg-Trainers Ricardo Moniz in der Red-Bull-Fußball-Sparte zu Verwerfungen. Mateschitz erklärt die Beseitigung aller Unklarheiten zur Chefsache, macht Ralf Rangnick zum Sportdirektor in Salzburg und Leipzig. Bedeutet das Aus für Pacult.

2012, Alexander Zorniger wird Leipziger. Rangnick installiert den nur Insidern bekannten Regionalligacoach. Der Fußballlehrer hat im kleinen Großaspach Großes geleistet, lässt Fußball nach Rangnicks Geschmack spielen. Zorniger trichtert seinem Kader Gegen-Pressing ein und schafft in einer dramatischen Relegation gegen Lotte den Aufstieg. Mit dem Durchmarsch in die 2. Liga krönt sich Zorniger im Mai 2014 zum Helden. Im Lauf der Zweitligasaison 2014/2015 kühlt sich das Verhältnis Zorniger/Rangnick ab, im Februar 2015 folgt die geräuschvolle Trennung.

Februar bis Juli 2015, Achim Beierlorzer. Bis zum Saisonende übernimmt der U17-Coach das Zepter bei den Profis. Dass es Standleitungen zwischen Tribünengast Rangnick und der Trainerbank gibt, ist ein offenes Geheimnis. Unter Beierlorzer schnuppert RB nach dem Last-minute-Sieg gegen Darmstadt am Aufstieg. Niederlagen in St. Pauli (0:1) und daheim gegen Sandhausen (0:4) lassen alle Chancen schwinden. Auch Beierlorzers auf eine Festanstellung als Trainer.

2015: Die Suche nach einem Coach für die Spielzeit 2015/2016 gestaltet sich schwierig. Nach Absagen von Ralph Hasenhüttl, Thomas Tuchel und Markus Weinzierl verpflichtet Sportdirektor Rangnick den Trainer Rangnick. Nach holprigem Start stabilisiert der Comebacker des Jahres sein Team, nistet sich mit einer XXL-Siegesserie oben ein und steigt mit einem 2:0 gegen Karlsruhe auf. Rangnick zieht den Trainingsanzug aus.

2016, Rangnicks Nachfolger heißt Ralph Hasenhüttl. Der hat Ingolstadt wachgeküsst und unterschreibt bei RB einen Vertrag bis 2019.

111. GRUND

Weil Timo Werner ein Fußballgott und unbezahlbar ist

Timo Werner ist 17, als er mir das erste Mal auffällt. Unangenehm auffällt. In einem Spiel in Mainz nimmt er den Mainzer Verteidigern auf 20 Metern 17 ab. Ich war auch mal Mainzer Verteidiger, leide mit meinen Enkeln. Habe hinterher mit Stephan Kuhnert telefoniert. Er ist Torwarttrainer der Mainzer und war zu grauen Zweitligazeiten mein Torwart. Kuhni sagt, dass er noch nie einen so schnellen Spieler wie Timo gesehen hat.

Kuhni mochte meine Grätschen, ich mochte seinen unverstellten Blick auf die Dinge. In Aachen hat Kuhni mal einen Schuss von Günter Delzepich auf den Oberschenkel bekommen. Wir konnten wochenlang zählen, aus wie vielen Feldern so ein Ball genäht ist. Im Trainingslager verlor Kuhni gegen Real Mallorca bei einem Dribbling den Ball, ich fingerte den Schuss über die Latte. Der Schiri lachte, zeigt mir Rot. Unser Trainer verpasste uns wegen »Nonchalance« eine Geldstrafe. Wir luden unsere Kollegen abends zur Sauna ins Mannschaftshotel. Kuhni zelebrierte einen nonchalanten Aufguss mit grünem Likör. Es kam zu einer Verpuffung, wir rannten ins Freie. So waren wir. Nicht ganz dicht, aber immer lebensbejahend.

Timo Werner also. Frühreif. In allen VfB-Jugendmannschaften Bester unter vielen Guten. Mit 17 schon ein Mann. Der jüngste Spieler des VfB Stuttgart, der ein Bundesligator gemacht hat. Am 22. September 2013 zum 1:1 gegen Frankfurt. »Der VfB feierte sein 120-Jähriges, wir spielten in Retro-Trikots. Und ich als Stuttgarter Bub schieße mit 17 mein erstes Tor. Wahnsinn!« Dem Wahnsinn folgen weniger schöne Jahre. Der VfB eiert unten rum, Trainer/Ideen kommen/gehen, und das Supertalent Timo verkommt zur Manövriermasse. Mal Mittelstürmer, mal Linksaußen, auch mal Bank. Am Ende seiner Stuttgarter Zeit schwingt ein böser Verdacht mit: Doch nur ein ewiges Talent? Ralf Rangnick blättert im Sommer 2016 zehn Millionen Euro hin. Viel Geld für einen, der es vielleicht doch nicht kann. Rangnick ist ein Besserwisser. Und sein Trainer Ralph Hasenhüttl ist ein Bessermacher. Heute ist Werner ein Fußballgott und entsprechend unbezahlbar.

Timo bezieht in Leipzig seine erste eigene Wohnung. »Am Anfang kam auch mal Heimweh auf. Jetzt genieße ich es, auf eigenen Füßen zu stehen. Es hat mich als Mensch und Fußballer weitergebracht.« Werner startet auf dem zweiten Bildungsweg durch, macht in seiner ersten RB-Saison 21 Tore und einen Fehler. Schwalbe gegen Schalke. Das Krisenmanagement der Bosse und damit auch Timos ist abenteuerlich, passt den Schalkern nach einem 1:2, das 2:5 ausgehen muss, in den Kram. Fußball-Deutschland schubbert sich ewig an einem Elfmeter. Fußball-Deutschland schubberte sich nicht immer an Elfmetern. Insbesondere nicht 1974 und 1990.

Werner wird Nationalspieler und Confed-Cup-Held. Am 4. September 2017 macht Fußball-Deutschland seinen Frieden mit Werner. Beim 6:0 im Gottlieb-Daimler-Stadion zu Stuttgart wird der Leipziger Shootingstar gefeiert. Beim Sieg der Rasenballer in Hamburg hängt Werner am 8. September die nicht langsamen Dennis Diekmeier und Gotoku Sakai ab und netzt zum 2:0 ein. So etwas lernt man im Laufschlauch, nicht im Laufhaus.

Timo hat einen wunderbaren Berater – Karlheinz Förster. »Karlheinz hat sich als Fußballer eine Weltkarriere erarbeitet. Er weiß, wovon er spricht, wenn er mich jeden Tag darauf hinweist, nicht nachzulassen. Er kümmert sich immer um mich. Ich kann mir keinen besseren Berater und Freund vorstellen.«

Timo kann sich glücklich schätzen, dass Karlheinz nicht mehr spielt. Karlheinz war kein Fußballspieler, er war Verteidiger, der eine Lok von den Schienen treten konnte und dies auch tat. An Karlheinz wäre Werner am 8. September 2017 nicht vorbeigekommen. An der Außenlinie im Volksparkstadion. Karlheinz ließ entweder den Ball oder den Gegner gewähren. Nie beide.

Timo hat keine Tätowierungen und seine Frisur seit Kindheitstagen nicht verändert. »Auffallen sollten wir auf dem Platz, nicht neben dem Platz«, erinnert Timo seine frühkindliche Prägung in der Jugend des VfB Stuttgart unter Frieder Schrof und Thomas Albeck, den Superhirnen im deutschen Nachwuchsfußball. »Ich habe damals gelernt, was wichtig ist und was ablenkt von der Hauptsache. Manches kam mir damals übertrieben vor, heute profitiere ich davon.« Schrof/Albeck stehen für einen ganzheitlichen Ansatz, der aus Talenten erdverbundene Profis machen soll. Training, Schule, Ernährung, Benehmen, Erscheinungsbild – alles geregelt. Aus dieser Schule stammen unter anderem Mario Gómez, Rani und Sami Khedira, Serdar Taşçı, Thomas Hitzlsperger, Joshua Kimmich und Timo Werner. 2012 holte Ralf Rangnick Schrof und Albeck nach Leipzig.

Werner hat seit ewigen Zeiten dieselbe Handynummer. Wie war das eigentlich, als das Handy klingelte und der Bundestrainer dran war?

»Ich bin drangegangen, und Herr Löw hat sich mit ›Löw‹ gemeldet. Was soll er auch anderes sagen?«

Fußball kann so einfach sein.

Anmerkungen

Grund 2: Bild-Zeitung, 3. März 2006: »Klinsmann soll vor Sportausschuss«

Grund 37: Fußball-Vorort.de, 15. Februar 2017: »Ich finde das Leipzig-Modell auch unsympathisch.«

Grund 41: Spiegel, 19. August 2017: »Weil die Luschen immer hier hängen bleiben.«

Grund 69: Spiegel, 26. März 2001: »Der Name der Dose.«

Grund 91: Spox.com, 13. Oktober 2015: »Das hätte ein Briegel nie gemacht.« Andreas Buck: Facebook.

Grund 109: MDR-Online, 19. August 2017: »Die RB-Fans hatten nur einmal …«

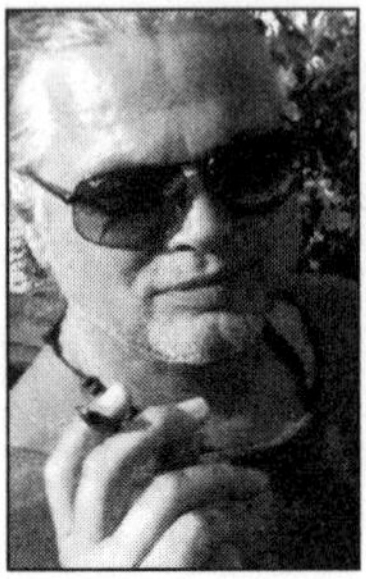

GUIDO SCHÄFER, geboren am 14. September 1964, hat seinen ersten Zeitungsartikel 1992 für die »Mainzer Rheinzeitung« geschrieben. Über das Los eines Ersatzspielers in der zweiten Bundesliga. Nach 178 Profispielen, acht Roten Karten und diversen Operationen wurde der studierte Diplom-Betriebswirt 1998 Sportredakteur bei der »Allgemeinen Zeitung« in Mainz und wechselte im Mai 2000 zur »Leipziger Volkszeitung«. Dort beschrieb er den Niedergang der ortsansässigen Traditionsvereine. Seit 2009 Begleiter von RB Leipzig. Seit 2014 als Chefreporter.

Guido Schäfer
WIR SIND RB LEIPZIG
111 Gründe, ein Roter Bulle zu sein

ISBN 978-3-86265-681-3
ZWÖLFTER MANN – Das Programm für Fußballfans von Schwarzkopf & Schwarzkopf | Die Reihe ZWÖLFTER MANN wird von Martin Brinkmann und Oliver Schwarzkopf herausgegeben |

VERLAG
Schwarzkopf & Schwarzkopf Verlag GmbH
Kastanienallee 32, 10435 Berlin
Telefon: 030 – 44 33 63 00
Fax: 030 – 44 33 63 044

INTERNET | E-MAIL
www.schwarzkopf-schwarzkopf.de
www.facebook.com/schwarzkopfverlag
info@schwarzkopf-schwarzkopf.de